D1921313

JAPANISCHE BIBLIOTHEK

IM INSEL VERLAG

NISHIDA KITARŌ
ÜBER DAS GUTE

(Zen no kenkyū, 1911)

Eine Philosophie der Reinen Erfahrung
Aus dem Japanischen
übersetzt und eingeleitet
von Peter Pörtner
Insel Verlag

© 1924 by Kikuhiko Nishida
Iwanami Shoten Publishers, Tōkyō

In der Japanischen Bibliothek werden alle Namen in ihrer ursprünglichen japanischen Gestalt belassen. Hierbei steht in der Regel der Familienname voran, gefolgt von dem persönlichen Namen oder einem Schriftstellernamen.

Zweite Auflage dieser Ausgabe 1993
© Insel Verlag Frankfurt am Main 1989
Alle Rechte vorbehalten
Satz: Hümmer, Waldbüttelbrunn
Druck: MZ-Verlagsdruckerei GmbH, Memmingen
Printed in Germany

INHALT

IV. DIE RELIGION

EINLEITUNG

Nishida Kitarō und »Über das Gute« (Zen no kenkyū)

von

Peter Pörtner

Bewußt-sein stellt sich in der Aktualisierung der gelebten Erfahrung fest und entfaltet sich zugleich in das System der Person. *Henri Ey*

I

Nishida Kitarō gilt unbestritten als der Begründer der modernen japanischen Philosophie; einer Philosophie, die sich an westlichen Standards orientiert und dennoch den östlichen Traditionen des Denkens verpflichtet bleibt. Zwar gehörte Nishida schon zur zweiten Generation japanischer Denker, die sich nach der ›Öffnung‹ Japans (1868) der Aneignung westlichen Gedankenguts widmete, aber erst ihm gelang es, à jour mit der westlichen Philosophie eigenständige Konzepte zu entwickeln. Nishidas erstes größeres Werk *Zen no kenkyū*, »Über das Gute«, das hier erstmals in deutscher Übersetzung vorgelegt wird, gilt seit seinem Erscheinen im Jahre 1911 als ›geheimer Bestseller‹; allein die Taschenbuchausgabe erlebte seit 1950 über 50 Auflagen. Nicht nur japanische Interpreten und Exegeten sehen in *Zen no kenkyū* den ersten ›originellen‹ und ›kreativen‹ Beitrag eines japanischen Philosophen zur Weltphilosophie. Sie rühmen das Werk als den ersten gelungenen Versuch in der japanischen Geistesgeschichte überhaupt, ein philosophisches ›System‹ zu schaffen, das den Kriterien, die das europäische Denken dafür ausgebildet hat, entspricht.

Mit *Zen no kenkyū* begann in Japan eine neue Epoche des Denkens; eines Denkens, das sich – nicht zuletzt unter dem starken Einfluß des deutschen Idealismus – der Erforschung des ›inneren Kontinents‹ widmete. Hatten die Anfänge westlich orientierten Denkens und Forschens in Japan – neben dem Erlernen technischen Wissens – vornehmlich der Adaption pragmatistischer und utilitaristischer Ideen angelsächsischer und französischer Herkunft gegolten, verlagerte sich das philosophische Interesse nach 1885 in Richtung dessen, was in Japan damals ›reine Philosophie‹ (junsei tetsugaku) genannt wurde, d. h. in Richtung Metaphysik. Diese Entwicklung, die im einzelnen hier nicht nachgezeichnet werden kann, lief parallel mit dem Ende der ersten (und bis heute einzigen) ›Bewegung für Freiheit und Bürgerrechte‹ (Jiyū minken undō) in Japan, einer entschiedenen Ideologisierung der politischen Sphäre und dem zunehmenden, allem Anschein nach mit Kalkül betriebenen Import deutschen Gedankenguts. Auf eine sehr kurze Formel gebracht: der deutsche Idealismus – hatte er doch offensichtlich mitgeholfen, ein erfolgreiches Übergreifen der Französischen Revolution auf Deutschland zu verhindern – galt als staatserhaltend und folglich als förderungswürdig. Der erste Stipendiat des japanischen Kultusministeriums in Deutschland war der Philosoph Inoue Tetsujirō, einer der späteren Lehrer Nishidas. Von 1884 bis 1890 studierte Inoue in Deutschland deutsches Denken. Nach seiner Rückkehr wurde er sofort Professor an der (schon damals) bedeutendsten Universität Japans, der Tōkyō Universität. Sein Amt hatte er bis 1923 inne. Den Wandel, der sich zu jener Zeit in Japan abgespielt hat, beschreibt der Kulturgeschichtler Miyakawa Tōru als eine Bewegung »weg vom *Japan in der Welt*, hin zur *Welt in Japan*«. Diese Bewegung spiegelte sich in der Entdeckung eines »inneren Lebens« (naibu seimei), einer inneren Welt, der von nun an das Hauptinteresse vieler japanischer Intellektueller – der Literaten und Künstler nicht weniger als der Philosophen – galt.

Nishida Kitarō wurde am 19. Mai 1870 in Unoke, einem Dorf an der japanischen Westküste, unweit der Provinzhauptstadt Kanazawa geboren. Die Familie Nishida war eine alte Grundbesitzerfamilie, seit dem Ende des 16. Jahrhunderts lag das Amt des Dorfschulzen in der Hand des jeweiligen Oberhauptes der Familie. Dank der lokalen Vormachtstellung der Familie Nishida verlebte Kitarō eine durchaus privilegierte Kindheit. Aufgrund seiner schwächlichen Konstitution kränkelte er leicht, was zur Folge hatte, daß er sich der radikalen

Fürsorge seiner Mutter, einer strenggläubigen Buddhistin, nicht entziehen konnte. Im April 1882 bestand Kitarō die Abschlußprüfung der Elementarschule.

Nishida erinnert sich in einem »Dokusho«, »Lektüre«, betitelten Essay an das Erwachen seiner philosophischen Neugier: »Ich war noch sehr klein, aber ich liebte es, in den ersten Stock unseres Speichers zu klettern, obwohl es dort einsam und gespenstig war, und mir die vier oder fünf Kisten voll mit chinesischen Büchern anzusehen, von denen es hieß, daß der Großvater sie gelesen hatte. Natürlich habe ich nichts davon verstanden, aber ich dachte mir, daß in diesen Büchern mit ihren großen, ehrfurchtgebietenden Schriftzeichen einfach etwas Erhabenes geschrieben stehen muß.« – Das Szenarium war ungewollt vollkommen: der dunkle Speicher, die ambivalenten Gefühle, der ›Urväterhausrat‹: die vom Vorvater überkommenen, geradezu magischen Zeichen, das Schaudern vor einem Erhabenen, das ausreichend unbestimmt bleibt. Die Maschine des Imaginären war in Gang gesetzt.

Dreimal bat Kitarō seinen Vater, ihn auf eine weiterführende Schule nach Kanazawa zu schicken. Aber der um einen Nachfolger in seinem Amt besorgte Vater befürchtete wohl, daß ein Zuviel an Bildung der Rückkehr seines Sohnes in dessen angestammtes Dorf im Wege stehen könnte. Erst auf die Fürsprache seiner älteren Schwester hin durfte Kitarō in die 10 Kilometer weit entfernte Provinzhauptstadt Kanazawa übersiedeln, um seine Studien fortzusetzen. Zunächst besuchte er eine fortführende Schule, eine Typhuserkrankung zwang ihn jedoch schon nach wenigen Monaten, Privatunterricht zu nehmen. Dieser private Unterricht umfaßte: Chinesische Klassiker, Mathematik und Englisch. Von 1886 bis 1890 besuchte Nishida wieder eine Schule, die Ishikawa Semmongakkō. Nishida schreibt: »Die Schüler stammten alle aus alten Samurai-Familien in Kanazawa. Die Lehrer hatten selbst alle auf dieser Schule ihr Examen gemacht. Es herrschte eine brüderliche Atmosphäre. Und obgleich der Unterricht hier sieben Jahre dauerte und es entsprechende Altersunterschiede gab, gingen selbst die Ältesten und die Jüngsten herzlich miteinander um.« 1889 wurde die Ishikawa Semmongakkō aufgelöst. An ihre Stelle trat die ›Höhere Mittelschule Nr. 4‹ (kōtō chūgakkō). Nishida schreibt: »Das Klima veränderte sich völlig. Aus einer Schule mit provinziell-familiärer Atmosphäre war eine ›Reichsschule‹ geworden... Der Verwalter und der Heimleiter waren ehemalige Polizisten... Aus einer Schule, in der zwischen Lehrern und Schülern ein herzliches und vertrauensvolles Verhältnis geherrscht hatte, war eine Art Kadettenanstalt mit Reglement geworden.« Das Ungenügen an den neuen Verhältnissen, die, was ihnen durchaus bewußt war, Veränderungen im politischen Klima widerspiegelten, versuchten Nishida und seine Freunde durch eine Art kollektiven Privatisierens in einem kleinen ›Literaturklub‹ (bunkai) auszugleichen. Einmal im Monat trafen sie sich, um selbstgeschriebene Texte und Kritik auszutauschen. Kitarō zeichnete seine literarischen Versuche mit ›Pegasus‹. Im Februar 1889, am Tage der Verkündung der Verfassung ließen sich die Freunde – in tragikomischer Verkennung der Bedeutung dieses Tages – um eine Fahne geschart photographieren. Auf der Fahne stand geschrieben: »Menschen auf dem Gipfel der Freiheit«. – Ein Gipfel, der freilich schon überschritten war, als Kitarō im Juli 1889 wegen »schlechten Benehmens« nicht in die nächste Klasse aufgenommen wurde. Ein Ereignis, das für Kitarōs späteres Leben von höchster negativer Bedeutung sein sollte. Jahrelange Demütigung und das daraus resultierende Gefühl, ein Versager zu sein, haben hier ihren Ursprung. Ob Nishida die Schule freiwillig verlassen hat oder verlassen mußte, ist bis heute ein Streitpunkt unter den Biographen. In die Zeit der Umorganisation der Schule und des passiven Widerstands Nishidas und seiner Freunde gegen den neuen Unterrichtsstil, dem sie nun ausgesetzt waren (Nishida macht explizit die repressive Politik des damaligen Erziehungsministers Mori Arinori dafür verantwortlich), fällt auch eine durch Briefe an seinen Freund Yamamoto bezeugte dezidiert materialistische und antireligiöse Phase Nishidas, deren Bedeutung für seine geistige Entwicklung von seinen Interpreten sehr verschieden eingeschätzt wird. – Zwei Jahrzehnte später wird er in *Zen no kenkyū* mit vehementer Rhetorik die Religion zum Urgrund alles Philosophierens erklären. Der Keim zu dieser Idee scheint schon während seiner Zeit an der Mittelschule in Kanazawa gelegt worden zu sein. Nishida schreibt 1936 im Vorwort zur 3. Auflage von *Zen no kenkyū*: »Ich weiß nicht, welchem Einfluß ich es verdanke, jedenfalls glaubte ich schon sehr früh, daß die Realität (jitsuzai) die Aktualität-als-solche (genjitsu sono mono) sein muß und daß die sogenannte materielle Welt etwas nur Gedachtes ist. Ich erinnere mich noch jetzt, wie mir einmal, als ich noch Schüler der Höheren Mittelschule war, beim Spaziergang durch die Straßen von Kanazawa dieser Gedanke wie im Traum aufging, ein Gedanke, der zur Grundlage dieses Buches geworden ist.«

Im September 1891 begann Nishida das Studium der Philosophie an der Universität Tōkyō. Da er keinen Oberschulabschluß besaß, mußte er den sogenannten ›Sonderkurs‹ (senka) belegen. Die Teilnehmer des ›senka‹ an der Tōkyō-Universität, an der – nicht anders als heute – die Elite des Landes ausgebildet wurde, nahmen, wie Nishida selber berichtet, einen »wirklich bedauernswerten« Status ein: »Vom Gesichtspunkt der Universität her war es vielleicht selbstverständlich, aber die Studenten des ›senka‹ waren einer äußerst diskriminierenden Behandlung ausgesetzt.« An der philosophischen Fakultät unterrichtete neben dem jungen Deutschen Ludwig Busse (einem Schüler Lotzes) u. a. der gerade aus Deutschland zurückgekehrte Inoue Tetsujirō, der den ›senka‹-Studenten (denen nur Arbeitsplätze im Flur der Bibliothek zustanden) mit beispielloser Arroganz begegnet zu sein scheint. Unter solch widrigen Bedingungen entwickelte sich notwendig das ›innere Leben‹, Nishida nennt es einfach das ›Selbst‹, zum Magnetpunkt seines Denkens, die Introspektion zur philosophischen Hauptbeschäftigung. Ab 1893 unterrichtete der deutsche Raphael von Köber an der Tōkyō-Universität. Zu ihm scheint Nishida in einer vergleichsweise vertrauten Beziehung gestanden zu haben. Köber führte ihn in die Philosophie Schopenhauers ein und motivierte ihn, Griechisch und Lateinisch zu lernen, um sich in die griechische und die mittelalterliche Philosophie einarbeiten zu können. Bei dem späteren Begründer der deutschen Japanologie, Karl Florenz, studierte Nishida deutsche Literatur. In den Florenzschen Seminaren (bei der Lektüre von Goethes *Hermann und Dorothea*) lernte Nishida den jungen Natsume Sōseki kennen, der zu einem der bedeutendsten Schriftsteller der frühen japanischen Moderne werden sollte. – Im Juli 1894 schloß Nishida sein Studium an der Kaiserlichen Universität Tōkyō mit einer Arbeit über David Hume ab, kurz bevor der Chinesisch-Japanische Krieg begann.

Eine Stelle an der Mittelschule in Kanazawa, die ihm inoffiziell versprochen worden war, wurde im letzten Augenblick mit einem anderen besetzt, der in den Augen der Schulleitung einen repräsentableren Bildungsweg beschritten hatte als Nishida. Zum Gefühl der Scham über seine Mißerfolge, dem ein trotziges Selbstwertgefühl entgegenstand, traten nun noch eine hilflose Wut auf die Provinzialbürokratie und große finanzielle Probleme. Dennoch widmete er sich im Herbst des Jahres 1894 mit Leidenschaft der Lektüre der »Prolegomena to Ethics« des englischen Hegelianers Thomas Hill Green (1836–1882). Nishida spart zwar nicht an Kritik – vor allem an Greens zahlreichen Anleihen bei Kant und Hegel – aber einige der Gedanken Greens haben für Nishidas Werk eine fast leitmotivische Bedeutung gewonnen. Zu diesen gehören die Vorstellung vom Menschen als einem »end in himself« und die Idee, daß das Gute die Befriedigung eines inneren Begehrens des Selbst darstellt. Überdies fand Nishida bei Green die Vorstellung vorgezeichnet, daß das absolute Gute in der Selbstverwirklichung eines (personal gedachten) Selbst zu sehen sei (Greens ›self-realization theory‹). Greens ›spiritual principle‹ entspricht dem ›vereinheitlichenden Etwas‹, dem eigentlichen Ermöglichungsgrund und Garanten der ›Reinen Erfahrung‹, dem Zentralbegriff von *Zen no kenkyū*.

Im April 1895 fand Nishida eine Anstellung als Lehrer an der Mittelschule des – für damalige Verhältnisse – entlegenen Städtchens Nanao auf der Halbinsel Noto. Im Mai heiratete er seine Kusine Kotomi. In der zweiten Hälfte des Jahres arbeitete er an der Abfassung einer Geschichte der Ethik, die jedoch nicht vollendet wurde. Fertige Teile des Textes wurden in veränderter Form in *Zen no kenkyū* aufgenommen. Im April 1896 übernahm Nishida die Stelle eines Lehrers für Ethik und Psychologie an seiner ehemaligen, mit so ambivalenten Gefühlen belasteten Schule in Kanazawa, die mittlerweile, entsprechend einem Erlaß aus dem Jahre 1894, zu einer Oberschule (kōtōgakkō) umorganisiert worden war. Diese neue Anstellung war zweifellos mit einem Nishida bisher verwehrten Gefühl ökonomischer und existentieller Sicherheit verbunden, was sich auch in einer zeitweiligen Überhöhung seines Selbstbildes niederschlug. 1897 schreibt Nishida in sein Tagebuch: »Wer zu einem überdurchschnittlichen Menschen werden will, der braucht einen Willen, der sich nicht beugen läßt, selbst wenn Himmel und Erde zusammenstürzen – und eine Kraft, vor der sich selbst die Dämonen fürchten.« Trotz der Konsolidierung seiner äußeren Lebensverhältnisse finden sich in den Tagebucheintragungen aus dieser Zeit zahlreiche Selbstermutigungen ähnlicher Art. Wegen einer Einmischung seines Vaters, deren Gründe nicht geklärt sind, trennt sich Nishida im Mai 1897 von seiner Frau (die Trennung wird über den Tod des Vaters hinaus bis ins Jahr 1899 dauern): Der junge Philosoph, der sich mit äußerster Energie um die Aneignung avanciertesten westlichen Gedankenguts bemüht und Psychologie, Ethik und Deutsch lehrt, ist der Hausmacht des ›pater familias‹ hilflos ausgeliefert. Dem 27jährigen erscheint sein bisheriges Leben als eine Kette von Niederlagen. Darüber können auch die Selbstbeschwörungen und altchinesischen Durchhalteparolen in seinen Tagebüchern nicht hinwegtäuschen. – Ab Sommer 1896 ließ sich Nishida in der Zen-Meditation unterweisen. Sein Lehrer und väterlicher Freund Hōjō Tokiyoshi und sein Altersgenosse und Schulkamerad Suzuki Daisetsu, der später zu dem vielleicht erfolgreichsten Protagonisten zen-buddhistischer Ideen im Westen werden sollte, hatten Nishida schon längst den Weg zum Zen gewiesen. Aber erst jetzt zog Nishida die Meditations-Praxis zur Lösung seiner geistigen und seelischen Krise in Betracht; und er betrieb diesen neuen Versuch der Selbstheilung mit der ihm eigenen Ausschließlichkeit und Vehemenz: Im Juni 1897 zog er sich für etwa vierzig Tage zur Zen-Meditation (sesshin) in den Taizō-in-Tempel in Kyōto zurück. Im August ging er abermals nach Kyōto, um seine Meditationen im Myōshin-ji-Tempel fortzusetzen. Während dieses Aufenthalts wurde er von Hōjō Tokiyoshi, der mittlerweile zum Direktor der Yamaguchi-Oberschule geworden war, eingeladen, Lehrer an seinem Institut zu werden. Nishida akzeptierte. Ende August nahm er die neue Arbeit auf, ohne seine periodischen Zen-Sitzungen im Myōshin-ji aufzugeben, obgleich dies sich nicht immer leicht mit den Forderungen seines Lehramtes vereinbaren ließ. Die Bedeutung der Zen-Erfahrung für Nishida wird häufig überschätzt. Lange Zeit sahen vor allem japanische Exegeten in ihr den Schlüssel zum Nishidaschen Denken überhaupt. Dies ändert sich, seit die Interpreten die Philosophie Nishidas auch unter dem Aspekt der Systematizität (Sueki Takehiro) sowie unter bewußtseinsphilosophischen und dekonstruktivistischen Aspekten (Nakamura Yūjirō) untersuchen – und in ihrer Bedeutung anerkennen. Die Zen-Erfahrung bedeutete für Nishida eine Art Konkretisierung dessen, was er bei Thomas Hill Green als Programm kennengelernt hatte. Der Zen, in dem Nishida – wie er selbst schreibt – einen ›Königsweg‹ zur Selbstrealisation (im Sinne Greens) gesehen hatte, konfrontierte ihn mit der Tatsache, daß Transzendenz, die bisher für ihn nur ein theoretischer Terminus war, gleichsam in voller Präsenz erfahren werden kann. Die Aktualisierung des wahren Selbst (nur ein anderer Name der Transzendenz) ist zudem keine Frage der Zeit. Das wahre Selbst liegt in keinem Zukünftigen verschlossen, sondern kann, trifft man nur das

Zauberwort, im Hier und Jetzt für alle Ewigkeit erschlossen werden. – Dies ist fortan Nishidas Definition eines ›religiösen‹ Erlebnisses. Die Zen-Erfahrung festigte Nishidas Überzeugung, daß die Religion die Grundlage der Philosophie ist, *zugleich aber* auch die Einsicht, daß der Konflikt zwischen Philosophie und Religion letztlich unvermittelbar bleibt, das Desiderat einer Vermittlung jedoch der bedeutendste Impuls des Denkens überhaupt ist. (Zur Zeit der Abfassung von *Zen no kenkyū* glaubte Nishida, daß die Psychologie hier eine erfolgreiche Mittlerrolle spielen könnte. 1906 schrieb er an Suzuki Daisetsu: »Bisher hat man die Philosophie auf die Logik gegründet. Ich möchte es mit der Psychologie versuchen.«) Wie unerreichbar dieses Ziel indessen bleibt, beweisen nicht zuletzt die neunzehn Bände Text, die Nishida als Lebenswerk hinterließ. – In der Zeit, die ihm zwischen Zen-Meditation und Lehrverpflichtung blieb, las Nishida neben der Bibel, die er in dieser Zeit über die »Gespräche« des Konfuzius stellte, Shakespeare, Goethe, Eduard von Hartmann – und mit größter Intensität Kant (1897 publizierte er einen Aufsatz über »Die Existenz oder Nichtexistenz a-priorischen Wissens«).

Im Februar 1899 wurde Hōjō Direktor der ›Höheren Schule Nr. 4‹ in Kanazawa, die Nishida einmal so unehrenhaft verlassen hatte oder zu verlassen gezwungen worden war. Jetzt kam er – abermals – als Deutschlehrer zurück. Ebenfalls im Februar kehrte Kotomi, seine Frau, endgültig wieder zu ihm zurück. – Sie starb 1925, nachdem sie Nishida sechs Töchter und zwei Söhne geboren hatte. – Seine Lebensverhältnisse konsolidierten sich also zusehends. Dennoch dokumentieren seine Tagebucheintragungen aus diesen Jahren eine permanente, schmerzliche Auseinandersetzung mit dem Faktum, daß sein Leben mit seinen Wünschen und Vorstellungen durchaus nicht koinzidierte. Die Skala der Anfechtungen reichte vom Neid auf Kollegen, die im Ausland Studien treiben konnten, bis zu einem von Nishida als peinlich empfundenen Hang zu Näschereien. Auch ein Gefühl, das er ›ennui‹ nannte, begleitete seine Bemühungen wie ein ständiges Skandalon. Als sein Meister ihm am 3. August 1903 bestätigte, daß er sein ›kōan‹, eine der paradox formulierten, unlösbaren Fragen, auf die sich der Zen-Meditant konzentrierte, geistig völlig durchdrungen habe, schrieb Nishida in sein Tagebuch: »Die Große Freude blieb aus.« Bis 1905 meditierte er noch. Ab 1905 taucht der Begriff ›taza‹ (Meditation) nur noch selten in seinem Tagebuch auf.

Aber auch während der Zeit, in der er intensiv meditierte, zollte er seinen diskursiven Bedürfnissen ausreichend Tribut: 1899 las er u. a. Nietzsche, Carlyle, Goethe (»Faust‹ und »Wilhelm Meister«); 1901 Bradley, Lotze, wieder Nietzsche, Wundt, Tolstoi; 1902 erneut und mit besonderer Intensität Goethes »Faust«, Carlyle, Kant, Dante, Heine; 1903 Dante, Shakespeare, Hegel, Brandes, Schleiermacher; 1904 Schiller, Schopenhauer, Kuno Fischers »Spinoza«, daneben wieder Dante und Hegel. 1905 schließlich beschäftigte er sich mit Plato, Descartes, Leibniz, Spinoza, Fichte, Schelling, Windelband – und Willam James, dessen Begriff der ›reinen Erfahrung‹ (pure experience) in modifizierter Form eine zentrale Rolle in Nishidas *Zen no kenkyū* spielt, deren Kapitel II und III 1906 schon vorlagen. In William James' ›pure experience‹, wie er sie verstand, glaubte Nishida ein Konzept gefunden zu haben, das ihm, nach seinen eigenen Aussagen half, sich von ›schnellen Kompromissen‹ mit dem ›alten Denken‹ – womit er nicht nur etwa die Psychologie eines Hugo Münsterberg meinte, sondern auch die »Logik« Hegels! – frei zu machen. Nishidas Notizen aus den Jahren 1904–1906 entbehren allerdings nicht einer gewissen epistemologischen Nonchalance: »Hegels ›wirkende Kraft‹ ist nichts anderes als Schopenhauers Wille; Kraft.« – »Schopenhauer sagt, daß der Wille das Ding-an-sich sei. Die Tatsache der Reinen Erfahrung ist das Ding-an-sich; überdies auch Wille.« – »Die Tatsache der Reinen Erfahrung fordert ein sich selbst vereinheitlichendes Prinzip, d. h. ein ›Subjekt‹.« – »In dem Augenblick, in dem man im Innern des Objekts das Subjekt entdeckt, gibt es weder Objekt noch Subjekt. Darum gibt es auch nichts Objektives. Auch keine Materie. Es ist wie bei der Kunst, Schopenhauers Reine Anschauung.«

Die Absicht, Philosophie auf Psychologie zu gründen, scheint während seiner Arbeit an den Kapiteln II (Die Realität) und III (Das Gute) von *Zen no kenkyū* gereift zu sein, die im Sommer 1906 in gedruckter Form als Arbeitsgrundlage an Nishidas Schüler verteilt wurden. Nishida selbst hielt diese Texte für ausgesprochen ›scientific‹, was keinen Widerspruch bedeutet, sondern nur seine Intention, die ›soul experience‹ als unhintergehbare Grundtatsache aller Wirklichkeit gleichsam zu logifizieren, deutlich macht. Denn auf Logik überhaupt sollte nicht Verzicht geleistet werden. Sie sollte nur nicht länger den Status eines unbegründbaren Grundes einnehmen. Mit der Publikation eines Aufsatzes mit dem Titel »Über die Realität« (Jitsuzai-ron) in der Tetsugaku-zasshi Nr. 241 im März 1907 wurde Nishida einem größeren Kreise philosophisch Interessierter vorgestellt. Die Reaktion auf diese Publikation war so vielversprechend, daß Nishida schon in der nächsten Nummer dieser Zeitschrift einen weiteren Aufsatz veröffentlichte. Hōjō hielt nun den Zeitpunkt für gekommen, Nishida zu einer bedeutenderen Position innerhalb der akademischen Welt zu verhelfen. Ausgestattet mit Empfehlungsbriefen Hōjōs fuhr Nishida nach Tōkyō, um bei seinen ehemaligen Lehrern an der Universität vorzusprechen.

Doch der von Hōjō initiierte Vorstoß blieb – vorläufig – ohne Erfolg.

II

> Wir möchten gerne die Welle kennen, auf welcher wir im Ozean treiben, allein wir sind diese Welle selbst.
>
> *Jakob Burckardt*

Wie spiegelt sich dies alles nun in dem Text »Über das Gute«?

Nishidas erste, unumstößliche Prämisse ist, daß die Realität eine einzige sich selbst bestimmende tätige Einheit darstellt; ein Gedanke, der nicht minder von Fichte als vom Buddhismus beeinflußt ist. Nishida denkt *monistisch.* Die zahlreichen Gegensätze und Widersprüche sind gleichsam nur eine List der Realität, ihre Einheit, wie Nishida sagt, zu vertiefen. – Bei oberflächlicher Lektüre von »Über das Gute« mag es scheinen, als fungiere der Begriff der Einheit oder des ›gewissen einheitlichen Etwas‹, d. h. der einheitlichen und vereinheitlichenden Kraft, die im Hintergrund aller Realität wirken soll, als eine Art Joker, der immer einstehen muß, wenn die Grenzen der Denkbarkeit oder der Artikulierbarkeit erreicht scheinen. Aber Nishidas Konzept von der ›Einheit‹ zielt auf ein sozusagen hochkarätiges Paradoxon. Nishida versucht eine Einheit zu denken, die weder ein Einerlei noch eine von mühsamer Dialektik zusammengehaltene und vereinheitlichte Widersprüchlichkeit bedeutet. Nishidas Einheit meint eine Einheit von tendenziell unendlicher Komplexität. Der Grad der Strukturiertheit entscheidet, wie Nishida sagt, über die ›Größe‹, d. h. die Intensität der Einheit. Auch Nishida geht es um das, was die Scholastik ›Seinswürde‹, dignitas entis, nennt, in dem Sinne, in dem Thomas von Aquin höchste Seinswürde mit Einheit zusammendenkt: deus est maxime unus. – So unumstößlich diese Prämisse der Einheit der Realität ist, so zahlreich sind die Namen, die Nishida ihr im Laufe seiner philosophischen Entwicklung gibt. Was in *Zen no kenkyū* ›Reine Erfahrung‹ heißt, wird in modifizierter Form als ›Wille‹, ›prädikativer Ort‹, ›dialektisches Allgemeines‹ und schließlich als der ›absolut-identische absolut-selbstwidersprüchliche Ort des Nichts‹ in Nishidas späteren Werken wiederkehren. –

Die zweite Prämisse besagt, daß die eine selbstbestimmte Realität sich systematisch oder – wie es in *Zen no kenkyū* heißt – »einer Ordnung gemäß« entwickelt. Nishidas Philosophie ist ihrem Anspruch nach *systematisch*, auch wenn ihr bisweilen ›Episodenhaftigkeit‹ vorgeworfen wird. Nicht unähnlich den Vorstellungen, die Hegel in seinem Vorwort zur »Phänomenologie des Geistes« entwickelt, betrachtet Nishida ein System als etwas, das sich seine Gesetze im Laufe seiner Selbstentfaltung selbst gibt und seine Wahrheit in seiner sich selbst transparenten Ganzheit hat. Nichts anderes bedeutet für Nishida der Begriff des ›Guten‹ (zen). – D. h. Das ›Gute‹ ist bei Nishida keine ethische, sondern eine ontologische Kategorie. Moral und Religion sind dabei nur andere Namen für die ›Praxis‹ des Guten. In einem ähnlichen Sinne spricht Emmanuel Lévinas in »Totalität und Unendlichkeit« von der Moral als einer ›Optik‹. –

Die dritte Prämisse, die die beiden ersten in einem fast Hegelschen Sinne ›aufhebt‹, hatte für (den von der intuitionistischen Mathematik faszinierten) Nishida eine geradezu axiomatische Bedeutung: alle Phänomene sind Bewußtseinsphänomene. Nishidas Philosophie ist eine Philosophie der *Bewußtseinsimmanenz*.

Auf eine Formel gebracht: *Zen no kenkyū* ist eine Phänomenologie des Bewußtseins, beziehungsweise eine Phänomenologie der Reinen Erfahrung, da die Reine Erfahrung die erste oder – um einen Sartreschen Terminus zu gebrauchen – a-thetische Erscheinungsform des Bewußtseins ist. ›Reine Erfahrung‹ nennt Nishida das, was bleibt, wenn der radikale Zweifel seinen absoluten Endpunkt erreicht hat. Die Reine Erfahrung steht am Anfang der Welt, weil sie am Anfang des Bewußtseins steht, dessen Thema die Welt ist. Die ›thetische‹ (oder ›noetische‹) Funktion des Bewußtseins besteht, formelhaft gesagt, darin, Realität zu setzen. Das Bewußtsein qua

Reine Erfahrung ist nicht nur einheitlich, sondern auch selbstreferentiell. Seine Entfaltung vollzieht sich spontan und systematisch. Nishida gibt diesem Bewußtsein, insofern es im Selbstbezug, d.h. in der Abbildung seiner selbst auf sich selbst, die erscheinende Welt erzeugt, den Namen ›jikaku‹, ›Selbstwahrnehmung‹. Die ›Reine Erfahrung‹ als der ursprüngliche Modus der ›Selbstwahrnehmung‹ erschöpft sich nicht darin, nur Startpunkt eines Selbstentfaltungsprozesses zu sein, in dem das Selbst sich auf sich selbst abbildet und dabei fortschreitend erkennt. Die ›Reine Erfahrung‹ umfaßt *alle* Entwicklungsstufen der ›Selbstwahrnehmung‹, sie ist, wie es in *Zen no kenkyū* heißt, eine »Einheit, die das Universum umfaßt«. Selbst-*Bewußtsein* oder Selbst-*Reflexion* treten dabei erst in dem Stadium der Selbstentfaltung der »jikaku« auf, in dem das System – quasi als Trennungsmarke im Vollzug seines Selbstbezugs – erstmals das *Urteil* als *bedeutungs*stiftenden Akt einführt. Anders gesagt: Reflexion schafft Bedeutung als Struktur im Selbstbezug des Bewußtseins. Dies ist der – so will es die paradoxale Zeitlichkeit von *Zen no kenkyū*, die das ›Nochnicht‹ (imada) mit dem ›Immerschon‹ (sude ni) zusammendenkt – zeitüberhobene Augenblick, in dem auch *Subjekt* und *Objekt* sich voneinander trennen und in eine von dem Begehren nach Wiedervereinigung geprägte Opposition zueinander treten. Es ist dieses Begehren, das dem Nishidaschen Erkenntniswillen seine geradezu sinnliche Vehemenz verleiht; sozusagen der Grund dafür, daß Nishida im beschwörend-kerygmatischen Schlußteil von *Zen no kenkyū* Wissen und Liebe miteinander identifiziert.

Auf der Stufe der zwar durch die Urteilsfunktion definitiv vollzogenen, aber in die unerschütterliche Einheit der ›Reinen Erfahrung‹ eingebetteten Selbst-Objektivierung des Selbst, die Subjekt und Objekt voneinander trennt und auf ihre Plätze verweist, tritt auch erstmals das *Denken* in Erscheinung. Die Reine Erfahrung trägt, gemäß ihrer Überzeitlichkeit, die Möglichkeit der Selbstabbildung in sich, verwirklicht sie aber erst auf der Stufe des reflexiven Bewußtseins.

Dies, was ›bisher‹ – wie Nishida sagt – in der Form der ›unmittelbaren Erfahrung‹ (chokusetsu keiken) oder des ›Erlebnisses‹ (taiken) Reine Erfahrung war, tritt im Augenblick des Urteils (handan) in den ›Hintergrund‹ (haigo), den Horizont zurück, aus dem heraus es *immer schon* als ›verborgene Triebkraft‹ sämtliche Erscheinungen hervorbringt und vereinheitlicht; über einen Abgrund hinweg vergleichbar dem Gott der Hegelschen »Logik«, in dessen Denken die Welt ja schon ›vor ihrer Erschaffung‹ präsent ist. Die *Inhalte* des reflexiven Bewußtseins können auf dreierlei Art miteinander in Beziehung stehen: in *temporaler* Beziehung (auf das Gedächtnis gegründet), in *Urteils-* oder *Schluß*beziehung (auf das abstrakte Denken gegründet) und in *Oppositions*beziehung (als Folge eines Urteils). Dabei umgreift das Bewußtsein die Zeit. Die Zeit hat einen ambivalenten Charakter: sie wird zwar durch das Gegenwartsbewußtsein überhaupt erst konstituiert, unterwirft aber – sozusagen im Gegenzug – das Bewußtsein einer einheitlichen Auslegung. Die Selbstabbildung der Reinen Erfahrung ist unendlich wiederholbar. Darin liegt sogar ihre Aufgabe. Indessen bleibt das, was den Anstoß zu dieser inneren Zellteilung gibt, unbenannt. Nishida sagt nur, daß der im Innern der ›unmittelbaren Erfahrung‹ wirkenden ›Kraft der Vereinheitlichung‹ eine Disposition zur Selbstabbildung und Selbstvergegenständlichung innewohnt. In dieser Anlage verbirgt sich das ›wahre Selbst‹, ein Subjekt, das sich noch nicht innehat und doch der eigentliche Motor des ganzen Geschehens ist.

In einem System der Selbstwahrnehmung bedeutet »jikaku« letztlich Selbst*bejahung*. Dies impliziert notwendig die ethische Grundannahme, daß der Mensch seinem Wesen nach gut ist. So lehrt auch Nishida, daß im Konflikt zwischen individuellem und überindividuellem Selbst das überindividuelle immer den Sieg davonträgt, dessen Feier und Besiegelung die ›Verschmelzung von Gott und Mensch‹ ist. Diese deutet Nishida zugleich als die endgültige Verwirklichung der *Wahrheit*.

Vorbereitet und ermöglicht wird dies durch *intellektuelle Anschauung*. Die ›intellektuelle Anschauung‹ ist zugleich *Bild des ›Verlorenen Paradieses‹* – bevor mit der Reflexion die Wunde des Bewußtseins entstand – und *Schlüssel zum Ursprung*. Die ›intellektuelle Anschauung‹ überwindet die vom Urteil zu verantwortende Spaltung in Subjekt und Objekt. Sie repräsentiert die Selbstwahrnehmung des *Ganzen* der unmittelbaren Erfahrung, wenn auch zunächst nur als angenommene, hypostasierte Aktualisierung sämtlicher Möglichkeiten der Reinen Erfahrung. Sie ist die Brücke zur Übergegensätzlichkeit. Als Intention auf das Ideal der *Religion*, des Aufgehens in Gott, hin, umfaßt die intellektuelle Anschauung genau das Pensum, das abgeleistet werden muß, bis in der ›Verschmelzung von Gott und Mensch‹ (shinjin gōitsu), in der Ganzheitsschau auch der Mensch an einem Übermenschlichen teilhat.

Soviel mag klar geworden sein: Nishidas Philosophie oder Phänomenologie der Reinen Erfahrung setzt – auf ihre Weise – den Apriorismus eines Descartes nicht weniger voraus als die Transzendentalphilosophie eines Kant. Stichworte wie Prozeßcharakter, Bewußtseinssystem und Selbstbezüglichkeit verbinden sie überdies mit der ›nachkritischen‹ Tradition, wie sie von Fichte, Schelling und Hegel repräsentiert wird. Insofern ist sie, wenn vielerorts auch nur implizit, entschieden der westlichen Denktradition verpflichtet und nimmt Teil an einer im Westen initiierten Problemgeschichte. Freilich zeichnet sich Nishidas philosophische Verfahrensweise, die keineswegs, wie es dem westlichen Leser auf den ersten Blick erscheinen mag, nur eklektizistisch ist, durch eine aus der großen Kulturdifferenz erklärbare Unbefangenheit aus. Allerdings wäre es unredlich zu leugnen, daß gerade das, was das hermeneutische und analytische Interesse des westlichen Interpreten Nishidas herausfordert, ihm auch die größten Widerstände entgegensetzt. Ein anderes Paradox ist, daß gerade Nishida der Logozentrismus nie eigentlich zum Problem wurde. Leben und Wissenschaft schienen ihm nicht nur versöhnbar, sondern in ihrem Ursprung immer schon versöhnt. Seine Aufgabe sah Nishida darin, das Erfahrungskontinuum ›Welt‹ auf eine akzeptable (wenn auch nicht notwendig ›wissenschaftliche‹) Weise zu beschreiben; die Frage, die er sich stellte, war: Gibt es ein ›lebensphilosophisches‹ Paradigma, das sich überzeugend selbst darstellt? Es bleibt die Frage, ob der Versuch Nishidas, fast dreißig Jahre nach Diltheys Proklamierung des Endes der Metaphysik (in seiner Einleitung in die Geisteswissenschaften [1883]) und sieben Jahre nach Nietzsches Tod ein neues *metaphysisches System* zu entwickeln, als anachronistisch gewertet werden muß oder nicht. Jedenfalls wurde der Versuch in Japan am Anfang des 20. Jahrhunderts unternommen, seine epistemologischen Konsequenzen sollten erhellt und gedeutet werden. Auch wenn Nishidas Philosophie von japanischen Interpreten oft eine Philosophie der Trauer um das Verlorene Paradies genannt wird, so muß doch ergänzt werden, daß ihr Impetus nur aus dem Vertrauen auf die Möglichkeit der Rückkehr ins ›Paradies‹ erklärt werden kann. – Ein Vertrauen, das den Denkern des Westens zu Beginn des 20. Jahrhunderts schon weitgehend abhanden gekommen war.

Zen no kenkyū ist das erste bedeutendere Produkt und Resultat der lebenslangen Anstrengung Nishidas, die Selbstkonstitution der Realität, sozusagen die Verfahrensweise der Selbst-Erschaffung der Realität, das heißt das sich selbst erzeugende Wirken der Wirklichkeit in den Text und die Textur der Philosophie zu übersetzen. Nishidas erkenntnis- und bewußtseinstheoretisches Anliegen gleicht so dem Versuch, mitten auf dem Meer ein Floß zu bauen.

Von einem Konstitutionsproblem bei Nishida zu reden, bedeutet immer schon von einem Produktionsproblem zu reden. Das ›Ding an sich‹ ist im Zustand der ›Reinen Erfahrung‹ gleichsam aufgelöst, und die Schaffung von Realität somit ganz dem Bewußtsein überlassen. Dies philosophisch zu erfassen hat – in dieser Form – zweifellos kein japanischer Denker vor Nishida versucht. Insofern das Problem der

(Selbst-)Konstitution des (Selbst-)Bewußtseins bzw. das Subjekt das zentrale und – nach Dieter Henrich – noch immer theoretisch ungeklärteste Problem auch der europäischen Geistesgeschichte ist, hat Nishida mit seinem System der Reinen Erfahrung, wie er es in *Zen no kenkyū* darlegt, auf den neuralgischen Punkt und eigentlichen Fokus des westlichen Denkens gezielt. Auch das macht ihn zu einem Pionier.

Hegel hat gezeigt, daß die Dinge ihren Sinn respektive ihre ›Intelligenz‹ erst in ihrem und durch ihr ›Verschwinden‹ gewinnen. Insofern ist gegen die Mystagogen zu sagen, daß gerade im Erlöschen der Dinge die Geburt des *Begriffs* liegt. Dieses Wissen ist gleichsam der Exponent, unter dem auch – trotz ihrer tastenden Vorläufigkeit – die Philosophie Nishidas steht: bei ihren Versuch, mit einer großen synthetisierenden Geste das Denken zweier Jahrtausende und zweier Weltteile zu versöhnen.

ERSTER TEIL

Die Reine Erfahrung

Erster Abschnitt

DIE REINE ERFAHRUNG

Erfahren bedeutet, das Tatsächliche als solches zu erkennen; ohne alles Mitwirken des Selbst nach Maßgabe des Tatsächlichen zu wissen. *Rein* beschreibt den Zustand einer wirklichen Erfahrung als solcher, der auch nicht eine Spur von Gedankenarbeit anhaftet. Dem, was gewöhnlich Erfahrung genannt wird, ist hingegen immer ein irgendwie geartetes Denken beigemischt. Das meint zum Beispiel, daß wir in dem Augenblick, in dem wir eine Farbe sehen oder einen Ton hören, weder überlegen, ob es sich um Einwirkungen äußerer Dinge handelt, noch ob ein Ich diese empfindet. Selbst das Urteil, was diese Farbe und dieser Ton eigentlich sind, ist auf dieser Stufe noch nicht gefällt. Somit sind *Reine* und unmittelbare Erfahrung eins. In der unmittelbaren Erfahrung des eigenen Bewußtseinszustands gibt es noch kein Subjekt und kein Objekt. Die Erkenntnis und ihr Gegenstand sind völlig eins: Das ist die reinste Form der Erfahrung. Normalerweise ist die Bedeutung des Worts *Erfahrung* nicht so eindeutig bestimmt. So nennt zum Beispiel Wundt auch das aufgrund von Erfahrung erschlossene Wissen noch mittelbare Erfahrung und spricht von Physik und Chemie als den Wissenschaften der mittelbaren Erfahrung (Wilhelm Wundt, Grundriss der Psychologie, Leipzig, 1896, Einleitung § I[1]). Aber nicht nur solches Wissen ist keine Erfahrung im eigentlichen Sinne,

1 »[Es existieren] zwei Richtungen für die Bearbeitung der Erfahrung. Die eine ist die der *Naturwissenschaft*: sie betrachtet die *Objecte* der Erfahrung in ihrer von dem Subject unabhängig gedachten Beschaffenheit. Die andere ist die der *Psychologie*: sie untersucht den gesammten Inhalt der Erfahrung in seinen Beziehungen zum Subject und in den ihm von diesem unmittelbar beigelegten Eigenschaften. Demgemäß lässt sich auch der naturwissenschaftliche Standpunkt, insofern er erst mittelst der Abstraction von dem in jeder wirklichen Erfahrung enthaltenen subjectiven Factor möglich ist, als derjenige der *mittelbaren Erfahrung*, der psychologische dagegen, der diese Abstraction und alle aus ihr entspringenden Folgen geflissentlich wiederaufhebt, als derjenige der *unmittelbaren Erfahrung* bezeichnen.« (S. 3)

auch das Bewußtsein eines anderen, obwohl ganz Bewußtseinsphänomen, kann im eigenen Selbst nicht erfahren werden. Sogar das eigene Bewußtsein ist schon nicht mehr Reine Erfahrung, wenn es über erinnerte, vergangene oder gegenwärtige Inhalte Urteile fällt. Die wirkliche Reine Erfahrung ist nur Gegenwartsbewußtsein des Tatsächlichen als solchem, ohne jegliche *Bedeutung*.

Wie sind die geistigen Phänomene, die in diesem Sinne die Tatsachen der Reinen Erfahrung repräsentieren, beschaffen? Niemand wird leugnen, daß Sinnesempfindungen und Sinneswahrnehmungen dazugehören. Aber ich glaube, daß *alle* geistigen Phänomene in dieser Gestalt erscheinen. Auch in der Erinnerung wiederholt sich vergangenes Bewußtsein nicht, folglich wird Vergangenheit nie unmittelbar angeschaut. Das Empfinden von Vergangenem ist vielmehr ein gegenwärtiger Affekt. Selbst abstrakte Begriffe transzendieren die Erfahrung nicht, sondern sind Teil des Gegenwartsbewußtseins. Ein Mathematiker stellt sich ein Dreieck vor und sieht es als Repräsentanten aller Dreiecke an. So sind auch die repräsentativen Elemente eines Begriffs nicht mehr als eine Art gegenwärtiger Affekte (William James, The Principles of Psychology, 1890, Vol. I., Chap. VII.[2]). Wenn man darüber hinaus auch im sogenannten ›fringe‹, dem ›Rand‹ des Be-

2 Der 7. Abschnitt von William James: »The Principles of Psychology« trägt den Titel »The Methods and Snares of Psychology« und hat die Unterabschnitte »Psychology is a natural science. Introspection. Experiment. Sources of error. The ›Psychologist's fallacy‹.« James behandelt hier die erkenntnistheoretischen Probleme der Introspektion und die Unmöglichkeit, gegenwärtige Gefühle und Gedanken *in ihrer Gegenwärtigkeit* zu erfassen: »... the pychologist must not only *have* his mental states in their absolute veritableness, he must report them and trace their relations to other things. Whilst alive they are their own property; it is only *post-mortem* that they become his prey.« (Hier zitiert nach: The works of William James, The Principles of Psychology, Volume I, Cambridge, Massachusetts and London 1981, S. 189.) – Nishidas *explizite* Gleichsetzung ›repräsentativer Elemente eines Begriffs‹ mit ›gegenwärtigen Affekten‹ konnte in diesem Abschnitt nicht nachgewiesen werden, widerspricht jedoch auch nicht dessen Argumentationslinie, sondern führt sie konsequent weiter.

wußtseins eine Tatsache der unmittelbaren Erfahrung sieht, muß auch das Bewußtsein von den Relationen *zwischen* den Erfahrungstatsachen dazugerechnet werden, nicht anders als die Sinnesempfindungen und Sinneswahrnehmungen (William James, A World of Pure Experience, 1904[3]). Die Phänomene der Gemütsbewegung, die Empfindungen von Behagen und Unbehagen sind selbstverständlich Teil des Gegenwartsbewußtseins; aber auch den Willen nehmen wir immer, obgleich sein Ziel in der Zukunft liegt, als gegenwärtiges Begehren wahr.

Was ist nun diese Reine Erfahrung, die uns so unmittelbar gegeben und die Ursache aller geistigen Phänomene ist? Versuchen wir, über ihr Wesen nachzudenken. Zunächst erhebt sich die Frage, ob die Reine Erfahrung einfach oder zusammengesetzt ist. Betrachtet man unmittelbare, Reine Erfahrung unter den Aspekten, daß sie sich aus vergangenen Erfahrungen konstituiert oder im nachhinein in einzelne Elemente zerlegt werden kann, so mag man sagen, sie ist zusammengesetzt. Aber ganz unabhängig von ihrer Komplexität ist die Reine Erfahrung im Moment ihres Vollzugs immer eine einfache einzelne Tatsache. Auch als Wiedervergegenwärtigung eines vergangenen Bewußtseins wird sie zu einem integrierten Bestandteil des Gegenwartsbewußtseins. Damit hat sie eine neue Bedeutung gewonnen und kann nicht mehr mit dem vergangenen Bewußtsein als identisch bezeichnet wer-

3 »To be radical, an empiricism must neither admit into its constructions any element that is not directly experienced, nor exclude from them any element that is directly experienced. For such a philosophy, *the relations that connect experiences must themselves be experienced relations, and any kind of relation experienced must be accounted as ›real‹ as anything else in the system.*« (Zitiert nach: The Works of William James, Essays in Radical Empirism, Cambridge Massachusetts and London 1976, S. 22.) »A World of Pure Experience« enthält auch folgenden Satz, von dem der Anfang von »Über das Gute« unmittelbar inspririert zu sein scheint: »The instant field of the present is always experience in its ›pure‹ state, plain unqualified actuality, a simple *that*, as yet undifferentiated into thing and thought, and only virtually classifiable as objective fact or as someone's opinion about fact.« (Op. cit., S. 36f.)

den (George Frederick Stout, Analytic Psychology, 1896, Vol. II., p.45). Entsprechend gilt, daß in dem Augenblick, in dem das Gegenwartsbewußtsein analysiert wird, das Analysierte schon nicht mehr identisch mit dem Gegenwartsbewußtsein ist. Von der Warte der Reinen Erfahrung aus gesehen, ist alles gesondert, in seiner Jeweiligkeit einfach und originär. Daneben ergibt sich die Frage, wie weit die Synthese der Reinen Erfahrung reicht. Die Gegenwart der Reinen Erfahrung ist keine gedankliche, die, indem sie sich auf die Gegenwart bezieht, schon nicht mehr gegenwärtig ist. Der Gegenwart als Bewußtseinstatsache muß eine irgendwie geartete zeitliche Kontinuität eignen (William James, The Principles of Psychology, 1890, Vol. I., Chap. XV[4]). Das heißt, im Fokus des Bewußtseins liegt immer die Gegenwart. Somit fällt der Bereich der Reinen Erfahrung immer von selbst mit dem Bereich der Aufmerksamkeit zusammen. Aber ich glaube, daß dieser Bereich nicht notwendig auf ein einziges Ziel der Aufmerksamkeit beschränkt ist. Wir können im Zustand der Ungeschiedenheit von Subjekt und Objekt, ohne das Denken auch nur ein wenig einzuschalten, die Aufmerksamkeit wandern lassen. Wenn man etwa alle Kräfte konzentrierend, eine steile Felswand hinaufklettert, oder wenn ein Musiker ein perfekt einstudiertes Stück spielt, kann man von einem ›perceptual train‹, einer Wahrnehmungskontinuität,

4 Vgl. darin u. a.: »*The knowledge of some other part of the stream, past or future, near or remote, is always mixed in with our knowledge of the present thing.*

A simple sensation ... is an abstraction, and all our concrete states of mind are representations of objects with some amount of complexity. Part of the complexity is the echo of the objects just past, and, in a less degree, perhaps, the foretaste of those just to arrive. Objects fade out of consciousness slowly. If the present thought is of ABCDEFG, the next of one will be of BCDEFGH, and the one after that of CDEFGHI – the lingerings of the past dropping successively away, and the incomings of the future making up the loss. These lingerings of old objects, these incomings of new, are the gems of memory and expectation, the retrospective and the prospective sense of time. They give that continuity to consciousness without which it could not be called a stream.« (Op. cit., S. 571 f.)

sprechen (George Frederick Stout, Manual of Psychology, 1898, S. 252). Auch das Instinktverhalten der Tiere scheint immer von einem solchen geistigen Zustand begleitet. Bei geistigen Phänomenen dieser Art bewahrt die Wahrnehmung eine strenge Einheit und Kontinuität. Auch wenn das Bewußtsein von einem zu einem anderen Ding übergeht, bleibt die Aufmerksamkeit stets dem Objekt zugewandt, und die vorausgehende Tätigkeit bringt aus sich die nachfolgende hervor, ohne die kleinste Bruchstelle, an der ein Gedanke sich einschleichen könnte. Auch im Vergleich zur augenblickshaften Wahrnehmung besteht hier, trotz der wechselnden Aufmerksamkeit und der unterschiedlichen Zeitlängen, im Punkt der Unmittelbarkeit und der Einheit von Subjekt und Objekt nicht die kleinste Differenz. Zumal wenn man auch in der sogenannten Augenblickswahrnehmung eine Synthese eigentlich komplexer Erfahrungen sieht, muß man zugeben, daß zwischen beiden kein qualitativer, sondern nur ein quantitativer Unterschied besteht. Die Reine Erfahrung muß nicht notwendig eine einfache Sinneswahrnehmung sein. Das, was die Psychologen eine Einzelempfindung im strengen Sinne nennen, ist das Resultat wissenschaftlicher Analyse, also eine Hypothese, und keine wirkliche, unmittelbare Erfahrung.

Der Grund dafür, daß die Reine Erfahrung unmittelbar und rein ist, liegt nicht darin, daß sie einheitlich, unanalysierbar und momentan ist, sondern vielmehr in der strengen Einheit des konkreten Bewußtseins. Das Bewußtsein setzt sich keineswegs aus einfachen psychischen Elementen zusammen, wie die Psychologen sagen, sondern ist ein ursprünglich einheitliches System. Das Bewußtsein des Neugeborenen ist eine unbestimmte verworrene Einheit, in der selbst hell und dunkel noch nicht geschieden sind. Aus dieser Einheit differenzieren sich verschiedenartige Bewußtseinszustände heraus. Aber wie fein die Differenzierungen auch sein mögen, die grundlegende Gestalt des Systems verliert sich nie. Das uns unmittelbare, konkrete Bewußtsein erscheint immer nur in dieser Form. Nicht anders verhält es sich mit der Augenblickswahrnehmung. Selbst wenn wir glauben, ›mit einem Blick‹ das Ganze eines Dinges wahrzunehmen, ergibt sich bei genauer Untersuchung, daß parallel zur Bewegung des Auges die Aufmerksamkeit selbst wandert, bis das Ganze erfaßt ist. Der Ursprung des Bewußtseins ist dergestalt ein systematischer Entwicklungsprozeß von strenger Einheit, so daß wir, solange sich das Bewußtsein spontan entwickelt, nicht aus dem Bereich der Reinen Erfahrungen heraustreten. Dieser Punkt gilt für die Wahrnehmungserfahrung und das, was wir als Vorstellung erfahren, gleichermaßen. Das System der Erfahrungen entfaltet sich spontan und ist als Ganzes unmittelbar Reine Erfahrung. Ein Beispiel dafür ist, daß Goethe im Traum intuitiv gedichtet hat. Man könnte glauben, daß man im Falle der Wahrnehmungserfahrung, bei der die Aufmerksamkeit ja von Dingen der Außenwelt beherrscht wird, nicht von einer Einheit des Bewußtseins sprechen kann. Aber auch im Hintergrund einer Wahrnehmungsaktivität muß eine unbewußte Vereinheitlichungskraft wirksam sein, von der die Aufmerksamkeit gelenkt wird. Umgekehrt mag es scheinen, daß selbst das, was als Vorstellung erfahren wird, so einheitlich es auch sein mag, zu den subjektiven Inszenierungen gehört und deshalb nicht Reine Erfahrung genannt werden kann. Jedoch müssen wir auch eine Erfahrung in Gestalt einer Vorstellung, wenn ihre Einheit sich notwendig und von selbst herstellt, als Reine Erfahrung ansehen. Wenn zum Beispiel wie im Traum keine äußere Einwirkung ihre Einheit stört, ist sie von einer Wahrnehmungserfahrung nicht zu unterscheiden. Ursprünglich existiert für die Erfahrung weder ein Innen noch ein Außen. Was sie *rein* macht, liegt in eben dieser Einheit, nicht in ihrer Art. Auch die Vorstellung wird unmittelbar zu einer einzigen Erfahrung, wenn sie mit einer Sinneswahrnehmung verschmilzt. Nur ist sie, wenn sie zu einem anderen Bewußtsein(sinhalt) in Beziehung tritt, schon nicht mehr gegenwärtige Erfahrung und wird zur *Bedeutung*. Solange sie nur Vorstellung war, war sie – wie im Traum – mit der Wahrnehmung zu verwechseln. Daß auch die Sinneswahrnehmung als Erfahrung gedacht werden kann, liegt daran, daß sie immer der Fokus der Aufmerksamkeit und das Zentrum der Einheit ist.

Versuchen wir, die Bedeutung der Bewußtseinseinheit und die Eigenart der Reinen Erfahrung noch ein wenig präziser zu bestimmen. Das System des Bewußtseins differenziert sich – wie alle Organismen – einer Ordnung gemäß aus einem einheitlichen Etwas heraus, bis es seine Ganzheit verwirklicht hat. Im Bewußtsein ist davon zuerst nur ein Bruchteil vorhanden, in dem die Einheitsfunktion als richtungsgebendes Gefühl wirkt. Diese Funktion ist es auch, die unsere Aufmerksamkeit lenkt. Wenn deren Einheit streng ist und von nichts gehemmt wird, bleibt die Funktion unbewußt. Andernfalls erscheint sie als gesonderte Vorstellung im Bewußtsein und löst sich vom Zustand der Reinen Erfahrung ab. Solange die vereinheitlichende[5] Funktion wirksam ist, bleibt die Ganzheit als Reine Erfahrung *aktuell*. Wenn man darüber hinaus behauptet, das Bewußtsein sei durch und durch triebhaft und, wie die Voluntaristen es tun, annimmt, daß der Wille das Grundschema des Bewußtseins ist, so ist das Schema der Bewußtseinsentwicklung mit dem der Willensentwicklung identisch und die Tendenz zur Einheit entspricht dem Ziel des Willens. Die Reine Erfahrung ist ein durchaus freier und lebendiger Zustand, in dem zwischen dem Verlangen und der Verwirklichung des Willens nicht der kleinste Unterschied liegt. Für den wählenden Willen hingegen bedeutet das, daß er vom triebhaften Willen beherrscht und vielleicht unterdrückt wird. Aber der vor eine Wahl gestellte Wille hat bereits seine

5 Der japanische Ausdruck (tō'itsu[teki]), der hier mit ›vereinheitlichend‹ übersetzt wurde, changiert zwischen den Bedeutungsnuancen: ›einheitlich/Einheits-‹, ›vereinheitlichend‹ und ›vereinheitlicht‹. Im Grunde geht Nishida *stets* von einer Gleichzeitigkeit dieser drei Aspekte aus, die in der Übersetzung ins Deutsche jedoch nicht angemessen wiedergegeben werden kann. Der Leser sollte versuchen, sie immer ›mitzudenken‹. In der Übersetzung wurde jeweils das deutsche Äquivalent gewählt, das vom jeweiligen *Kontext* gefordert wurde.

Freiheit verloren, nur durch Übung kann er erneut *spontan* werden. Das Wesen des Willens liegt nicht in dem auf die Zukunft gerichteten Verlangen, sondern in der ganz gegenwärtigen Aktivität. Ursprünglich ist die den Willen begleitende Handlung kein Element des Willens. Rein psychisch gesehen, ist der Wille eine immanente Apperzeptionsfunktion des Bewußtseins. Außerhalb der Einheitsfunktion gibt es kein gesondertes Willensphänomen. Der Wille ist der Höhepunkt, die Vollendung dieser Einheitsfunktion. Auch das Denken ist, wie der Wille, eine Apperzeptionsfunktion, aber seine Einheit ist rein subjektiv. Der Wille jedoch ist die Einheit von Subjekt und Objekt. Daher ist der Wille auch immer gegenwärtig (Arthur Schopenhauer, Die Welt als Wille und Vorstellung (1819), § 54[6]). Die Reine Erfahrung ist die unmittelbare Erfahrung des Tatsächlichen-wie-es-ist. Sie hat keine *Bedeutung*. So gesehen scheint sie ein chaotisch-undifferenzierter Zustand zu sein. Da aber die verschiedenen Bedeutungen und Urteile aus den Unterscheidungen der Erfahrung selbst hervorgehen, können diese nicht durch jene gegeben werden. Die Erfahrung selbst muß mit dem Aspekt der Unterschiedenheit

6 »Vor allem müssen wir erkennen, daß die Form der Erscheinung des Willens, also die Form des Lebens oder der Realität eigentlich nur die *Gegenwart* ist, nicht Zukunft noch Vergangenheit: diese sind nur im Begriff, sind nur im Zusammenhange der Erkenntnis da, sofern sie dem Satz vom Grunde folgt. In der Vergangenheit hat kein Mensch gelebt, und in der Zukunft wird er nie leben; sondern die *Gegenwart* allein ist die Form alles Lebens, ist aber auch sein sicherer Besitz, der ihm nie entrissen werden kann. Die Gegenwart ist immer da, samt ihrem Inhalt: beide stehn fest, ohne zu wanken; wie der Regenbogen auf dem Wasserfall. Denn dem Willen ist das Leben, dem Leben die Gegenwart sicher und gewiß. – (...) Nun ist aber alles Objekt der Wille, sofern er Vorstellung geworden, und das Subjekt ist das notwendige Korrelat des Objekts; reale Objekte gibt es aber nur in der Gegenwart: Vergangenheit und Zukunft enthalten bloße Begriffe und Phantasmen, daher ist die Gegenwart die wesentliche Form der Erscheinung des Willens und von dieser unzertrennlich. Die Gegenwart allein ist das, was immer da ist und unverrückbar feststeht.« (Zitiert nach: Arthur Schopenhauer, Sämtliche Werke, Textkritisch bearbeitet und herausgegeben von Wolfgang Frhr. von Löhneysen, Band 1, Frankfurt am Main 1986, S. 384f.).

ausgestattet sein. Wenn man zum Beispiel eine Farbe sieht und urteilt: ›das ist blau‹, klärt man damit die ursprüngliche Farbempfindung nicht, sondern setzt sie nur zu einer ihr gleichartigen, früheren Empfindung in Beziehung. Auch wenn ich auf eine Erfahrung in der Form einer Sehempfindung hinweise, sie als ›Tisch‹ bestimme und darüber verschiedene Urteile fälle, füge ich dem Inhalt der Erfahrung keinen neuen Reichtum hinzu. Kurz, was *Bedeutung* einer Erfahrung oder *Urteil* genannt wird, weist nur auf die Beziehung auf ein anderes hin und bereichert den Inhalt der Erfahrung selbst nicht. Was in der Bedeutung, respektive im Urteil, erscheint, ist nur ein aus der Ur-Erfahrung abstrahierter Teil, an Inhalt sogar noch ärmer als diese. Es kommt natürlich auch vor, daß im Falle einer Erinnerung an eine Ur-Erfahrung etwas, das unbewußt geblieben war, später ins Bewußtsein gehoben wird. Aber dabei handelt es sich nur um einen Teil, der vorher der Aufmerksamkeit entgangen war. Das Urteil respektive die Bedeutung fügen nichts hinzu, was vorher nicht gegeben war.

Wenn die Reine Erfahrung selbst schon mit dem Aspekt der Unterschiedenheit ausgestattet ist, was gewinnt sie dann durch *Urteil* und *Bedeutung* dazu? In welcher Beziehung stehen diese zur Reinen Erfahrung? Normalerweise heißt es, daß aus der Verknüpfung der Reinen Erfahrung mit der objektiven Realität Bedeutung beziehungsweise die Form des Urteils hervorgehe. Aber von der Theorie der Reinen Erfahrung her gesehen, können wir den Bereich der Reinen Erfahrung gar nicht verlassen. *Bedeutung* oder *Urteil* entstehen letztlich aus der Verbindung eines gegenwärtigen Bewußtseins mit einem vergangenen, da beide auf der im Innern des großen Bewußtseinssystems wirkenden Einheitsfunktion gründen, die den verschiedenen Bewußtseinsphasen eine Einheit verleiht. Bedeutung und Urteil markieren das Verhältnis eines gegenwärtigen Bewußtseinsmoments zu einem anderen. Sie machen nur die Position eines gegenwärtigen Bewußtseins innerhalb des Bewußtseinssystems sichtbar. Wenn man zum Beispiel im

Falle einer Hörempfindung urteilt: »das ist ein Glockenton«, bestimmt man nur ihren Ort in bezug auf vergangene Erfahrungen. Jede Art Bewußtsein ist im Zustand strengster Einheit immer Reine Erfahrung, einfache Tatsache. Wenn es aber seine Einheit verliert, indem es in Beziehung zu anderem tritt, entstehen Bedeutung und Urteil. Auf die uns unmittelbar gegebene Reine Erfahrung wirkt sofort ein vergangenes Bewußtsein ein, mit dem es sich zum Teil verbindet, zum Teil kollidiert. In diesem Moment ist die Reine Erfahrung *analysiert* und zerbrochen. Bedeutung und Urteil markieren diesen Zustand der Spaltung. Bei genauerer Betrachtung erweist sich aber, daß *Einheit* und *Spaltung* nur einen graduellen Unterschied bezeichnen. Sowenig es eine totale Bewußtseinseinheit gibt, sowenig gibt es gänzlich zerissenes Bewußtsein. Jedes Bewußtsein ist ein systematischer Entwicklungsprozeß. So wie das jeweilige Wissen Gegensätze und Veränderungen in sich schließt, so muß es auch im Hintergrund des Bewußtseins von Beziehungen, wie dem Urteil und der Bedeutung, ein Einheitsbewußtsein geben, das diese Beziehungen konstituiert. Alle Urteile, so erklärt Wundt, entstehen durch Analyse zusammengesetzter Vorstellungen (Wilhelm Wundt, Logik. Eine Untersuchung der Principien der Erkenntnis und der Methode der wissenschaftlichen Forschung. 1. Band: Erkenntnislehre, Stuttgart [2]1893. Abs. III. Kap. 1[7]). Durch

7 »... einfachere wie zusammengesetzte Denkacte [gehen] aus der Zerlegung von *Gesammtvorstellungen* in ihre Bestandtheile [hervor]. Demnach bringt das Urtheil nicht Begriffe zusammen, die getrennt entstanden waren, sondern es scheidet aus einer einheitlichen Vorstellung Begriffe aus. In solch primitiven Urtheilsacten wie »ich gehe«, »ich gebe«, »ich denke«, die ja vielfach auch in der Sprache noch in einer Worteinheit ihren Ausdruck finden, sind nicht die Begriffe des Ich und des Gehens, des Gebens, des Denkens voneinander unabhängig entstanden und erst nachträglich aneinander herangebracht worden, sondern die Verbindung in *eine* Vorstellung ist das frühere, die Zergliederung das spätere. Und auch in jenen Urtheilen, in denen das Subject ein selbständiger Gegenstandsbegriff ist, oder in einen solchen und sein Attribut zerfällt, und in denen weiterhin selbst das Prädicat sich scheidet in Verbum und adverbiale Bestimmungen, Verbum und Object u. s. w. ist immerhin die Zerlegung einer einzigen Gesammtvorstellung in ihre Bestandtheile der Aus-

allmähliche Übung gewinnen die Urteile eine strenge Einheit und nehmen ganz die Form der Reinen Erfahrung an. So wird zum Beispiel beim Erlernen einer Kunstfertigkeit das anfänglich Bewußte im Laufe der Vervollkommnung unbewußt. Gehen wir noch einen Schritt weiter, stellt sich heraus, daß Reine Erfahrung und Urteil (resp. Bedeutung) die beiden Seiten des Bewußtseins darstellen und nicht mehr als zwei Aspekte derselben Sache sind. Einerseits eignet dem Bewußtsein Einheit, andererseits muß es sich differenzieren und entwickeln. Wie James in »Strom des Bewußtseins« erklärt, ist das Bewußtsein nicht an den Ort gebunden, an dem es erscheint, sondern schließt in sich die Beziehungen zu anderen ein. Die Gegenwart ist immer ein Teil des großen Systems. Differentiation und Entwicklung sind Funktionen einer größeren Einheit.

Wenn die *Bedeutung* dergestalt Funktion einer großen Einheit ist, transzendiert die Reine Erfahrung mit ihr gleichsam den eigenen Bereich? Soll man annehmen, daß zum Beispiel in der Erinnerung, die sich auf Vergangenes bezieht, oder im Willen, der sich auf Zukünftiges richtet, die Reine Erfahrung die Gegenwart transzendiert? Psychologen sagen, daß das Bewußtsein keine Sache, sondern ein Ereignis sei, sich dauernd erneuere und daß dasselbe Bewußtsein sich nicht zweimal wiederhole. Diese Auffassung läßt sich vom Standpunkt der Reinen Erfahrung aus nicht aufrechterhalten: Sie scheinen dabei von der Eigenschaft der Zeit auszugehen, in der nichts Vergangenes wiederkehrt und das Zukünftige noch nicht gekommen ist. Die These der Reinen Erfahrung impliziert aber, daß Bewußtsein *identischen Inhalts* immer identisches *Bewußtsein* ist. Wenn im Denken oder im Willen eine bestimmte

gangspunkt des Urtheilens. Denn nur unter dieser Voraussetzung wird es begreiflich, daß das Urteil ein *geschlossener Denkact* ist und niemals durch fortwährende Apposition neuer Vorstellungen, gleich einer Assoziationsreihe, ins Unbegrenzte verlaufen kann. Treffender als durch die Formel einer Verbindung von Vorstellungen zur Einheit wird also das Urtheil definiert werden als eine *Zerlegung einer Gesammtvorstellung in ihre Bestandtheile*.« (S. 146f.)

Zielvorstellung kontinuierlich wirksam ist, müssen wir sie als eine Einheit betrachten. So sehr ihre Einheitsfunktion auch zeitlich zerstückelt sein mag, wir müssen sie immer als Einheit denken.

Zweiter Abschnitt
DAS DENKEN

Für die Psychologie ist das Denken eine Funktion, die die Beziehungen zwischen Vorstellungen bestimmt und vereinheitlicht. Seine einfachste Form ist das Urteil, die Bestimmung der Beziehung zwischen zwei Vorstellungen und deren Verknüpfung. In einem Urteil verknüpfen wir jedoch nicht zwei selbständige Vorstellungen miteinander, sondern zergliedern dabei – im Gegenteil – eine bestimmte ganzheitliche Vorstellung. Das Urteil ›das Pferd rennt‹ zum Beispiel geht aus der Analyse der Vorstellung ›rennendes Pferd‹ hervor. Ein Urteil wird so immer vor dem Hintergrund der Reinen Erfahrung gefällt, durch die die Verknüpfung der beiden Vorstellungen von Subjekt und Objekt im Urteil überhaupt nur möglich ist. Selbstverständlich muß die Analyse nicht immer von einer ganzheitlichen Vorstellung ausgehen. Es gibt auch den Fall, daß zuerst eine thematische Vorstellung da ist, an die sich in einer bestimmten Richtung verschiedene Assoziationen anknüpfen, unter denen schließlich eine ausgewählt wird. Aber auch hier muß dem Augenblick der entscheidenden Wahl eine ganzheitliche, Subjekt und Objekt umschließende Vorstellung vorausgehen. Daß diese Vorstellung von Anfang an implizit gewirkt hat, erweist der Moment ihrer Aktualisierung als Urteil. Aber nicht nur Urteile über Tatsächliches gründen auf Reiner Erfahrung, sondern auch bei reinen Vernunftsurteilen ist sie vorausgesetzt. So basieren auch die Axiome der Geometrie alle auf einer Art Intuition. Allem Vergleichen und Urteilen muß die Erfahrung von einem einheitlichen Etwas zugrunde liegen; dies gilt selbst für höchst abstrakte Begriffe. Hieraus entspringt die Gebundenheit des sogenannten Denkens. Wenn, wie oben behauptet, nicht nur die Wahrnehmungen, sondern auch das Bewußtsein von Beziehungen Erfahrung genannt werden kann, so gründet ebenfalls das reine Vernunftsurteil auf der Tatsache Reiner Erfahrung. So muß auch bei Urteilen, die das Ergebnis von Schlüssen sind, die ganze Urteilskette auf der Tatsache Reiner Erfahrung gründen. Auch Locke sagt, daß es beim ›demonstrativen Erkennen‹ auf jeder Stufe ›intuitives Erkennen‹ geben muß (John Locke, An Essay concerning Human Understanding, 1690, Bk. IV, Ch. II, 7[8]). Auch beim Fällen eines Urteils, das verschiedenartige Urteile zusammenfaßt, wirkt eine logische Intuition, die, selbst wenn es keine das Ganze vereinheitlichende faktische Intuition gibt, alle Beziehungen integriert. (Auch die sogenannten Drei Grundprinzipien des Denkens sind eine Art innere Intuition.) Auch aus verschiedenen Beobachtungen zu schließen, daß die Erde sich bewegt, ist ein Urteil gemäß eines logischen Gesetzes, das auf einer Art Intuition fußt.

Traditionellerweise nimmt man an, daß Denken und Reine Erfahrung ihrer Art nach völlig verschiedene Geistesfunktionen seien. Aber wenn wir, alle Dogmen beiseite lassend, die Sache gleichsam unverstellt betrachten und, wie W. James es in seinem kurzen Essay mit dem Titel »The World of Pure Experience« getan hat, auch im Bewußtsein von Beziehungen Erfahrungen sehen, können wir sagen, daß auch die Denkfunktionen eine Art Reine Erfahrung sind. Äußerlich lassen sich Wahrnehmungen von den Vorstellungselementen des

8 »Now, in *every step Reason makes in demonstrative knowledge*, *there is an intuitive knowledge* of that Agreement or Disagreement, it seeks, with the next intermediate *Idea*, which it uses as a Proof: For if it were not so, that yet would need a Proof. Since without the Perception of such Agreement or Disagreement, there is no knowledge produced: If it be perceived by itself, it is intuitive knowledge; If it cannot be perceived by itself, there is need of some intervening *Idea*, as a common measure to show their Agreement or Disagreement. By which it is plain, that every step in Reasoning, that produces Knowledge, has intuitive Certainty;...«

Denkens darin unterscheiden, daß die einen auf Stimuli äußerer Gegenstände auf die Nervenenden, die anderen aber auf Stimulationen der Hirnhaut beruhen.[9] Zudem ist uns innerlich die Differenz zwischen Wahrnehmungen und Vorstellungsbildern normalerweise bewußt. – Aber rein psychologisch ist eine strenge Unterscheidung äußerst schwierig. Ihr Unterschied ist einer des Grades und der verschiedenartigen Beziehungen zueinander und somit nicht absolut. (Beim Träumen und Halluzinieren zum Beispiel verwechseln wir Wahrnehmungen und Vorstellungsbilder miteinander.) Im primitiven Bewußtsein existierten diese Unterschiede nicht; sie haben sich erst später nach Maßgabe verschiedener Beziehungen herausgebildet. Auf den ersten Blick scheint es so, als wäre die Wahrnehmung einfach, das Denken jedoch ein komplexer Prozeß. Die Wahrnehmung ist aber nicht notwendig einfach, auch sie ist ein strukturierter Prozeß. Andererseits ist auch das Denken vom Aspekt seiner Einheit her gesehen eine Funktion und kann als die Entfaltung eines einheitlichen Etwas betrachtet werden.

Da es über die Auffassung, daß Denken und Wahrnehmungserfahrung derselben Art angehören, verschiedene Meinungen geben wird, möchte ich diesen Punkt noch ein wenig genauer untersuchen. Die Wahrnehmungs*erfahrung* wird nor-

9 Es scheint nicht abwegig anzunehmen, daß Nishida hier fast irreführend verkürzend oder bewußt modifizierend Gedankengänge referiert, die Wilhelm Wundt in seinem »Grundriss der Psychologie«, ein Buch, auf das Nishida in »Über das Gute« mehrfach Bezug nimmt, unter dem Titel »Die reinen Empfindungen« entwickelt: »Die *Entstehung der Empfindungen* ist, wie uns die physiologische Erfahrung lehrt, regelmässig an gewisse physische Vorgänge gebunden, die theils in der unseren Körper umgebenden Aussenwelt, theils in bestimmten Körperorganen ihren Ursprung haben, und die wir mit einem der Physiologie entlehnten Ausdruck als die *Sinnenreize* oder *Empfindungsreize* bezeichnen. Besteht nun der Reiz in einem Vorgang der Aussenwelt, so nennen wir ihn einen *physikalischen*; besteht er in einem Vorgang in unserem eigenen Körper, so nennen wir ihn einen *physiologischen*. Die physiologischen Reize lassen sich dann wieder in *periphere* und *centrale* unterscheiden, je nachdem sie in Vorgängen in den verschiedenen Körperorganen oder in solchen im Gehirn selbst bestehen.« (Op. cit., S. 45.)

malerweise als passiv und die Wahrnehmungs*funktion* als gänzlich unbewußt erachtet, während vom Denken angenommen wird, daß es aktiv und in seiner Funktion völlig bewußt sei. Aber ist eine so klare Unterscheidung wirklich möglich? Denn das Denken, sofern es frei agiert und sich frei entwikkelt, geschieht fast unbewußt. Bewußt wird es erst, wenn sich seinem Fortschreiten etwas in den Weg stellt. Das, was das Denken zur Entfaltung bringt, ist nicht unsere Willensfunktion; das Denken entfaltet sich spontan in sich selbst. Wenn wir unser Selbst vergessen und ganz eins werden mit dem Gegenstand respektive der Fragestellung unseres Denkens oder wenn, genauer gesagt, unser Selbst darin aufgegangen ist, haben wir erstmals das Wirken des Denkens vor Augen. Das Denken hat seine eigenen Prinzipien und wirkt aus sich heraus, unabhängig von unserem Willen. Vielleicht kann man sagen, daß das Einswerden mit dem Gegenstand, also das Hinwenden der Aufmerksamkeit, willentlich geschieht, aber dann verhält es sich mit dem Denken in diesem Punkt genauso wie mit der Wahrnehmung. Denn wir können unsere Aufmerksamkeit den Dingen, die wir sehen wollen, frei zuwenden. Selbstverständlich ist die Einheitlichkeit des Denkens größer als die der Wahrnehmung, und seine Übergänge werden als bewußt aufgefaßt; dies hatte ich vorher als sein Charakteristikum beschrieben. Aber bei genauer Betrachtung sind diese Unterschiede nur relativ. Auch beim Denken sind die Übergänge von Vorstellung zu Vorstellung unbewußt. Die vereinheitlichende Funktion muß im Augenblick ihres aktuellen Wirkens unbewußt sein. Taucht sie als Gegenstand des Bewußtseins auf, gehört sie schon der Vergangenheit an. Dergestalt liegt die vereinheitlichende Funktion des Denkens gänzlich außerhalb des Willens. Zwar geht man davon aus, daß wir, wenn wir über ein bestimmtes Problem nachdenken, zwischen verschiedenen Richtungen frei entscheiden können. Solche Phänomene finden sich aber auch bei der Wahrnehmung. Zumindest im Fall komplexer Wahrnehmungen können wir über die Hinwendung der Aufmerksamkeit frei bestimmen; z. B. beim Betrachten eines Bildes kann man seine Aufmerksamkeit auf die Form oder auf die Farbe richten. Darüber hinaus sagt man, daß wir bei der Wahrnehmung von außen bewegt werden, beim Denken uns selbst aber von innen her bewegen – doch auch diese Unterscheidung von Innen und Außen ist relativ und scheint nur zu bestehen, weil die Vorstellungsbilder, die das Material des Denkens bilden, sich vergleichsweise leicht verändern und frei sind.

Gewöhnlich versteht man unter Wahrnehmung das Bewußtsein konkreter Tatsachen und unter dem Denken das Bewußtsein abstrakter Beziehungen – und nimmt an, daß beide ihrer Art nach gänzlich verschieden seien. Aber von einer rein abstrakten Relation können wir kein Bewußtsein haben, und auch der Denkprozeß macht Anleihen bei konkreten Vorstellungsbildern, denn ohne solche Bilder gäbe es kein Denken. Um zum Beispiel zu beweisen, daß die Summe der Winkel eines Dreiecks gleich der Summe zweier rechter Winkel ist, braucht man das Vorstellungsbild eines bestimmten Dreiecks. Das Denken ist kein von Vorstellungsbildern unabhängiges Bewußtsein, sondern ein Phänomen, das diese begleitet. [W. C.] Gore erklärt, daß das Verhältnis zwischen den mentalen Bildern und deren Bedeutung identisch ist mit dem Verhältnis von Stimulus und Response. (in: John Dewey, with the cooperation of Members and Fellows of the Department of Philosophy, Studies in Logical Theory, University of Chicago. The Decennial Publications, Second Series, Vol. XI, 1903). Denken ist eine Reaktion des Bewußtseins auf Vorstellungsbilder; das Denken beginnt mit Vorstellungsbildern. Denken und Vorstellungsbilder sind nicht voneinander getrennt. Kein Vorstellungsbild, welcher Art es auch sei, existiert selbständig, es erscheint notwendig in irgendeiner Relation zum Ganzen des Bewußtseins. Auch das, was reines Denken genannt wird, das Bewußtsein der Beziehungen im Denken, ist bloß das markanteste Element in diesem Zusammenhang. Wenn man das Verhältnis zwischen Vorstellungsbildern und Denken auf diese Weise konzipiert, heißt das aber keineswegs, daß der Wahrnehmung eine gedankliche Seite abgesprochen würde. Denn wie alle Bewußtseinsphänomene ist auch die Wahrnehmung eine systematische Funktion. Während die Wahrnehmung sich jedoch sichtbar im Willen oder in der Handlung äußert, beschränken sich die Vorstellungsbilder einfach auf die inneren Relationen des Denkens. So gibt es im tatsächlichen Bewußtsein zwar einen Unterschied zwischen Wahrnehmung und Vorstellungsbildern, aber keinen Unterschied zwischen Konkretem und Abstraktem. Denken ist das Bewußtsein des Tatsächlichen im Raum der Vorstellungsbilder: Vom strikten Standpunkt der Reinen Erfahrung her ist keine Unterscheidung zwischen Wahrnehmung und Vorstellungsbildern möglich.

Bisher haben wir von einem psychologischen Standpunkt aus das Denken als eine Art Reiner Erfahrung diskutiert. Das Denken ist aber nicht nur eine Tatsache des individuellen Bewußtseins, es hat auch eine objektive Bedeutung. Die eigentliche Aufgabe des Denkens ist das Sichtbarmachen der Wahrheit. Man kann über Wahrheit oder Falschheit der in der Reinen Erfahrung unmittelbar gegebenen Bewußtseinsphänomene nichts aussagen; erst im Denken ist deren Unterscheidung möglich. Um diesen Punkt zu klären, ist eine genaue Untersuchung der Bedeutung von *Objektivität*, *Realität* und *Wahrheit* notwendig. Wenn wir einen extrem kritischen Standpunkt einnehmen, können wir sagen, daß es außerhalb der Tatsache der Reinen Erfahrung keine Realität gibt und somit deren Eigenschaften psychologisch erklärt werden können. Wie oben beschrieben, entsteht im Bewußtsein Bedeutung aus der Beziehung zu einem jeweils anderen. Mit anderen Worten, sie wird durch das System bestimmt, in das das Bewußtsein eintritt. Dasselbe Bewußtsein bringt, je nach dem System, in das es eintritt, verschiedene Bedeutungen hervor. Auch ein bestimmtes Vorstellungsbild, das das Bewußtsein einer Bedeutung ist, wird zu einer einfachen, gänzlich bedeutungslosen Tatsache des Reinen Bewußtseins, wenn es nur für sich allein, ohne Beziehung zu einem anderen gesehen wird. Umgekehrt hat eine gewisse Wahrnehmung, die das Bewußtsein einer Tatsache ist, solange sie innerhalb des Bewußtseinssystems in Beziehung zu anderem steht, Bedeutung. – Nur ist diese Bedeutung in vielen Fällen unbewußt. Was nun die Wahrheit oder Falschheit von Gedanken betrifft, so glauben wir, daß immer das stärkste, das heißt das profundeste System innerhalb der Bewußtseinssysteme objektive Realität besitzt und das, was mit ihm übereinstimmt, wahr, aber das, was mit ihm kollidiert, falsch ist. So betrachtet kann es auch richtige und falsche Wahrnehmungen geben. Stimmen sie mit den Zielen eines gewissen Systems überein, sind sie richtig. Widersprechen sie ihnen aber, sind sie falsch. Natürlich kommen diesen Systemen verschiedene Bedeutungen zu, daher können wir folgende Unterscheidung treffen: die Systeme im Hintergrund der Wahrnehmung sind meistens praktisch, die Systeme des Denkens aber rein intellektuell. Aber so wie das letzte Ziel des Wissens ein praktisches ist, glaube ich, daß im Ursprung des Willens die Vernunft verborgen liegt. – Der Unterschied solcher Systeme kann nicht absolut genannt werden, über diese Frage werden wir jedoch später im Zusammenhang des Willens nachdenken. Assoziation und Erinnerung sind, obwohl sie auch zu den intellektuellen Funktionen gehören, Beziehungseinheiten innerhalb des Individualbewußtseins. Nur vom Denken kann man sagen, es sei überindividuell und allgemein. Solche Unterscheidungen entstehen jedoch, wenn der Bereich unserer Erfahrung verengt und als Individuelles bestimmt wird; umgekehrt kann vor der Reinen Erfahrung kein Nichtindividuelles gedacht werden. (Der Wille ist das kleinere Bedürfnis der Bewußtseinseinheit, die Vernunft ihr tiefstes.)

Bisher haben wir das Denken und die Reine Erfahrung miteinander verglichen und festgestellt, daß sich – bei genauerem Nachdenken – auch dann Übereinstimmungen finden, wenn man ihre Art als völlig verschieden voneinander auffaßt. Aber um das Verhältnis beider zueinander noch deutlicher zu machen, wollen wir jetzt noch einige Überlegungen über Ursprung und Tendenz des Denkens folgen lassen. Jeder wird zugeben, daß die unmittelbaren Zustände unseres ursprünglichen Bewußtseins und auch des sich entfaltenden Bewußtseins immer Zustände der Reinen Erfahrung sind. Die Funktion des reflexiven Denkens geht sekundär aus diesen hervor. Um zu klären, warum diese Funktion entsteht, müssen wir davon ausgehen, daß, wie ich oben beschrieben habe, das Bewußtsein ursprünglich ein System und dessen natürlicher Zustand ein spontanes Sich-Entwickeln und Sich-Vervollkommnen ist; im Verlauf dieser Entwicklung ergeben sich Widersprüche und Kollisionen zwischen verschiedenen Systemen: dies sind die Momente, in denen das reflektierende Denken in Erscheinung tritt. In gewisser Hinsicht beginnt aber mit diesen Widersprüchen und Kollisionen eine noch umfassendere systematische Entwicklung. Anders gesagt: sie markieren den noch unvollendeten Zustand einer großen Einheit. Wenn zum Beispiel beim Handeln oder Erkennen unsere Erfahrung immer komplexer wird, vielfältige Assoziationen auftauchen und so deren natürlicher Gang gestört wird, beginnen wir zu reflektieren. Hinter Widersprüchen und Kollisionen ist die Möglichkeit von Einheit verborgen, und im Augenblick einer Entscheidung oder Lösung hat sich bereits eine größere Einheit durchgesetzt. Wir bleiben aber nicht bei dem Zustand einer inneren Einheit stehen, die mit den Worten Entscheidung oder Lösung bezeichnet werden kann. Es braucht nicht erst konstatiert zu werden, daß einer Entscheidung deren Realisierung folgt; auch das Denken hat immer eine praktische Bedeutung und muß sich konkretisieren, das heißt, die Einheit der Reinen Erfahrung verwirklichen. So gesehen ist die Tatsache der Reinen Erfahrung das Alpha und Omega unseres Denkens. Kurz: das Denken ist nichts anderes als ein Prozeß innerhalb der Entfaltung und Realisierung einer großen Bewußtseinseinheit. Aus der Perspektive der großen Bewußtseinseinheit wäre auch das Denken nicht mehr als eine Wellenbewegung an der Oberfläche einer großen Intuition. Wenn wir uns wegen eines bestimmten Ziels abmühen, ist das einheitliche Bewußtsein, welches das Ziel darstellt, im Hintergrund als intuitive Tatsache immer schon wirksam. Somit ist auch das Denken weder inhaltlich noch seiner Form nach von der Reinen Erfahrung verschieden, es ist nur einer ihrer tiefen und großen, aber unvollendeten Zustände. Von einem anderen Blickpunkt her schließt die wahre Reine Erfahrung, die ja nicht nur passiv ist, sondern auch eine strukturierende allgemeine Seite hat, das Denken in sich ein.

Die Reine Erfahrung und das Denken sind nur zwei Aspekte einer ursprünglich identischen Tatsache. Hegel hat mit äußerstem Nachdruck behauptet, daß das Wesen des Denkens nicht abstrakt, sondern konkret sei; dies gilt in dem von mir beschriebenen Sinne fast genauso für die Reine Erfahrung. Man kann sagen: Reine Erfahrung ist unmittelbar Denken. Vom konkreten Denken her gesehen, ist die Allgemeinheit eines Begriffs nicht – wie man normalerweise sagt – eine Abstraktion aus ähnlichen Charakteristika, vielmehr die vereinheitlichende Kraft der konkreten Tatsachen. Auch Hegel sagt, daß das Allgemeine die Seele des Konkreten sei (Hegel, Wissenschaft der Logik, III, S. 37).[10] Die Reine Erfahrung entfaltet sich systematisch, daher muß die in ihrem Grund fortwährend wirkende vereinheitlichende Kraft unmittelbar und an sich die Allgemeinheit des Begriffs sein. Die Entwicklung der Erfahrung ist unmittelbar der Fortgang des Denkens. Das meint, die Tatsache der Reinen Erfahrung ist die Selbstverwirklichung des sogenannten Allgemeinen. Selbst im Hintergrund der sinnlichen Wahrnehmung und der Assoziationen wirkt eine latente Kraft der Vereinheitlichung. Dagegen ist auch im Denken – wie vorher beschrieben – die Einheit selbst im Augenblick ihres Wirkens unbewußt. Erst wenn sie objek-

10 »Das Allgemeine hingegen, wenn es sich auch in eine Bestimmung setzt, *bleibt* es darin, was es ist. Es ist die *Seele* des Konkreten, dem es inwohnt, ungehindert und sich selbst gleich in dessen Mannigfaltigkeit und Verschiedenheit. Es wird nicht mit in das *Werden* gerissen, sondern *kontinuiert sich* ungetrübt durch dasselbe und hat die Kraft unveränderlicher, unsterblicher Selbsterhaltung.«

tiviert und zu einem Abstraktum wird, tritt sie als besonderes Bewußtsein in Erscheinung. Aber in diesem Augenblick hat sie ihre Einheitsfunktion bereits verloren. Bedeutete Reine Erfahrung etwas Einfaches oder Passives, dann würde sie auch dem Denken widersprechen. Da aber Erfahrung Wissen eines Soseins bedeutet, können Einfachheit und Passivität nicht Zustände der Reinen Erfahrung genannt werden, denn jeder wirklich unmittelbare Zustand ist strukturierend und aktiv.

Gewöhnlich glauben wir, mittels des Denkens das Allgemeine und mittels der Erfahrung das Besondere zu erkennen. Losgelöst vom Besonderen gibt es jedoch kein Allgemeines. Das Allgemeine ist eine im Hintergrund der besonderen Aktualisierung wirkende Kraft, eine Kraft im Innern des Besonderen, die dieses zur Entfaltung bringt – wie der Same eine Pflanze. Dasjenige, was aus einem Besonderen abstrahiert ist und zu einem anderen Partikularen in Opposition steht, ist kein wahres Allgemeines, sondern ein Partikulares. Ein solches Allgemeines nimmt keinen höheren Rang als das Partikulare ein, sondern steht mit ihm auf derselben Ebene. Im Fall eines farbigen Dreiecks etwa ist in bezug auf das Dreieck die Farbe ein Partikulares, und in bezug auf die Farbe das Dreieck ein Partikulares. Abstrakte und kraftlose Allgemeinheiten dieser Art können nicht als Grundlage für Schlüsse und Synthesen dienen. So muß das die Einheit begründende wahre Allgemeine in der Denktätigkeit eine latente Kraft sein, die den besonderen Realitäten und ihren Inhalten gleich ist. Ein Unterschied besteht nur darin, ob sie implizit oder manifest ist. Das Besondere ist eine Bestimmung des Allgemeinen: wenn man die Relation zwischen dem Besonderen und dem Allgemeinen auf diese Weise faßt, verschwindet auch logisch gesehen der Unterschied zwischen Denken und Erfahrung. Auch unsere gegenwärtige besondere Erfahrung können wir in der Tat als Teil einer Entwicklung sehen, das heißt: sie besitzt eine latente Kraft, die noch feiner bestimmt werden muß. Auch unsere sinnlichen Wahrnehmungen bieten gleichsam noch Raum für weitere Differenzierungen und Entwicklungen, das bedeutet in unserem Kontext, sie können noch allgemeiner werden. Umgekehrt kann auch das Allgemeine an seinem jeweiligen Ort in seiner Entwicklung ein Besonderes genannt werden. Gewöhnlich spricht man nur raum-zeitlich Bestimmtem Besonderheit zu, aber ein wahres Besonderes darf nicht nur auf diese Art äußerlich bestimmt sein, sondern muß seinem Inhalt nach ein Besonderes sein. Es muß mit einem einzigartigen Charakteristikum ausgestattet sein. Das Allgemeine ist dasjenige Besondere, das das Extrem seiner Entwicklung erreicht hat. In dieser Hinsicht sind unsere Sinnesempfindungen und Wahrnehmungen gewöhnlich äußerst inhaltsarme Allgemeinheiten. Die mit tiefen Bedeutungen erfüllte Intuition eines Malers dagegen kann besonders genannt werden. Alle raum-zeitlich bestimmten, nur materiellen Dinge *besondere* zu nennen entspringt meines Erachtens im Grunde einem materialistischen Dogma. Vom Standpunkt der Reinen Erfahrung her gesehen, sollte der Vergleich von Erfahrungen über ihre Inhalte geschehen. Raum und Zeit sind nicht mehr als Schemata, die auf diesen Inhalten gründen und sie vereinheitlichen. So kann auch die enge Beziehung zwischen einem starken und deutlichen sinnlichen Eindruck und den Gefühlen, die er erregt, ein Grund sein, diesen für ein Besonderes zu halten, aber auch das sogenannte Denken ist keineswegs von Gefühlen unabhängig. Daß man gerade das, was starke Gefühle erregt, für ein Besonderes erachtet, kommt daher, daß wir im Gefühl mehr als im Wissen unser eigentliches Ziel sehen, etwas, das dem Endpunkt der Entwicklung schon nahe ist.

In summa, Denken und Erfahrung sind identisch. Sie zeigen nur relative, aber keine absoluten Unterschiede. Ich will damit jedoch nicht sagen, das Denken sei individuell und subjektiv, denn die Reine Erfahrung kann, wie ich schon gesagt habe, das Individuum transzendieren. – Vielleicht hört es sich abwegig an, aber die Erfahrung übertrifft Zeit, Raum und Individuum, weil sie Zeit, Raum und Individuum wissend umgreift. Das Individuum geht nicht der Erfahrung voraus, sondern die Erfahrung dem Individuum. Die individuelle Erfahrung ist nur ein besonderer, kleiner, begrenzter Bereich innerhalb der Erfahrung.

Dritter Abschnitt
DER WILLE

Versuchen wir jetzt, vom Standpunkt der Reinen Erfahrung aus den Willen zu charakterisieren und sein Verhältnis zum Wissen zu klären. Der Wille hat in den meisten Fällen eine Tätigkeit zum Ziel oder begleitet sie; da er aber ein psychisches Phänomen ist, ist er von einer äußeren Tätigkeit seinen Wesen nach verschieden. Der Wille bedingt nicht notwendig Handlung. Auch wenn wegen äußerer Bedingungen keine Handlung stattfindet, bleibt der Wille Wille. Um eine Handlung zu wollen, reiche es aus, so behaupten die Psychologen, daß wir uns an Vergangenes erinnern. Es genüge, unsere Aufmerksamkeit darauf zu richten, und die Handlung würde von selbst folgen. Aber diese Handlung selbst ist, von der Reinen Erfahrung her gesehen, nur die kontinuierliche *Empfindung* einer Handlung. Ein genauer Blick zeigt, daß auch alle Ziele des Willens bewußtseinsimmanente Tatsachen sind. Unser Wille zielt immer auf Zustände des Selbst. Am Willen lassen sich Innen- und Außenseite nicht unterscheiden.

Wenn man Wille sagt, denkt man gemeinhin an eine besondere Kraft. Tatsächlich aber ist er nicht mehr als die Erfahrung der Übergangsbewegung von einem Vorstellungsbild zu einem anderen. Etwas zu wollen heißt also, seine Aufmerksamkeit darauf zu richten. Dies wird besonders deutlich bei dem sogenannten unwillkürlichen Verhalten. Auch im Fall der oben beschriebenen kontinuierlichen Wahrnehmung fallen die Übergangsbewegungen der Aufmerksamkeit gänzlich mit dem Fortschreiten des Willens zusammen. Selbstverständlich ist der Zustand der Aufmerksamkeit nicht auf den Fall des

Willens beschränkt, seine Skala ist breiter. Aber auch was gewöhnlich Wille genannt wird, ist ein Zustand der Aufmerksamkeit auf ein System von Handlungsvorstellungen. Mit anderen Worten, dieses System okkupiert das Bewußtsein; in diesem Augenblick sind wir mit diesem System vollständig eins. Vielleicht kommt es uns auch so vor, daß die Hinwendung der Aufmerksamkeit auf eine Vorstellung und der Akt, darin das Ziel des Willens zu sehen, verschieden seien. Aber es handelt sich dabei um die Verschiedenheit der Systeme, denen diese Vorstellung jeweils angehört. Alles Bewußtsein ist systematisch, und Vorstellungen tauchen niemals allein auf, sie gehören notwendig einem System an. Dieselbe Vorstellung kann je nach dem System, dem es angehört, Gegenstand des Wissens oder Ziel des Willens werden. Wenn wir zum Beispiel die Vorstellung eines Glases voll Wasser nur mit äußeren Bedingungen assoziieren, ist sie ein Gegenstand des Wissens; assoziiert mit meinen eigenen Handlungen, wird sie ein Objekt des Willens. Goethe sagt, daß Sterne am Himmel, die man nicht begehrt, schön seien. Denn was nicht Teil des Systems der eigenen Handlungsvorstellungen ist, kann nicht zum Objekt des Willens werden. Es ist eine klare Tatsache, daß alle unsere Wünsche aus der Erinnerung an vergangene Erfahrung hervorgehen. Bei den dafür charakteristischen starken Affekten und spannungsgeladenen Empfindungen handelt es sich auf der einen Seite um ein System von Handlungsvorstellungen, die auf dem für uns stärksten Lebensinstinkt gründen, und auf der anderen Seite um die unsere Handlungen begleitenden Muskelempfindungen. Auch scheint es, daß wir nicht sagen können, die einfache Vorstellung einer Handlung bedeute, diese auch direkt zu wollen. Der Grund dafür ist, daß die Handlungsvorstellungen noch nicht das ganze Bewußtsein okkupiert haben. Wenn sie wirklich damit eins werden, dann sind sie unmittelbar der Vollzug des Willens.

Welcher Art ist nun aber die Differenz zwischen einem System von Handlungsvorstellungen und einem System von Wissensvorstellungen? Am Anfang der Bewußtseinsentwicklung gibt es solche Unterschiede noch nicht. Unser Organismus ist ursprünglich dafür gemacht, zum Zweck der Lebenserhaltung verschiedene Bewegungen auszuführen. Da das Bewußtsein parallel zu diesen instinktiven Bewegungen entstand, ist sein ursprünglicher Zustand eher Spontaneität als Wahrnehmung. Mit dem Sich-Ansammeln von Erfahrungen aber traten vielfältige Assoziationen auf, die zum Entstehen zweier Systeme führten: eines mit der Wahrnehmung als Zentrum und eines mit der Tätigkeit als Zentrum. Soweit diese beiden sich auch voneinander trennen mögen, sie werden nie zu Systemen jeweils besonderer Art. So wie das reine Wissen irgendwo praktische Bedeutung besitzt, so gründet sich der reine Wille in irgendeiner Form auf Wissen. Konkrete geistige Phänomene sind immer mit beidem ausgestattet. Wissen und Wille kennzeichnen nur Unterscheidungen desselben Phänomens nach seinen jeweils auffälligeren Aspekten. Das Wissen ist eine Art spontaner Wille, und der Wille ist eine Art Vorstellung. Darüber hinaus besitzen auch die rein intellektuellen Momente von Erinnerungsvorstellungen notwendig eine mehr oder weniger praktische Bedeutung, und umgekehrt gründet auch der Wille, der anscheinend zufällig entsteht, auf einem Stimulus. Man sagt von dem Willen auch oft, daß er von innen auf ein gesetztes Ziel hin fortschreitet, aber auch das Wissen kann sich erst ein Ziel bestimmen und dann die Sinne darauf hinwenden. Vor allem vom Denken läßt sich sagen, daß es ganz und gar willentlich ist. Im Gegensatz dazu ist der spontane Wille ganz und gar passiv. So gesehen unterscheiden sich ihrer Art nach Handlungsvorstellungen und Wissensvorstellungen nicht völlig, und wir müssen wohl sagen, daß der Unterschied zwischen Willen und Wissen nur relativ ist. Auch Lust- und Unlustempfindungen und Spannungsgefühle, die für den Willen charakteristisch sind, sind immer, und sei es nur zu einem geringen Grad, von intellektuellen Tätigkeiten begleitet. Auch das Wissen kann, subjektiv betrachtet, als Entfaltung einer inneren Latenzkraft gesehen werden. Und beide, Wissen wie Wille, können, wie oben beschrieben, als systematische Entfaltung eines latenten Etwas vorgestellt werden. Wenn wir freilich Subjekt und Objekt getrennt zu denken versuchen, läßt sich der Unterschied vielleicht so formulieren, daß wir im Wissen das Subjekt dem Objekt folgen lassen und im Willen das Objekt dem Subjekt. Um dies im Detail zu klären, wäre es nötig, auch die Eigenschaften und die Beziehungen von Subjekt und Objekt deutlich zu machen. Aber ich glaube, auch hier gibt es Gemeinsamkeiten zwischen Wissen und Wille. In der intellektuellen Tätigkeit bilden wir erst eine Hypothese, die wir dann den Tatsachen aussetzen. Jede empirische Untersuchung muß zuerst von Hypothesen ausgehen. Wenn diese mit der sogenannten Objektivität übereinstimmen, glauben wir, daß sie wahr sind, beziehungsweise daß wir die Wahrheit erkennen konnten. Auch bei den Willensaktivitäten wird unser Bedürfnis nicht unmittelbar zu einem Willensakt. Es wird mit den objektiven Tatsachen konfrontiert, und erst wenn es sich als angemessen und machbar herausgestellt hat, beginnt seine Realisierung. Im ersteren Fall lassen wir das Subjekt ganz dem Objekt folgen. Können wir aber behaupten, daß wir im letzteren das Objekt dem Subjekt folgen lassen? Denn nur wenn das Bedürfnis mit den objektiven Gegebenheiten vereinbar ist, kann es verwirklicht werden. Je weiter sich der Wille von diesen entfernt, desto wirkungsloser, je mehr er sich ihnen annähert, desto wirkungsvoller wird er. Wenn wir ein weit von der Realität entferntes hohes Ziel verwirklichen wollen, überlegen wir uns verschiedene Mittel gemäß derer wir Schritt für Schritt voranschreiten müssen. Aber solche Mittel auszudenken bedeutet, Versöhnung mit den objektiven Gegebenheiten anzustreben; das heißt: ihnen zu folgen. Denn falls es uns nicht gelingt, solche Mittel zu finden, bleibt uns nichts übrig, als das Ziel selbst zu modifizieren. Ist umgekehrt das Ziel der Realität äußerst nahe, wird das Bedürfnis – nach der Art der gewohnheitsmäßigen Handlungen wie Essen und Schlafen – unmittelbar realisiert. In diesen Fällen ist nicht das Subjekt, sondern das Objekt der Ausgangspunkt der Tätigkeit.

Man kann also weder sagen, daß wir im Willen das Objekt ganz dem Subjekt folgen lassen, noch, daß wir im Wissen das Subjekt dem Objekt folgen lassen. Wenn das eigene Denken objektive Realität geworden ist, das heißt, wenn wir wissen, daß es ein Gesetz der Realität ist, und die Realität sich ihm gemäß vollzieht, haben wir dann nicht unser Ideal verwirklichen können? Auch das Denken ist eine Art Apperzeptionsfunktion, ein inneres Wollen, das auf einem intellektuellen Bedürfnis gründet. Ist das Erreichen eines Denkziels nicht auch eine Art Willensverwirklichung? Der Unterschied liegt allein darin, daß das eine die objektiven Tatsachen nach Maßgabe der eigenen Ideale, das andere dagegen die eigenen Ideale nach Maßgabe der objektiven Tatsachen modifiziert; eines *bringt hervor*, und das andere *findet*; doch ist die Wahrheit nicht etwas, das wir hervorbringen sollen, sondern etwas, dem gemäß wir denken sollen. Heißt das jedoch, daß die Wahrheit völlig losgelöst vom Subjekt existiert? Vom Standpunkt der Reinen Erfahrung her gesehen, gibt es keine vom Subjekt losgelöste Objektivität. Die Wahrheit ist die Einheit unserer Erfahrungstatsachen, das machtvollste und umfassendste System ist die objektive Wahrheit. Die Wahrheit zu wissen, oder ihr zu folgen, bedeutet, die eigene Erfahrung zu vereinheitlichen, von einer kleineren zu einer größeren Einheit fortzuschreiten. Ist unser wahres Selbst diese Einheitsfunktion, dann bedeutet die Wahrheit zu wissen, diesem größeren Selbst zu folgen, dieses größere Selbst zu realisieren. (Das Ziel aller Wissenschaft ist, wie Hegel sagt, daß der Geist sich in allen Dingen der Welt selbst erkennt.) Mit der Vertiefung des Wissens wird die Tätigkeit des Selbst umfassender: auch das, was bisher Nicht-Selbst war, wird zu einem Teil des Systems des Selbst. Da wir immer von unseren individuellen Bedürfnissen ausgehen, empfinden wir sie im Wissen als passiv; wenn wir unser Bewußtseinszentrum aber in Richtung der sogenannten rationalen Bedürfnisse verlagern, empfinden wir sie auch im Wissen als aktiv. Spinoza sagte, Wissen ist Macht. Wir glauben stets, daß wir unseren Körper durch das Aufrufen vergangener Handlungsvorstellungen frei agieren lassen können. Doch sind unsere Körper auch Materie, die sich in diesem Punkt nicht von anderer Materie unterscheidet. Das Erkennen der Veränderung äußerer Dinge durch die visuelle Wahrnehmung und das Erfühlen der eigenen Körperbewegung durch muskuläre Wahrnehmung sind identisch, weil beide der äußeren Welt angehören. Warum glauben wir also, daß wir im Unterschied zu anderen Dingen den eigenen Körper frei kontrollieren können? Wir gehen gewöhnlich davon aus, daß die Handlungsvorstellungen auf der einen Seite mentale Bilder sind und auf der anderen Seite Ursache von Bewegungsabläufen in der äußeren Welt werden. Vom Standpunkt der Reinen Erfahrung her aber ist auch eine durch Handlungsvorstellungen bewirkte Körperbewegung nur eine Bewegungswahrnehmung, die eine gewisse antizipierende Handlungsvorstellung unmittelbar begleitet. Insofern ist jede antizipierte Veränderung der äußeren Welt mit ihrer Verwirklichung identisch. Tatsächlich waren, wie ich glaube, im ursprünglichen Bewußtseinszustand die Bewegungen des eigenen Körpers mit der Bewegung der äußerern Dinge identisch, und nur mit dem Fortgang der Erfahrung trennten sich beide Seiten voneinander. Das heißt, daß wir nun Dinge, die unter verschiedenen Bedingungen entstehen, als Veränderungen in der äußeren Welt betrachten, und in Dingen, die unmittelbare Folge antizipierender Vorstellungen sind, unsere eigenen Bewegungsaktivitäten sehen. Da nun dieser Unterschied nicht absolut ist, können auch unsere eigenen Bewegungsaktivitäten, wenn sie ein wenig komplexer sind, nicht unmittelbar unsere antizipierenden Vorstellungen begleiten. In diesen Fällen ist die Willensfunktion der Wissensfunktion auffällig ähnlich. Mit einem Wort, was Veränderung in der äußeren Welt genannt wird, ist in Wirklichkeit Veränderung innerhalb der Bewußtseinswelt respektive der Reinen Erfahrung. Wenn darüber hinaus das Vorhandensein oder Fehlen von Bedingungen nur eine Frage des Grades ist, erweist sich, daß die Realität des Intellekts und die Realität des Willens wesentlich identisch sind. Der Willensbewegung laufen die antizipierenden Vorstellungen nicht einfach nur voraus, sie sind die unmittelbare Ursache der Bewegung. Vielleicht sind die intellektuellen antizipierenden Vorstellungen selbst nicht unmittelbare Ursache für Veränderungen in der äußeren Welt; aber ursprünglich bedeuten Ursache und Wirkung eine kontinuierliche unveränderliche Kette von Bewußtseinsphänomenen. Sogar wenn man eine vom Bewußtsein völlig unabhängige äußere Welt annähme, könnte man für den Willen nicht behaupten, daß intellektuelle antizipierende Vorstellungen unmittelbare Ursache für Bewegungen in der äußeren Welt wären. Man könnte nur den parallelen Ablauf der Phänomene feststellen. So gesehen ist das Verhältnis der antizipierenden Vorstellungen des Willens zu den Bewegungsaktivitäten identisch mit dem Verhältnis der intellektuellen antizipierenden Vorstellungen zur äußeren Welt. Antizipierende Vorstellungen des Willens und Körperbewegungen begleiten einander nicht notwendig. Sie begleiten einander nur unter bestimmten Bedingungen.

Wir sagen gemeinhin, der Wille sei frei. Was ist mit dieser sogenannten Freiheit gemeint? Unsere Bedürfnisse sind uns ursprünglich gegeben, wir können sie nicht frei hervorbringen. Nur dann, wenn wir einem uns gegebenen äußerst starken Antrieb folgend tätig waren, haben wir das Gefühl, daß das Selbst aktiv und frei war. Wenn wir jedoch einem solchen Antrieb entgegengewirkt haben, entsteht das Gefühl von Zwang. Und gerade hierin liegt die wahre Bedeutung der Freiheit. Freiheit in diesem Sinne meint dasselbe wie systematische Entfaltung des Bewußtseins. So verstanden, ist auch das Wissen frei. Wir glauben, daß wir beliebige Dinge frei begehren können, aber das bezeichnet nur eine Möglichkeit. Das tatsächliche Bedürfnis ist uns in diesem Moment *gegeben*. Vielleicht können wir, wenn sich ein bestimmtes Motiv entwickelt, das nächste Bedürfnis antizipieren. Üblicherweise aber können wir nicht im voraus wissen, was wir im nächsten Augenblick wünschen werden. Kurz gesagt, das Ich erzeugt seine Bedürfnisse nicht, sondern seine realen Motive machen das Ich aus. Gewöhnlich nimmt man ein transzendentes Selbst jenseits des Bedürfnisses an, das frei seine Motive bestimmt. Aber es ist offensichtlich, daß keine solche mystische Kraft existiert. Denn gäbe es Bestimmungen eines solchen transzendenten Selbst, dann wären es zufällige Bestimmungen, die nicht als freie gedacht werden könnten.

Wie wir festgestellt haben, besteht zwischen Wille und Wissen kein absoluter Unterschied. Dieser sogenannte Unterschied ist nicht mehr als ein von außen herangetragenes Dogma. Als Tatsachen der Reinen Erfahrung sind Wille und Wissen nicht unterschieden. Beide bezeichnen Prozesse, in denen ein allgemeines Etwas sich systematisch selbst verwirklicht. Am Punkt ihrer vollendeten Einheit stehen die Wahrheit und die Praxis. Im Fall der bereits beschriebenen kontinuierlichen Wahrnehmung sind Wissen und Wille noch nicht getrennt. Wissen bedeutet hier wirklich und unmittelbar Tätigkeit. Erst im Verlauf der Bewußtseinsentwicklung entsteht, einerseits wegen der Kollision verschiedener Systeme, andererseits weil es sich auf eine größere Einheit hinbewegt, ein Unterschied zwischen Ideellem und Tatsächlichem, trennen sich subjektive und objektive Welt voneinander. Hier entspringt auch die Idee, daß der Wille vom Subjekt her auf das Objekt zielt und das Wissen vom Objekt her in das Subjekt eingeht. Der Unterschied zwischen Wissen und Wille tritt zutage, wenn Subjekt und Objekt sich voneinander trennen und die Einheit der Reinen Erfahrung verlorengeht. Für den Willen sind die Bedürfnisse und für das Wissen die Gedanken Kennzeichen der mangelnden Einheit, nachdem sich Ideelles und Tatsächliches voneinander getrennt haben. Auch ein Gedanke ist eine Art Bedürfnis, das auf objektive Tatsachen gerichtet ist, und die Wahrheit kann vielleicht ein Gedanke genannt werden, der in Entsprechung zu den Tatsachen verwirklicht werden soll. So gesehen ist er identisch mit einem Bedürfnis, das in Entsprechung zu den Tatsachen verwirklicht werden soll. Ein Unterschied liegt nur darin, daß der Gedanke allgemein, das Bedürfnis aber individuell ist. Somit meinen die Verwirklichung des Willens oder die Vollendung der Wahrheit das Erreichen des Zustands der Einheit der Reinen Erfahrung aus dieser Spaltung heraus. Sich die Verwirklichung des Willens auf diese Weise zu denken ist problemlos, darüber hinaus aber auch die Wahrheit auf diese Weise zu konzipieren scheint einige Erklärungen notwendig zu machen. Über die Frage, wie Wahrheit zu denken sei, gibt es verschiedene Auffassungen. Ich glaube, Wahrheit tritt im Ereignis einer höchst konkreten Erfahrung zutage. Gemeinhin sagt man, die Wahrheit sei etwas Allgemeines. Wenn sich dies aber nur auf abstrakte Gemeinsamkeiten bezieht, sind wir von der Wahrheit weit entfernt. Die Vollendung der Wahrheit ist das höchst konkrete unmittelbare Ereignis an sich, das verschiedene Aspekte in sich vereinigt. Dieses Ereignis ist die Basis jeglicher Wahrheit. Die sogenannte Wahrheit wird daraus abstrahiert und konstruiert. Man sagt, die Wahrheit liegt in der Einheit, doch diese Einheit ist nicht die eines abstrakten Begriffs. Die wirkliche Einheit liegt in dem beschriebenen unmittelbaren Ereignis. Die vollkommene Wahrheit ist individuell und real, folglich läßt sie sich in Worten nicht ausdrükken. Die sogenannte wissenschaftliche Wahrheit ist in diesem Sinne keine vollkommene Wahrheit.

Die Kriterien der Wahrheit finden sich nicht in einem Außerhalb, sondern sind im Zustand unserer Reinen Erfahrung beschlossen. Die Wahrheit zu wissen heißt, in eben diesem Zustand aufgegangen zu sein. Selbst die fundamentalen Prinzipien so abstrakter Wissenschaften wie der Mathematik entstammen unserer Intuition beziehungsweise unserer unmittelbaren Erfahrung. Der Erfahrung eignen verschiedene Klassen. Wenn man auch dem Bewußtsein von Beziehungen Erfahrungscharakter beimißt, ist auch die mathematische Intuition eine Art Erfahrung. Wenn es nun verschiedene unmittelbare Erfahrungen gibt, erhebt sich die Frage, wie man deren Wahrheit oder Falschheit bestimmt. Wo zwei Erfahrungen von einer dritten umschlossen werden, läßt sich dies mittels der letzteren feststellen. Im Zustand der unmittelbaren Erfahrung jedenfalls sind Subjekt und Objekt gleichsam ineinander eingetaucht, ist das Universum eine einzige Realität. Es ist ein Zustand, in dem man, selbst wenn man zu zweifeln wünscht, nicht zweifeln kann, ein Zustand der Gewißheit. Was wir Willenstätigkeit nennen, ist in einer Hinsicht nicht mehr als die Präsenz einer solchen unmittelbaren Erfahrung beziehungsweise die Etablierung einer Bewußtseinseinheit. Die Präsenz eines Bedürfnisses ist in gleicher Weise wie die Präsenz einer einfachen Vorstellung eine Tatsache der unmittelbaren Erfahrung. Eine Entscheidung, die aus dem Widerstreit verschiedener Bedürfnisse hervorgeht, bezeichnet wie ein Urteil, das das Ergebnis verschiedener Überlegungen ist, die Etablierung einer inneren Einheit. Die Realisierung des Willens in der äußeren Welt ist die Vergegenwärtigung einer höchst einheitlichen unmittelbaren Erfahrung, in der die Trennung von Subjekt und Objekt überwunden ist – wie etwa in dem Fall, in dem meine wissenschaftlichen Überlegungen durch Experimente bewiesen wurden. Man sagt, daß die Einheit innerhalb des Bewußtseins frei sei, die Einheit mit der äußeren Welt jedoch der Natur folgen müsse. Aber auch die Einheit der inneren Welt ist nicht frei, denn alle Freiheit ist uns gegeben. Von der Reinen Erfahrung her gesehen, ist sogar der Unterschied zwischen Innen und Außen relativ. Die Willenstätigkeit meint nicht einfach einen Zustand der Hoffnung, im Gegenteil, in der Hoffnung, einem Zustand der Spaltung des Bewußtseins, ist die Realisierung des Willens blockiert; nur die Bewußtseinseinheit ist ein Zustand der Willenstätigkeit. Auch wenn die Realität den eigenen wahren Hoffnungen widerstreitet, ist sie doch eine Verwirklichung des Willens in dem Augenblick, in dem sie uns genügt und wir mit ihr eins werden. Umgekehrt bleibt der Wille blockiert, wenn es verschiedene andere Hoffnungen gibt und die Realität gespalten ist, unabhängig davon, wie günstig die Umstände sind. Die Vorhandenheit oder Nicht-Vorhandenheit der Willenstätigkeit ist eine Frage der Homogenität oder Heterogenität respektive der Einheit oder der Nicht-Einheit.

Nehmen wir an, vor uns liegt ein Bleistift. Der Moment, in dem wir ihn erblicken, ist einfach ein Stück Realität, ganz ohne Wissen und ohne Wille. Er gibt Anlaß zu verschiedenen Assoziationen, das Bewußtseinszentrum verschiebt sich, das frühere Bewußtsein wird selbst zum Objekt und somit zu etwas nur Gewußtem. Dagegen taucht nun die Assoziation auf, daß dieser Bleistift da sei, um etwas damit zu schreiben. Wird auch diese dem früheren Bewußtsein gleichsam als dessen Erweiterung hinzugefügt, dann handelt es sich um Wissen. Wenn aber dieses assoziierte Bewußtsein selbst unabhängig zu werden sucht, das heißt, wenn sich das Bewußtseinszentrum in dessen Richtung verlagern möchte, wird ein Bedürfniszustand erreicht. Das assoziierte Bewußtsein gewinnt dabei eine immer selbständigere Realität und wird so zum Willen. Und gleichzeitig behauptet man, davon auch wirklich zu *wissen*. Jeden Zustand, in dem sich ein Bewußtseinssystem in der Realität entfaltet, nennt man eine Willensfunktion. Auch im Fall des Denkens ist es der Wille, der alle Aufmerksamkeit auf ein Problem konzentriert und seine Lösung sucht. Umgekehrt handelt es sich auch beim Teetrinken oder Weintrinken, wenn es nur um diese Realitäten geht, um Willen; tritt aber das Bewußtsein, deren Geschmack erproben zu wollen, hervor und drängt es sich gar in den Mittelpunkt, so ist es *Wissen*. Das Bewußtsein des Abschmeckens selbst aber ist in diesem Falle Wille. Der Wille bedeutet ein fundamentaleres Bewußtseinssystem als das gewöhnliche Wissen, er ist das Zentrum der Einheit. Der Unterschied zwischen Wissen und Wille liegt nicht im Bewußtseinsinhalt, sondern wird, wie ich glaube, durch deren Ort innerhalb des Systems bestimmt.

Vernunft und Bedürfnis scheinen auf den ersten Blick miteinander zu kollidieren, tatsächlich aber haben beide identische Eigenschaften. Ihre Differenz besteht nur in ihrer unterschiedlichen Größe und Tiefe. Das Verlangen der Vernunft ist ein Verlangen nach größerer Einheit, ein Verlangen nach einem allgemeinen Bewußtseinssystem, das das Individuum transzendiert, entsprechend auch als der Ausdruck eines großen überindividuellen Willens gesehen werden kann. Der Bereich des Bewußtseins ist keineswegs auf das sogenannte Individuum beschränkt, das Individuum ist nur ein kleines System innerhalb des Bewußtseins. Gewöhnlich halten wir dieses kleine System, mit seiner körperlichen Existenz als Kern, für das Zentrum, wenn wir uns jedoch ein größeres Bewußtseinssystem als Achse zu denken versuchen, ist dieses größere System das *Selbst* und seine Entfaltung die Realisation des Willens dieses Selbst; zum Beispiel im Wirken eines religiösen Menschen, eines Gelehrten, eines Künstlers. Das Vernunftprinzip, das sagt: so muß es sein, und die Tendenz eines Willens, der sagt: so will ich das, scheinen gänzlich verschieden, aber eine tiefere Betrachtung erweist, daß sie in ihrem Grund identisch sind. An der Wurzel jeglicher Vernunft und jeglichen Prinzips wirkt die vereinheitlichende Funktion des Willens. Wie [Ferdinand Canning Scott] Schiller gesagt hat, entwickelt sich selbst ein Axiom in der Praxis, und die Art und Weise seiner Genese unterscheidet sich nicht von der unserer einfachen Wünsche (in: Henry Sturt ed.; Personal Idealism. Philosophical Essays by Eight Members of the University of Oxford, London 1902, p. 92[11]). Wenden wir den Blick

11 ».. . we may find postulates (or attempts at such) in every state of development. They may rise from the crudest cravings of individual caprice to universal desires of human emotion; they may stop short at moral, aesthetic, and religious postulates, whose validity seems restricted to certain attitudes of mind, or aspects of experience, or they may be felt to be methodological, or they may have attained to a position so unquestioned, useful, and indispensable, in a word so *axiomatic*, that the thought of their being conceived otherwise never enters our head. But even the most exalted ἀρχαι αναπόδεικτον τῶν μὴ εωδεχομένον ἀλλος ἔχειω differ from their humble relatives in human wishes not in the mode of their genesis, but in their antiquity, in the scope of their usefulness, in the amount and character of their confirmation which they have received in the course of experience, in a word, in their *working* and not in their *origin*. They are the successful survivers in the process of sifting or ›selection‹ which has the power also over the products of our

auf die Tendenzen unseres Willens, so scheinen sie keinen Prinzipien zu folgen, sie werden jedoch von einem spontanen Prinzip der Notwendigkeit beherrscht (die Einheit des individuellen Bewußtseins). Beide zusammen sind die Prinzipien der Entwicklung des Bewußtseinssystems und unterscheiden sich nur in ihren Wirkungsbereichen. Manche behaupten, daß der Wille, weil er blind ist, von der Vernunft zu unterscheiden sei, aber uns unmittelbare Tatsachen, welcher Art sie auch sein mögen, können nicht erklärt werden. Selbst das intuitive Prinzip am Grund der Vernunft ist unerklärlich. Erklären bedeutet, ein anderes in ein System einschließen zu können. Das, was die Achse der Einheit ausmacht, kann nicht erklärt werden und ist notwendigerweise blind.

Vierter Abschnitt
DIE INTELLEKTUELLE ANSCHAUUNG

Was ich hier mit intellektueller Anschauung meine, ist die unmittelbare Wahrnehmung eines sogenannten Idealen, das die gewöhnliche Erfahrung übersteigt. Dialektisches Erkennen geschieht in unmittelbarer Wahrnehmung; zum Beispiel in der Intuition eines Künstlers oder eines religiösen Menschen. Insofern sie auch unmittelbare Wahrnehmung ist, ist sie identisch mit der gewöhnlichen intellektuellen Wahrnehmung, aber ihr Inhalt ist um vieles reicher und tiefer.

Die intellektuelle Anschauung wird von manchen als eine Art besonderen mystischen Vermögens angesehen, andere wieder halten sie für eine Phantasievorstellung jenseits aller Erfahrung. Aber ich glaube, daß sie mit der gewöhnlichen intellektuellen Wahrnehmung identisch ist, und daß es unmöglich ist, eine klare Grenzlinie zwischen diesen beiden zu ziehen. Auch die gewöhnliche intellektuelle Wahrnehmung

intellectual striving.« – Der Aufsatz F. C. S. Schillers in dem von Sturt herausgegebenen Sammelband trägt den Titel »Axioms as Postulates« (S. 47–133).

ist, wie ich oben erörtert habe, durchaus nicht einfach, sondern notwendig strukturiert und enthält ideale Elemente. Dinge, die ich in der Gegenwart sehe, sehe ich nicht in ihrer Gegenwärtigkeit, ich sehe sie durch die Kraft vergangener Erfahrungen interpretiert. Diese idealen Elemente sind keine einfach von außen hinzugefügten Assoziationen, sondern Elemente, durch die die intellektuelle Wahrnehmung selbst strukturiert und verändert wird. Diese im Grund der unmittelbaren Wahrnehmung verborgenen idealen Elemente können unendlich an Reichtum und Tiefe gewinnen. Sie sind bei allen Menschen gemäß ihrer Begabung verschieden und verändern sich auch bei demselben Menschen entsprechend dem Fortschritt seiner Erfahrungen. Dinge, die zuerst nicht erfahrbar waren, oder Dinge, die schließlich in dialektischer Annäherung erkannt werden können, erscheinen gemäß dem Fortgang der Erfahrung als Tatsachen der unmittelbaren Wahrnehmung. Es ist mir nicht möglich, diesen Bereich mit der eigenen gegenwärtigen Erfahrung als Standard zu bestimmen, das heißt aber nicht, daß auch andere nicht können, was ich nicht kann. Von Mozart heißt es, er habe beim Komponieren das Ganze der Komposition wie ein Bild oder eine Statue vor sich gesehen. Das bedeutet keinen einfachen quantitativen Zuwachs, sondern eine qualitative Vertiefung. In der religiösen Vision, in der durch die Liebe die unmittelbare Anschauung der Einheit des Selbst mit dem anderen erreicht wird, ist wohl deren äußerste Vollendung erlangt. Ob die außergewöhnlichen Intuitionen eines Menschen reine Einbildung sind, oder ob es sich dabei um eine unmittelbare Anschauung der Realität handelt, wird durch deren Beziehungen zu anderem bestimmt, das heißt, durch die Art ihrer Effekte. Von der unmittelbaren Erfahrung her gesehen, haben Fiktion und wahre Intuition dieselben Eigenschaften; sie unterscheiden sich nur im Umfang des Bereichs ihrer Einheit.

Es gibt die Auffassung, daß die intellektuelle Anschauung die Zeit, den Raum und das Individuum transzendiert und sich durch ihre unmittelbare Sicht auf die wahren Aspekte der

Realität in ihrer Art von der gewöhnlichen Wahrnehmung unterscheidet. Vom strengen Standpunkt der Reinen Erfahrung her gesehen, wird die Erfahrung nicht von Formen wie der der Zeit, des Raums und des Individuums restringiert, diese werden vielmehr von einer sie transzendierenden Intuition erst konstituiert. Zur unmittelbaren Sicht der Realität ist zu sagen, daß in allen Zuständen unmittelbarer Erfahrung Subjekt und Objekt ungeschieden sind, und diese Zustände sich in allen ihren Aspekten wechselseitig auf die Realität beziehen. Sie sind nicht auf den Fall der intellektuellen Anschauung beschränkt; Schellings ›Identität‹ ist ein Zustand unmittelbarer Erfahrung. Subjekt und Objekt sind relative Formen, die auseinandertreten, wenn die Einheit der Erfahrung verlorengeht; in ihnen voneinander unabhängige Realitäten zu sehen beweist eine dogmatische Sichtweise. Auch was Schopenhauer willenlose reine Anschauung nennt, ist nicht das besondere Vermögen eines Genies, im Gegenteil, sie ist unser natürlichster einheitlicher Bewußtseinszustand; die naiv-schlichten Anschauungen von Kindern sind alle von solcher Art. So ist die intellektuelle Anschauung nur eine Vertiefung und Erweiterung unserer Reinen Erfahrung: sie kennzeichnet das Hervortreten eines Stadiums größerer Einheit im Verlaufe des Entwicklungsprozesses des Bewußtseinssystems. Die neuen Gedanken eines Gelehrten, die neuen Motive eines Moralisten, die neuen Ideale eines Künstlers, die neuen Einsichten eines religiösen Menschen – sie alle gründen im Hervortreten dieser Einheit (das heißt: sie gründen in mystischer Anschauung). Wenn unser Bewußtsein durch Sinnlichkeit charakterisiert wäre, dann wäre es auch auf eine Anschauung nach Art der gewöhnlichen intellektuellen Wahrnehmung beschränkt. Der ideale Geist aber verlangt nach unendlicher Einheit, und diese wird ihm in der Form der sogenannten intellektuellen Anschauung gegeben. – Intellektuelle Anschauung ist wie die intellektuelle Wahrnehmung ein Zustand höchster Bewußtseinseinheit.

Die gewöhnliche intellektuelle Wahrnehmung gilt als nur

rezeptiv, und auch die intellektuelle Anschauung soll ein Zustand rein rezeptiver Kontemplation sein. Die wahre intellektuelle Anschauung ist aber die Einheitsfunktion selbst, die in der Reinen Erfahrung wirkt, sie ist das Sich-Bemächtigende des Lebens. Sie ist etwas wie die Konzeption bei technischen Fertigkeiten oder, in einem bedeutenderen Bild gesagt, etwas wie der Geist der Kunst. Im Hintergrund einer komplexen Funktion – wie zum Beispiel im Fall eines Malers unter Inspiration, dessen Pinsel sich von selber bewegt – wirkt ein einheitliches gewisses Etwas. Seine Verwandlungen vollziehen sich nicht unbewußt, in ihnen vollendet sich die Entwicklung eines Einzeldings. Intellektuelle Anschauung meint nun das Erfassen dieses Einzeldings. Solcherart unmittelbare Wahrnehmung ist nicht der hohen Kunst vorbehalten, sie ist ein geradezu alltägliches Phänomen, wie es auch in unseren erprobten Tätigkeiten sichtbar wird. Die gewöhnliche Psychologie wird ihm den Namen Gewohnheit oder organische Funktion geben – vom Standpunkt der Reinen Erfahrung her gesehen, ist es der Zustand der Einheit von Subjekt und Objekt, der Verschmelzung von Wissen und Wille. Ein Zustand, in dem Ding und Ich einander vergessen haben, in dem weder das Ding das Ich bewegt noch das Ich das Ding. Da ist nur noch eine Welt, ein Szenarium. Der Begriff intellektuelle Anschauung klingt so, als wäre damit eine subjektive Funktion gemeint, aber in Wirklichkeit bedeutet er einen Zustand, der Subjekt und Objekt transzendiert, ja man kann sagen, daß die Opposition von Subjekt und Objekt durch diese Einheit überhaupt erst konstituiert wird. Inspirationen – von der Art künstlerischer Begeisterung – führen alle in diesen Bereich. Intellektuelle Anschauung ist auch nicht unmittelbare Wahrnehmung eines von den Tatsachen losgelösten abstrakten Allgemeinen. Der Geist eines Gemäldes ist von den gemalten Einzeldingen losgelöst und ist es auch wieder nicht. Denn wie ich bereits gesagt habe, sind wahre Allgemeinheit und Besonderheit einander nicht entgegengesetzt. Im Gegenteil. Durch die besondere Bestimmung kann das wahre Allgemeine ausgedrückt werden. Das geschickte Messer und der kunstfertige Pinsel eines Künstlers sind es, die die wahre Bedeutung des Ganzen ausdrücken.

Versteht man intellektuelle Anschauung auf die oben dargestellte Weise, wird es deutlich, daß etwas wie intellektuelle Anschauung die Basis des Denkens bildet. Denken ist eine Art System, und am Anfang eines Systems muß die unmittelbare Wahrnehmung einer Einheit stehen. Wie James in »The Stream of Consciousness« sagt, ist bei einem Bewußtsein der Art ›ein Kartenspiel liegt auf dem Tisch‹ in dem Moment, in dem wir das Subjekt bewußt wahrnehmen, das Prädikat andeutungsweise eingeschlossen und umgekehrt; das heißt aber, am Anfang steht eine unmittelbare Wahrnehmung. Ich glaube, daß diese einheitliche unmittelbare Wahrnehmung dieselben Eigenschaften hat wie die Konzeption bei technischen Fertigkeiten. Im Hintergrund allen gewaltigen Denkens, wie in der Philosophie Platos oder Spinozas, wirkt eine große unmittelbare Wahrnehmung. Da sich im Denken die unmittelbare Wahrnehmung des Genies nur dem Grad, nicht aber der Qualität nach von gewöhnlichen Gedanken unterscheidet, ist die erstere nur die unmittelbare Wahrnehmung einer neuen, tieferen Einheit. Der Ursprung aller Relationen liegt in der unmittelbaren Wahrnehmung, die Relationen werden durch sie konstituiert. Wie weit wir in unserem Denken auch gelangen, den Bereich der anfänglichen unmittelbaren Wahrnehmung können wir nicht überschreiten, denn das Denken ist darauf errichtet. Denken kann nicht alles erklären; seine Basis bildet die unmittelbare Wahrnehmung, die sich einer Erklärung entzieht. Im Grunde des Denkens ist immer ein mystisches Etwas verborgen. Selbst ein Axiom der Geometrie ist von dieser Art. Im allgemeinen heißt es, das Denken kann erklären, unmittelbare Wahrnehmung kann es nicht – aber Erklären bedeutet ja nichts anderes als: auf eine anfängliche unmittelbare Wahrnehmung zurückführen zu können. Diese anfängliche unmittelbare Wahrnehmung des Denkens bildet einerseits die Basis des Erklärens, andererseits ist sie –

fern davon, nur eine Form statischen Denkens zu sein – die Kraft des Denkens überhaupt.

* Wie die intellektuelle Anschauung die Basis des Denkens bildet, so bildet sie auch die Basis des Willens. Etwas zu wollen heißt, die Einheit von Subjekt und Objekt unmittelbar wahrzunehmen. Der Wille wird durch die unmittelbare Wahrnehmung konstituiert. Der Fortschritt des Willens ist die vollendende Entwicklung dieser unmittelbar wahrgenommenen Einheit, dabei wirkt an seiner Basis stets die unmittelbare Wahrnehmung. Seine Vollendung ist die Verwirklichung des Willens. Daß wir im Willen unser Selbst tätig glauben, hat seinen Grund in der unmittelbaren Wahrnehmung. Das Selbst existiert nicht losgelöst davon, das wahre Selbst ist diese einheitliche unmittelbare Wahrnehmung. Die Alten haben gesagt, daß sie den ganzen Tag über tätig waren und doch nichts taten. Von der unmittelbaren Wahrnehmung her gesehen, herrscht in der Mitte der Tätigkeit Ruhe, handelt man, ohne zu handeln. Wir können also in dieser unmittelbaren Wahrnehmung, die, indem sie die Basis beider ist, Wissen und Willen transzendiert, die Vereinigung von Wissen und Wille sehen.

* Wahre religiöse Erleuchtung ist weder ein auf dem Denken gründendes abstraktes Bewußtsein noch ein blindes Gefühl; sie ist das Selbsterfassen der tiefen Einheit, die dem Wissen und dem Willen zugrundeliegt. Aber das meint eben eine Art intellektueller Anschauung. Ein tiefes Sich-Bemächtigen des Lebens. Daher kann keine Klinge der Logik sie verletzen; daher kann kein Begehren sie bewegen. Sie ist die Basis aller Wahrheit und Erfüllung. Obgleich sie in mannigfaltigen Gestalten auftritt, muß, so glaube ich, diese anfängliche unmittelbare Wahrnehmung gemeinsamer Ursprung aller Religionen sein. Die Religion wiederum ist der Ursprung von Wissenschaft und Moral; Wissenschaft und Moral werden durch sie konstituiert.

* Absätze, die mit einem * beginnen, sind von Nishida als ergänzende Überlegungen gemeint. *Anmerkung des Übersetzers*

ZWEITER TEIL

Die Realität

Erster Abschnitt
DER AUSGANGSPUNKT DER UNTERSUCHUNG

Philosophische Anschauungen von der Welt und vom Menschen, die behaupten, daß es sich mit dem Menschen und der Welt so und so verhalte, stehen in sehr enger Beziehung zu den praktischen Forderungen der Moral und der Religion, die vom Menschen verlangen, daß er auf diese Weise handele und an jenem Ort seinen Frieden finde. Der Mensch kann nicht zufrieden sein mit intellektuellen Überzeugungen, die mit den Forderungen der Praxis unvereinbar sind. So kann etwa ein Mensch mit hohen geistigen Ansprüchen sich nicht mit dem Materialismus zufriedengeben, und ein Mensch, der an den Materialismus glaubt, wird Zweifel an hohen geistigen Ansprüchen entwickeln. An sich gibt es nur eine Wahrheit. Die Wahrheit in der Erkenntnis muß unmittelbar praktische Wahrheit, und praktische Wahrheit muß unmittelbar Wahrheit in der Erkenntnis sein. Tief denkende und ernsthafte Menschen werden unfehlbar versuchen, Erkenntnis und Gefühl miteinander in Einklang zu bringen. Bevor wir das Problem, was wir tun sollen und wo wir unseren Frieden finden können, diskutieren, müssen wir das wahre Gesicht des Universums und des Menschenlebens nachzeichnen und klären, was wahre Realität ist.

* Der größte Einklang von Philosophie und Religion wurde in Indien erreicht. Die indische Philosophie und Religion identifizieren das Wissen mit dem Guten und die Verblendung mit dem Bösen. Das Noumenon des Universums ist das Brahman, und das Brahman ist unsere Seele, Atman. Die Erkenntnis dieses Brahman qua Atman ist das Mysterium der Philosophie und der Religion. – Das Christentum war zuerst eine rein praktische Religion, aber das Verlangen der Menschenseele nach intellektueller Befriedigung war schwer zu unterdrücken, und so entwickelte sich die christliche Philosophie des Mittelalters. – Die philosophischen Züge in der chinesischen Ethik waren nur wenig entwickelt, aber

seit der Sung-Dynastie [960–1279] hat sich das Denken entschieden dieser bisher vernachlässigten Seite zugewandt. – Diese Fakten bezeugen das tiefe Bedürfnis der menschlichen Seele, Erkenntnis und Gefühl miteinander in Einklang zu bringen. Auch ein Blick auf die Entwicklung des europäischen Denkens zeigt, daß in der griechischen Philosophie, beginnend mit Sokrates und Plato, der didaktische Zweck ins Zentrum rückte. In der Neuzeit ist mit dem rasenden Fortschritt auf der Seite der Erkenntnis die Einheit von Erkenntnis und Gefühl in Gefahr geraten. Beide Seiten entwickelten die Tendenz, sich voneinander zu trennen: Doch dies widerspricht dem ursprünglichen Bedürfnis der menschlichen Seele.

Wenn wir nun beabsichtigen, die wahre Realität zu verstehen und das wahre Gesicht des Universums und des Lebens zu erkennen, müssen wir unsere ganze Fähigkeit zu zweifeln aufbieten, alle künstlichen Hypothesen fallenlassen und die unmittelbare Erkenntnis, in der der Zweifel an sich verzweifelt, zum Ausgangspunkt nehmen. Unser Alltagsbewußtsein nimmt an, daß die Dinge in einer vom Bewußtsein abgetrennten äußeren Welt existieren und daß im Hintergrund des Bewußtseins ein beseeltes Etwas auf mannigfache Weise wirkt. Diese Auffassung ist zur Grundlage des Verhaltens aller Menschen geworden. Daß die Materie und der Geist voneinander unabhängige Existenzen seien, ist nur eine aus den Bedürfnissen unseres Denkens resultierende Hypothese, die dem Zweifel viel Raum läßt. Nicht einmal die Wissenschaft, die ja auf hypothetischem Wissen aufgebaut ist, hat sich die profunde Erklärung der Realität zum Ziel gesetzt; und selbst in der Philosophie – obgleich sie sich diesem Ziel verschrieben hat – gibt es viele Elemente, die nicht kritisch genug sind und die herkömmlichen Hypothesen als Grundlagen nicht ausreichend in Frage stellen.

* Die unabhängige Existenz von Materie und Geist wird als eine unmittelbar wahrnehmbare Tatsache aufgefaßt, aber eine kurze Reflexion macht sofort klar, daß dies falsch ist. Was ist

der Tisch, der hier vor mir steht? Seine Farbe und seine Form sind Empfindungen meiner Augen. Das Gefühl der Widerständigkeit, wenn ich ihn anfasse, ist eine Empfindung meiner Hand. – Selbst Gestalt, Größe, Ort und Bewegung eines Dinges – alles, was ich unmittelbar wahrnehme – gehören nicht zu den objektiven Beschaffenheiten des Dinges selbst. Es ist uns ganz und gar unmöglich, von unserem Bewußtsein abgetrennt ein Ding selbst unmittelbar wahrzunehmen. Das gilt selbst für unseren eigenen Geist; wir erkennen Funktionen des Wissens, des Fühlens und des Wollens, nicht den Geist selbst. Was uns wie ein identisches, stets wirkendes Selbst vorkommt, ist psychologisch betrachtet nur ein Kontinuum von identischen Empfindungen und Gefühlen. Die Dinge und der Geist, die wir für unmittelbar wahrgenommene Tatsachen halten, sind nur unveränderliche Verbindungen ähnlicher Bewußtseinsphänomene. Es sind die Forderungen des Kausalitätsgesetzes, die uns glauben lassen, daß die Dinge und der Geist selbst existieren. Aber ob wir aus dem Kausalitätsgesetz die bewußtseinsexterne Existenz ableiten dürfen, ist eine Frage, die erst noch untersucht werden muß.

Was ist nun diese unmittelbare Erkenntnis, in der das Zweifeln verzweifelt? Nichts anderes als die Tatsachen unserer unmittelbar wahrgenommenen Erfahrung, also Erkenntnis einzig in bezug auf Bewußtseinsphänomene: Ein präsentes Bewußtseinsphänomen und das Bewußtsein davon sind unmittelbar identisch, Subjektaspekt und Objektaspekt lassen sich nicht voneinander trennen. Zwischen der Tatsache und dem Erkennen gibt es nicht den kleinsten Riß. Das bedeutet, daß der Zweifel an sich verzweifelt, an ein Ende gekommen ist. Selbstverständlich kann auch bei einem Bewußtseinsphänomen, wenn es beurteilt oder erinnert wird, ein Irrtum auftreten. Es handelt sich dann aber schon um keine unmittelbare Wahrnehmung mehr, sondern um einen Schluß. Das frühere Bewußtsein und das präsente Bewußtsein sind verschiedene Bewußtseinsphänomene. Die unmittelbare Wahrnehmung sieht das letztere nicht als Urteil des ersteren. Sie erkennt nur das Tatsächliche in seinem Sosein; es ist unsinnig, hier von falsch oder richtig zu sprechen. Die solcherart unmittelbar wahrgenommene Erfahrung ist das Fundament, auf dem all unsere Erkenntnis aufgebaut ist.

* Wenn die Philosophie ihre herkömmlichen Hypothesen abstreift und eine neue sichere Grundlage sucht, kehrt sie immer zu dieser unmittelbaren Erkenntnis zurück. Daher hat auch am Anfang der neuzeitlichen Philosophie Bacon in der Erfahrung den Ursprung der Erkenntnis gesehen und daher hat Descartes die Aussage »cogito ergo sum« an den Beginn gestellt. Andere haben vergleichbare Evidenzen als Wahrheit gesetzt. Nur ist Bacons Erfahrung keine reine Erfahrung und mit dem Dogma verknüpft, daß wir durch sie bewußtseinsexterne Tatsachen unmittelbar wahrnehmen können. Descartes' Aussage ist keine Tatsache der unmittelbaren Erfahrung mehr, da sie bereits den Schluß »Ich bin« enthält. Überhaupt ist es ein Dogma zu glauben, daß klares Denken das Noumenon der Dinge erkennen könnte. Seit Kant erkennt die Philosophie keine unmittelbar evidente, unbezweifelbare Wahrheit mehr an. – Was ich hier unmittelbare Erkenntnis nenne, liegt jenseits all dieser Dogmen: ich sehe in ihr nur eine unmittelbar wahrgenommene Tatsache. (Wenn es allerdings richtig ist, wie einige Philosophiehistoriker, angefangen mit Hegel, behaupten, daß Descartes' »cogito ergo sum« kein Schluß, sondern der Ausdruck einer unmittelbaren Gewißheit der Einheit von Realität und Denken ist, dann stimmt dies mit meinem Ausgangspunkt überein.)

Es gibt Philosophen, die, statt in der unmittelbaren Wahrnehmung der Tatsachen im Bewußtsein respektive in den Tatsachen der unmittelbaren Erfahrung den Ausgangspunkt aller Erkenntnis zu sehen, das Denken für den sichersten Standard halten. Sie sondern die wahren Aspekte der Dinge von den falschen und behaupten, daß die von uns in unmittelbarer Wahrnehmung erfahrenen Tatsachen zu den falschen Aspekten gehörten und daß nur durch die Denkfunktion die wahren aufgedeckt werden könnten. Freilich schließen auch das Alltagsbewußtsein und die Wissenschaft intuitive Erfahrungen nicht aus, sie erklären aber eine bestimmte Art von Erfahrungstatsachen für richtig und eine andere für falsch. Etwa daß die Gestirne klein erscheinen, in Wirklichkeit aber von gewaltiger Größe sind und daß sich der Himmel zu bewegen scheint, es in Wirklichkeit aber die Erde ist, die sich bewegt. Solche Gedanken resultieren daraus, daß man von Erfahrungstatsachen, die unter gewissen Bedingungen auftreten, auf unter anderen Bedingungen auftretende Erfahrungstatsachen schließt. Jede dieser Tatsachen ist unter ihren jeweiligen Bedingungen unveränderbar. Wie kann, insofern sie alle identische, unmittelbar wahrgenommene Tatsachen sind, eine von ihnen wahr, die andere aber falsch und scheinhaft sein? Diese Vorstellung kommt daher, daß die Tastempfindung im Vergleich zu den anderen Empfindungen allgemeiner und in der Praxis die wichtigste ist. Daraus resultiert die Überzeugung, diese Empfindung vermittle den wahren Aspekt der Dinge. Aber eine kurze Überlegung macht klar, wie unbegründet diese Auffassung ist. Eine gewisse philosophische Schule behauptet im Gegenteil, daß die Erfahrungstatsachen alle scheinhaft seien und daß das Noumenon der Dinge nur im Denken erkennbar sei. Aber selbst wenn wir annehmen, daß es eine unsere Erfahrung übersteigende Realität gibt, wie können wir sie im Denken erkennen? Niemand kann leugnen, daß unsere Denkfunktion eine Art Bewußtseinsphänomen ist. Wenn die Erfahrungstatsachen uns das Noumenon der Dinge nicht erkennen lassen, so kann dies auch das Denken nicht, das ja ein Phänomen derselben Art ist. Gewisse Philosophen sehen in der Allgemeinheit und Notwendigkeit des Denkens den Standard der Erkenntnis der wahren Realität. Aber auch ihre charakteristischen Kriterien entspringen einer Art von Gefühlen, die wir in unserem eigenen Bewußtsein unmittelbar wahrnehmen: sie sind Bewußtseinstatsachen.

* Die Vorstellung, daß unsere ganze sinnliche Erkenntnis falsch sei und daß nur im Denken der wahre Aspekt der Dinge

erkennbar sei, stammte aus der Schule der Eleaten und erreichte ihren Höhepunkt bei Plato. In der neuzeitlichen Philosophie ist es die cartesianische Schule, die glaubt, im klaren und deutlichen Denken den wahren Aspekt der Dinge erkennen zu können.

Denken und unmittelbare Wahrnehmung werden als völlig verschiedene Funktionen konzipiert, wenn man sie jedoch als Bewußtseinstatsachen sieht, sind sie Funktionen von identischer Art. Unmittelbare Wahrnehmung oder Erfahrung wiederum werden als rein rezeptive Funktionen konzipiert, in denen die Einzeldinge, wie sie an sich sind, außerhalb jeder Relation, wahrgenommen werden. Das Denken hingegen soll eine aktive Funktion sein, die die Einzeldinge miteinander vergleicht, Urteile fällt und Beziehungen stiftet. – Doch in der Praxis gibt es keine rein rezeptiven Bewußtseinsfunktionen. Unmittelbare Wahrnehmung ist als solche unmittelbar Urteil. In diesem Sinne habe ich hier die unmittelbare Wahrnehmung zum Ausgangspunkt einer Erkenntnis ohne Hypothesen gewählt.

* Was ich bisher unmittelbare Wahrnehmung genannt habe, bezieht sich nicht nur auf die Empfindung. Auch das Denken basiert immer auf einem gewissen einheitlichen Etwas: dieses muß unmittelbar wahrgenommen werden. Das Urteil entspringt seiner Zergliederung.

Zweiter Abschnitt
DIE BEWUSSTSEINSPHÄNOMENE ALS EINZIGE REALITÄT

Auf der Grundlage unmittelbarer Erkenntnis, ohne Zuhilfenahme irgendeiner Hypothese, sehen wir, daß die Realität nur ein Phänomen unseres Bewußtseins, d. h. eine Tatsache der unmittelbaren Erfahrung ist. Daneben noch von anderen Realitäten zu sprechen, bedeutet, aus den Bedürfnissen des Denkens hervorgehende Hypothesen zu formulieren. In der

Denkfunktion, die den Bereich der Bewußtseinsphänomene schon nicht mehr verläßt, findet sich selbstverständlich kein mystisches Vermögen, das erfahrungstranszendente Realität unmittelbar wahrnehmen könnte; derartige Hypothesen sind abstrakte Konzepte, die entstanden sind, um im Denken die Tatsachen der unmittelbaren Erfahrung systematisch ordnen zu können.

* Die höchst kritische Idee, unter Ausschaltung aller Dogmen, von der unbezweifelbarsten unmittelbaren Erkenntnis auszugehen, kann unter keinen Umständen mit der Idee, die unterstellt, daß es außerhalb der Tatsachen der unmittelbaren Erfahrung noch eine Realität gibt, zusammen bestehen. Selbst große Philosophen wie Locke und Kant konnten den Widersprüchen dieses Dualismus nicht entgehen. Ich versuche hier, alles hypothetische Denken aufzugeben und entschieden der ersteren Idee zu folgen. In der Geschichte der Philosophie haben Männer wie Berkeley und Fichte dieselbe Position eingenommen.

Gewöhnlich versteht man unter Bewußtseinsphänomenen eine Art von Phänomenen, die – in der materiellen Welt – vor allem das Nervensystem von Lebewesen affizieren. Eine kleine Überlegung lehrt uns aber, daß die unmittelbarsten und ursprünglichsten Tatsachen keine materiellen Phänomene, sondern Bewußtseinsphänomene sind. Unser Körper ist nicht mehr als ein Teil unserer Bewußtseinsphänomene. Das Bewußtsein wohnt nicht im Körper, sondern der Körper wohnt im Bewußtsein. Zu sagen, daß Bewußtseinsphänomene die Begleiterscheinung einer Reizung des Nervensystems seien, meint nicht mehr, als daß *eine* Art von Bewußtseinsphänomen notwendig in Begleitung einer *anderen* Art von Bewußtseinsphänomenen auftritt. Wenn wir imstande wären, die Phänomene in unserem Hirn unmittelbar zu erkennen, würde sich zeigen, daß das Verhältnis der sogenannten Bewußtseinsphänomene und der Stimuli im Hirn etwa dem von Ohr und Laut und dem von Hand und vibrierender Saite entspricht.

* Wir nehmen an, daß es zwei Arten von Erfahrungstatsa-

chen gibt, Bewußtseinsphänomene und materielle Phänomene, aber in Wirklichkeit gibt es nur eine Art. Es gibt nur Bewußtseinsphänomene. Materielle Phänomene sind nur die von den Bewußtseinsphänomenen abstrahierten, allen Menschen gemeinsamen Phänomene, die unveränderliche Relationen besitzen.

Auch nimmt man gemeinhin an, daß außerhalb des Bewußtseins – mit bestimmten Eigenschaften ausgestattete – Substanzen existieren, auf deren Grundlage allein Bewußtseinsphänomene auftreten können. Aber welcher Art sind diese unabhängigen und festen Dinge außerhalb des Bewußtseins? Die Eigenschaften eines völlig unabhängig von Bewußtseinsphänomenen existierenden Dinges-an-sich können wir uns nicht vorstellen. Wir können nur konstatieren, daß ein unerkennbares Etwas unter bestimmten Bedingungen bestimmte Phänomene erzeugt; das heißt, wir können nur – den Forderungen unseres Denkens entsprechend – Vermutungen äußern. Warum muß das Denken aber die Existenz solcher Dinge unterstellen? Es sagt doch nur, daß ähnliche Bewußtseinsphänomene immer vereint auftreten. Genau das meinen wir doch, wenn wir von *Dingen* reden. Für die Reine Erfahrung ist die unveränderliche Einheit der Bewußtseinsphänomene die Grundtatsache, die Existenz der Dinge ist eine Hypothese zum Zweck der Erklärung.

* Die sogenannten Materialisten sehen in der Existenz der Dinge eine unbezweifelbare, unmittelbare, selbstevidente Tatsache und versuchen, damit auch geistige Phänomene zu erklären. Ein kurzes Nachdenken zeigt, daß sie die Sache auf den Kopf stellen . . .

Der Gedanke der Reinen Erfahrung läßt keine unabhängigen und selbstbestimmten Tatsachen außerhalb der Bewußtseinsphänomene zu. In der Tat verhält es sich so, wie Berkeley gesagt hat: *esse est percipi*. Unsere Welt ist nur aus den Tatsachen der Bewußtseinsphänomene zusammengesetzt. Die Philosophien und die Wissenschaften bemühen sich nur um deren Deutung.

* Um Mißverständnissen vorzubeugen: Der Begriff Bewußtseinsphänomen könnte dazu verleiten anzunehmen, daß nur ein von der Materie unabhängiger Geist existiere. In dem von mir gemeinten Sinn kann man die wahre Realität sowohl Bewußtseinsphänomen als auch materielles Phänomen nennen. Auch Berkeleys *esse est percipi* stimmt nicht mit dem von mir Gemeinten überein. Die unmittelbare Realität ist nichts Passives, sie ist eine unabhängige, selbstbestimmte Tätigkeit. Daher wäre es treffender zu sagen: *esse est agere*.

Angestrengte Reflexion muß uns notwendig zu solchen Resultaten führen, auch wenn diese sich auf den ersten Blick von unserem Alltagsbewußtsein sehr unterscheiden und uns beim Versuch der Erklärung der Phänomene des Kosmos mit den verschiedensten Schwierigkeiten konfrontieren. Aber die meisten dieser Schwierigkeiten tauchen nicht auf, weil wir strikt auf dem Standpunkt der Reinen Erfahrung stehen, sondern sie sind umgekehrt eher die Folge willkürlicher Annahmen, die die Reine Erfahrung trüben.

Eines dieser Probleme ist, ob wir nicht einem Solipsismus oder Intellektualismus – für den die ganze Welt nur unsere Idee ist – verfallen, wenn wir in den Bewußtseinsphänomenen die einzige Realität sehen. Selbst wenn es nicht so ist, dann bleibt noch die Frage, wie man das Verhältnis der verschiedenen Bewußtseine zueinander erklären kann, wenn ein jedes von ihnen eine unabhängige Realität sein soll. – Daß Bewußtsein notwendig *jemandes* Bewußtsein sein muß, besagt aber nicht mehr, als daß das Bewußtsein stets eine Einheit sein muß. Darüber hinaus zu glauben, daß es gleichsam einen Eigentümer geben muß, ist offensichtlich ein Dogma. Diese vereinheitlichende oder apperzeptive Funktion bezieht sich auf eine Bewußtseinseinheit, die ihr Zentrum allein in ähnlichen Ideen und Gefühlen hat. Im Bereich dieser Bewußtseinseinheit lassen sich, vom Standpunkt der Reinen Erfahrung her gesehen, zwischen *alter* und *ego* keine absoluten Trennlinien ziehen. Wenn es möglich ist, in einem individuellen Bewußtsein eine Einheit zu sehen, weil das gestrige und das heutige Bewußtsein – auch wenn sie unabhängig voneinander sind – nur *einem* System angehören, dann wird man dasselbe Verhältnis auch zwischen dem eigenen und dem fremden Bewußtsein entdecken können.

* Alle Inhalte unserer Gedanken und Gefühle sind allgemein. Gedanken und Gefühle können über Tausende von Jahren und Tausende von Kilometern hinweg ausgetauscht werden. Mathematische Prinzipien bleiben, unabhängig davon, wer sie wann und wo denkt, dieselben. So kann ein großer Mann viele Menschen beeinflussen und zu einer Gruppe formen, so daß sie derselbe Geist durchherrscht. Der Geist dieser Menschen kann dann wirklich als ein einziger angesehen werden.

Ein anderes Problem ist die Auslegung der Auffassung, daß die Bewußtseinsphänomene die einzige Realität sind. Wenn unsere Bewußtseinsphänomene keine festen Dinge, sondern ein Kontinuum sich wandelnder Ereignisse sind, taucht die Frage auf, woher diese Phänomene kommen und wohin sie gehen. Da diese Frage aber der Forderung des Kausalitätsgesetzes, daß alle Dinge eine Ursache und eine Wirkung haben müssen, entspringt, müssen wir zunächst das Wesen dieser Forderung untersuchen. Gewöhnlich glauben wir, daß das Kausalitätsgesetz die Existenz eines bestimmten Dinges-an-sich unmittelbar im Hintergrund der Phänomene fordert. Dies ist aber ein Irrtum. Die eigentliche Bedeutung des Kausalgesetzes liegt, wie Hume gezeigt hat, nur darin, daß dem Auftreten eines bestimmten Phänomens notwendig ein anderes bestimmtes Phänomen vorausgeht. Es fordert nicht die Existenz eines Etwas außerhalb der Phänomene. Daß ein Phänomen ein anderes hervorbringt, bedeutet nicht, daß das eine im andern eingeschlossen war, oder daß etwas, das draußen irgendwo latent vorhanden war, nur zur Erscheinung gebracht worden ist. Es sagt nur, daß hinreichende Bedingungen (Ursachen) bestimmte Phänomene (Wirkungen) hervorbringen. Solange die Bedingungen nicht erfüllt sind, existiert nirgendwo das bestimmte Phänomen bzw. die Wirkung, die es begleiten soll. Bevor man nicht Steine aneinanderschlägt, um ein Feuer zu entzünden, existiert das Feuer nirgendwo. Jemand mag einwenden, daß doch die Kraft, die das Feuer hervorbringen wird, schon existiert, – aber ›Kraft‹ oder ›Ding‹ sind, wie ich oben schon dargelegt habe, nur Hypothesen zum Zweck der Erklärung. Was wir unmittelbar erkennen können, ist nur das Feuer, also ein völlig anderes Phänomen. Ein Phänomen begleitet ein anderes –, das ist die uns unmittelbar gegebene Grundtatsache. Die Forderungen des Kausalitätsgesetzes entstehen auf der Grundlage dieser Tatsache. Zwischen ihr und dem Kausalitätsgesetz einen Widerspruch zu sehen, ist auf ein Mißverstehen des Kausalitätsgesetzes zurückzuführen.

* Das Kausalitätsgesetz hat die Veränderungen unserer Bewußtseinsphänomene zum Ursprung, es ist ein aus diesen Veränderungen resultierender Habitus unseres Denkens. Das zeigt sich auch darin, daß man sich sofort in Selbstwidersprüche verwickelt, wenn man nach Maßgabe des Kausalitätsgesetzes das ganze Universum zu erklären versucht. Das Kausalitätsgesetz fordert, daß die Welt einen Anfang hat. Wenn man nun irgendwo einen Anfang ansetzt, fragt das Kausalitätsgesetz weiter nach dessen Ursache – und macht auf diese Weise seine eigene Unvollkommenheit offenbar.

Zuletzt noch ein Wort zu dem im Kausalitätsgesetz implizierten Gedanken, daß aus dem Nichts kein Sein hervorgehen kann. Selbst wenn im herkömmlichen Verstande *nichts da ist*, ist, vom Standpunkt der unmittelbaren Wahrnehmung her gesehen, in der der Unterschied von Subjekt und Objekt aufgehoben ist, das *Bewußtsein des Nichts* real vorhanden. *Nichts* ist nicht nur ein Wort; wenn wir versuchen, ihm eine konkrete Bedeutung zu geben, dann zeichnet es sich zwar einerseits durch den Mangel an Eigenschaften aus, andererseits aber auch durch eine gewisse positive Beschaffenheit. (So sagt man zum Beispiel in der Psychologie, daß auch die schwarze Farbe eine Art von Empfindung darstelle.) Wenn man dergestalt sagen kann, daß selbst in der materiellen Welt aus Nichts Sein entsteht, dann ist das Nichts als Bewußtseinstatsache kein wirkliches Nichts, sondern ein bestimmtes Moment der Bewußtseinsentwicklung. Wie kann aber im Bewußtsein aus Nichts Sein entstehen? Im Bewußtsein gelten die qualitativen Bestimmungen der Zeit, des Orts und der Kraft nicht, folglich steht es auch nicht unter der Herrschaft eines mechanischen Kausalitätsgesetzes. Alle diese Formen oder Schemata werden umgekehrt von der Bewußtseinseinheit erst konstituiert. Im Bewußtsein ist alles qualitativ; ein latentes Etwas, das sich selbst entwickelt. Das Bewußtsein ist das, was Hegel ›das Unendliche‹ nannte.

* Dabei kann man sagen, daß selbst in der Empfindung einer Farbe unendliche Verwandlungen eingeschlossen sind. Wenn unser Bewußtsein präziser wird, können wir auch in einer Farbe unendliche Differenzierungen wahrnehmen. Auf diese Weise konnten unsere Empfindungen bis heute einen hohen Grad an Spezialisierung erreichen. Wundt ordnet die Eigenschaften der Empfindungen nach Dimensionen (Wilhelm Wundt, Grundriss der Psychologie, op. cit., § 5[12]), wobei ich jedoch glaube, daß sich dieses System der Differenzierung eines ursprünglichen Allgemeinen verdankt.

Dritter Abschnitt
DIE BESCHAFFENHEIT DER REALITÄT

Was ist die unmittelbare Realität, bevor wir uns denkend auf sie richten? Was ist eine Tatsache der Reinen Erfahrung? Sie ist reine unabhängige, selbstbestimmte Tätigkeit, in der Sub-

12 Nishida scheint hier auf folgende Stelle anzuspielen: »Die Unterschiede der *Dimensionszahl* lassen sich jedoch mit Sicherheit bis jetzt nur bei gewissen Empfindungssystemen feststellen. So ist z. B. das Tonsystem ein eindimensionales, das gewöhnliche Farbensystem, welches die Farben samt ihren Übergängen zu Weiß umfaßt, ein zweidimensionales System; das vollständige System der Lichtempfindungen, welches auch noch die dunklen Farbtöne und die Übergänge zum Schwarz enthält, ist ein dreidimensionales Empfindungssystem.« (S. 39)

jekt und Objekt sich noch nicht gegenüberstehen, und Wissen, Fühlen und Wollen noch nicht voneinander getrennt sind.

Die intellektualistische Psychologie betrachtet Empfindungen und Ideen als Elemente der geistigen Phänomene. Für sie entstehen alle geistigen Phänomene aus der Verbindung dieser Elemente. Wenn man so denkt, dann ist eine Tatsache der Reinen Erfahrung ein höchst rezeptiver Zustand des Bewußtseins, also Empfindung. Aber ein solcher Gedanke vermengt die Resultate wissenschaftlicher Analyse mit den Tatsachen der unmittelbaren Erfahrung. Denn in den Tatsachen der unmittelbaren Erfahrung gibt es keine reine Empfindung. Was wir reine Empfindung nennen, ist bereits eine einfache Wahrnehmung. Schon die einfachste Wahrnehmung ist nicht nur rezeptiv und enthält notwendig aktive, d. h. strukturierende Elemente. (Dies wird auch klar, wenn wir die räumliche Wahrnehmung untersuchen.) Bei komplexeren intellektuellen Funktionen – wie der Assoziation und dem Denken – wird dieses Moment noch evidenter. Von der Assoziation heißt es gemeinhin, sie sei passiv, aber nicht nur die Umstände der äußeren Welt bestimmen die Richtung der Ideenverknüpfung bei der Assoziation, sondern auch die immanenten Eigenschaften des Bewußtseins. Zwischen Assoziation und Denken besteht nur ein Gradunterschied. Da wir unsere Bewußtseinsphänomene ursprünglich ja nur aus Gründen wissenschaftlicher Konvenienz in Wissen, Fühlen und Wollen aufteilten, gibt es in Wirklichkeit keine drei Arten von Phänomenen. Die Bewußtseinsphänomene geben uns gleichsam alles in einem. (Auch ein rein intellektuelles Verfahren wie eine wissenschaftliche Untersuchung vollzieht sich nicht unter Ausschaltung des Fühlens und des Wollens.) Unter den genannten drei Momenten ist der Wille die ursprünglichste und elementarste Form. Wie die voluntaristische Psychologie sagt, ist unser Bewußtsein durch und durch dynamisch, es beginnt mit dem Trieb und endet mit dem Willen. Unabhängig davon, wie einfach unsere unmittelbarsten Bewußtseinsphänomene auch sein mögen, sie haben immer die Form des Willens. Der Wille ist eine Tatsache der Reinen Erfahrung.

* Ursprünglich war die Psychologie hauptsächlich intellektualistisch orientiert, in neuerer Zeit aber gewinnt der Voluntarismus immer mehr an Boden. Wundt ist einer seiner Exponenten. Selbst das einfachste Bewußtsein ist notwendig strukturiert. Inhaltliche Kontraste sind eine notwendige Bedingung für die Entstehung von Bewußtsein. Wirklich einfaches Bewußtsein wäre Un-Bewußtsein.

So wie Wissen, Fühlen und Wollen in der Reinen Erfahrung noch ungetrennt voneinander eine einzige Tätigkeit ausmachen, bilden auch Subjekt und Objekt in ihr noch keine Gegensätze. Die Opposition von Subjekt und Objekt ist keine Tatsache der unmittelbaren Erfahrung, sie entspringt den Forderungen unseres Denkens. In der unmittelbaren Erfahrung gibt es nur die je eine unabhängige, selbstbestimmte Tatsache, aber kein Subjekt, das sieht, und kein Objekt, das gesehen wird. Es ist gleichsam wie wenn unser Herz, von einer schönen Musik betört, sich und die Welt vergißt und das ganze Universum zu einem einzigen Klang wird. In diesem Augenblick ist die sogenannte wahre Realität präsent. – Der Gedanke: das ist eine Schwingung der Luft, oder: ich bin es, der das gerade hört, hat uns bereits aus der wahren Realität herausgerissen, denn er kann nur in einer Reflexion entstehen, die schon nicht mehr am wahren Geschehen der Realität teilhat.

* Es ist eine übliche Auffassung, zu glauben, daß Subjekt und Objekt zwei Realitäten sind, die unabhängig existieren können, und daß die Bewußtseinsphänomene aus dem Wirken dieser beiden hervorgehen. Folglich nimmt man auch an, daß Geist und Materie zwei Realitäten seien. Aber all dies ist falsch. Subjekt und Objekt bezeichnen den Unterschied der Betrachtungsweisen einer einzigen Tatsache. Auch der Unterschied von Geist und Materie entspringt nur dem Unterschied der Betrachtungsweise; er ist kein Unterschied in der Tatsache selbst. Eine tatsächliche Blume ist nicht die rein materielle

Blume eines Wissenschaftlers, sie ist eine Blume zum Bewundern, Schönheit aus Farbe, Form und Duft. Heine nannte die Sterne in einer stillen Nacht einmal goldene Nägel am blauen Himmel. Ein Astronom wird über diesen poetischen Unsinn lächeln, aber wer weiß, ob in dieser Zeile nicht der wahre Aspekt der Sterne zum Ausdruck kommt...

In der unabhängigen, selbstbestimmten wahren Realität, in der Subjekt und Objekt noch nicht getrennt sind, bilden Wissen, Fühlen und Wollen also eine Einheit. Die wahre Realität ist nicht der eisige Erkenntnis-Gegenstand, wofür sie gewöhnlich gehalten wird. Sie ist aus unserem Fühlen und Wollen geformt, d. h. sie ist nicht nur *da*, sondern sie hat eine *Bedeutung*. Wenn unser Fühlen und Wollen aus der wirklichen Welt verschwänden, wäre diese keine konkrete Tatsache mehr, sondern eine abstrakte Idee. Was die Physiker Welt nennen, existiert nicht wirklich; sie ist wie eine Linie ohne Ausdehnung und eine Fläche ohne Dicke. So gesehen ist der Künstler dem wahren Aspekt der Realität näher als der Wissenschaftler. In allem, was wir hören und sehen, ist unsere Individualität eingeschlossen. Selbst was wir dasselbe Bewußtsein nennen, ist nicht wirklich dasselbe. Die Vorstellungsbilder, die ein Bauer, ein Zoologe und ein Künstler von demselben Tier haben, sind völlig verschieden. Dieselbe Szene kann mir, je nach meiner Stimmung, hell und schön oder dunkel und traurig erscheinen. Ganz in dem Sinne, in dem es im Buddhismus heißt, daß je nach unserer Gemütslage die Welt einmal der Himmel, einmal die Hölle ist, so ist unsere Welt auf der Grundlage unseres Fühlens und Wollens errichtet. Dieser Relation kann man nicht entgehen, auch wenn man die Welt zu einem objektiven Erkenntnisgegenstand des reinen Intellekts erklärt.

* In den Augen der Wissenschaft ist die Welt höchst objektiv und enthält keine Elemente unseres Fühlens und Wollens. Aber selbst die Wissenschaft entstand ursprünglich als Antwort auf die Forderungen unseres praktischen Überlebenskampfes und ist keineswegs von den Forderungen unseres

Gefühls und unseres Wissens unabhängig. Die Auffassung, daß es eine Kraft gibt, die die verschiedenen Funktionen der Außenwelt, die die Basis der wissenschaftlichen Sichtweise bilden, hervorbringt, ist, wie vor allem Jerusalem herausgestellt hat, nach dem Modell unseres eigenen Willens geformt (Karl Wilhelm Jerusalem, Einleitung in die Philosophie ([1]1899), 6. Aufl. § 27[13]). Daher erklärten die Alten die tausend Phänomene der Welt mittels der Personifikation; die heutigen wissenschaftlichen Erklärungen haben sich daraus entwikkelt.

Ausgehend von dem Gedanken, daß die Subjekt-Objekt-Spaltung grundlegend ist, glauben wir, daß sich die objektiven Elemente nur im Intellekt befinden, während Gefühl und Wille nur individuelle und subjektive Ereignisse sind. – Schon

13 »So verschieden nun auch dieselben Objekte apperzipiert werden, so gibt es doch *eine* Auffassungsweise, *eine* Art der Apperzeption, die wir allem Geschehen in gleicher Weise entgegenbringen. Wenn ein Kind den Versuch macht, einen Gegenstand zusammenzudrücken, so erscheint ihm der Widerstand, den es empfindet, als ein *gewollter Gegendruck*. Das Kind legt seine eigenen Willensimpulse auch den umgebenden Objekten bei und faßt so die Vorgänge als Willensäußerungen auf. Das Kind apperzipiert jeden Vorgang so, daß dadurch die stärkste Vorstellungsdisposition rege wird. Unter allen Dispositionen hat aber keine auch nur annähernd dieselbe Stärke wie die durch die Bewegungen des Körpers immer wieder aktuell werdende Disposition, Willensimpulse zu erleben. Die Erinnerung an die erlebten Willensimpulse wird also am leichtesten wachgerufen, und diese Erinnerungen bilden die vorherrschende Apperzeptionsmasse, die das Kind an jeden Vorgang heranbringt, dem es seine Aufmerksamkeit zuwendet. Jedes wahrgenommene Objekt gilt dem Kinde als ein beseeltes Wesen, und alles, was es an dem Objekte bemerkt, wird von diesem als Willenshandlung des Dinges aufgefaßt. Dieselbe beseelende (animistische) und vermenschlichende (anthropomorphe) Auffassung finden wir auch bei den Naturvölkern wirksam. Das Fließen des Wassers, das Wehen des Windes, das Leuchten der Sonne, des Mondes und der Sterne, alle diese Vorgänge werden als Willensäußerungen sichtbarer oder unsichtbarer Wesen gedeutet. Diese Apperzeptionsweise nun, durch welche alle Vorgänge der Umgebung als *Willensäußerungen selbständiger Objekte* gedeutet werden, nennen wir die *fundamentale Apperzeption*.« (Zitiert nach Karl Wilhelm Jerusalem, Einleitung in die Philosophie, 7. und 8. Auflage, Wien und Leipzig 1919, S. 84f.)

die elementarsten Prämissen dieses Gedankens sind falsch. Auch wenn wir einmal unterstellen, daß die Phänomene aus dem Zusammenwirken von Subjekt und Objekt hervorgehen, bleiben selbst Erkenntnisinhalte – wie Formen und Farben – subjektiv betrachtet subjektiv und individuell betrachtet individuell. Umgekehrt haben auch das Gefühl und der Wille unter dem Aspekt, daß sie in der Außenwelt wiederum solches Fühlen und Wollen erregen, eine objektive Basis. Es ist also falsch zu sagen, Gefühl und Wille seien rein individuell. Wir können unser Fühlen und Wollen gegenseitig verstehen und austauschen, d. h., sie schließen überindividuelle Momente in sich ein.

* Da es eine individuelle Seite gibt und da wir glauben, daß diese die Affekte der Freude, des Zorns, der Liebe und des Begehrens hervorbringt, taucht auch der Gedanke auf, daß Gefühl und Wille rein individuell seien. Aber nicht der Mensch *hat* Gefühle und einen Willen, sondern die Gefühle und der Wille *machen* den Einzelnen *aus*. Gefühl und Wille sind Tatsachen der unmittelbaren Erfahrung.

Die Erklärung der tausend Phänomene der Welt mittels Personifikation war eine Methode der Menschen des Altertums, und noch heute benutzen die Kinder diese Methode. Die sogenannten Wissenschaftler haben dafür nur ein Lächeln übrig, und natürlich ist sie auch kindlich. In gewisser Hinsicht jedoch ist sie auch eine wahre Methode zur Erklärung der Realität. Die Erklärungsweisen der Wissenschaftler betonen einseitig die intellektuelle Erkenntnis. Eine vollkommene Erklärung der Realität darf nicht nur unseren intellektuellen Bedürfnissen Genüge tun, sondern muß auch den Bedürfnissen unseres Gefühls und unseres Willens entsprechen.

* Für die Griechen war die ganze Natur belebt. Blitz und Donner waren der Zorn des Zeus auf dem Olymp. Und die Stimme des Kuckucks war die uralte Klage der Philomele (siehe Schiller, »Die Götter Griechenlands«). In den Augen der an der Natur orientierten Griechen war die wahre Bedeutung der Gegenwart das, als was sie unmittelbar erschien.

Vierter Abschnitt
DIE WAHRE REALITÄT BESITZT IMMER DIESELBE FORM

Der Bewußtseinszustand der Einheit von Wissen, Fühlen und Wollen, in dem Subjekt und Objekt gleichsam untergegangen sind, ist die wahre Realität. Wenn wir uns eine unabhängige, selbstbestimmte wahre Realität vorstellen, erscheint sie von selbst immer in dieser Form. So können wir das wahre Gesicht der Realität nur als Selbst-Unmittelbarkeit, nicht aber im sprachlichen Ausdruck, in der Reflexion oder in der Analyse erfassen. Da unsere diversen Arten Unterschiede setzender Erkenntnis aus der Reflexion der Realität hervorgehen, werde ich jetzt Form und Struktur dieser einzigen Realität betrachten und zu klären versuchen, wie daraus die vielfältigen Unterschiede entstehen.

* Die wahre Realität kann so wenig von einem zum anderen übermittelt werden wie die wahre Bedeutung der Kunst. Weitergegeben werden kann nur eine abstrakte Hülle. Wir glauben, daß wir bei denselben Worten immer dasselbe verstehen, und doch unterscheiden sich die Inhalte immer mehr oder weniger.

Wahre Realitäten sind alle nach demselben Schema strukturiert. Dies Schema läßt sich auf folgende Weise beschreiben: Zunächst erscheint das Ganze *implizit*, dann differenziert und entwickelt sich sein Inhalt bis zu dem ultimativen Punkt, an dem das Ganze der Realität verwirklicht und vollendet ist. Mit einem Wort gesagt, ein Etwas entwickelt sich in sich selbst bis zur Vollendung. Diese Verfahrensweise kann am deutlichsten an unseren aktiven Bewußtseinsfunktionen beobachtet werden. Im Fall des Willens etwa ist zuerst eine Zielvorstellung gegeben; um diese den Umständen gemäß zu realisieren, werden systematisch angemessene Ideen zusammengestellt; wenn die Zusammenstellung vollendet ist, erfolgt die Handlung, in der das Ziel verwirklicht wird und die Willensfunktion zu ihrem Ende kommt. Aber nicht nur die Willensfunktion, sondern auch die sogenannten intellektuellen Funktionen wie das Denken und das Vorstellen folgen diesem Modell: Eine Zielvorstellung gibt Anlaß zu verschiedenen Ideenassoziationen; wenn eine korrekte und angemessene Ideenverknüpfung erreicht ist, ist der Prozeß abgeschlossen.

* James schreibt in »Stream of consciousness«, daß jedwedes Bewußtsein diese Form besitzt. Wenn etwa ein Satz im Bewußtsein auftaucht, dann ist in dem Augenblick, in dem das Subjekt bewußt wird, der ganze Satz schon vage mit eingeschlossen. Wenn das Prädikat erscheint, ist sein Inhalt entwickelt und verwirklicht.

Im Willen, im Denken und in der Vorstellung erkennt man leicht prozessuale Bewußtseinsphänomene, aber bei der intellektuellen Wahrnehmung und beim Trieb scheint doch das Ganze auf den ersten Blick schon realisiert und kein Prozeß der beschriebenen Art durchlaufen zu werden. – Aber, wie schon gesagt, das Bewußtsein ist niemals rein rezeptiv, es ist aktiv und komplex. Darüber hinaus ist es immer notwendig in der oben gekennzeichneten Form strukturiert. Weil der Wille, wie die Voluntaristen sagen, die Grundform allen Bewußtseins ist, ist auch das einfachste Bewußtsein noch nach demselben Schema strukturiert wie der Wille.

* Trieb und intellektuelle Wahrnehmung unterscheiden sich vom Willen und vom Denken nur dem Grad, jedoch nicht der Art nach. In den letzteren tritt der Prozeß, der bei den ersteren unbewußt abläuft, selbst ins Bewußtsein. Daraus schließen wir, daß auch die ersteren auf dieselbe Weise strukturiert sein müssen. Auch die intellektuelle Wahrnehmung erweist sich von diesem Prozeß aus betrachtet als das Resultat verschiedener Erfahrungen. Selbst das Musikhören, zum Beispiel, ist zu Beginn von keiner Empfindung begleitet, erst mit der allmählichen Gewöhnung des Ohrs kommt es zu einer deutlichen intellektuellen Wahrnehmung. Auch intellektuelle Wahrnehmung kann eine Art Denken genannt werden.

Ein Wort zu den Mißverständnissen, die auftauchen, wenn man einen Unterschied zwischen passivem und aktivem Bewußtsein macht: Es ist klar, daß ein aktives Bewußtsein die oben dargestellte Struktur hat. Bei einem passiven Bewußtsein hingegen liegt der ideenverknüpfende Agent in einem Außerhalb, und weil die Ideen nur nach der Maßgabe äußerer Umstände verknüpft werden, scheint es, daß das gewisse Ganze sich hier nicht aus seinem Innern heraus entwickelt und vollendet. Unser Bewußtsein läßt sich aber nicht scharf in einen passiven und einen aktiven Teil trennen; auch hier handelt es sich letzten Endes nur um einen Gradunterschied. Bewußtseinsfunktionen wie Assoziation und Erinnerung unterliegen nicht, wie das Assoziationsgesetz es fordert, den Bedingungen der äußeren Welt; ihre Antriebskräfte liegen in den inneren Eigenschaften der jeweiligen Menschen. D. h. wir können auch hier wieder davon sprechen, daß sich ein einheitliches Etwas von innen entwickelt. Beim sogenannten aktiven Bewußtsein zeigt sich dieses einheitliche Etwas als Idee deutlich im Bewußtsein, während es im passiven Bewußtsein unbewußt oder als eine Art Gefühl wirkt.

* Die Unterscheidung zwischen aktiv und passiv, der Unterschied, ob der Geist von innen wirkt oder Einwirkungen von außen empfängt, resultiert aus der Vorstellung, daß Bewußtseinsphänomene aus einer Wechselwirkung von Geist und Materie hervorgehen, – wobei durch das Denken unterstellt wird, daß Geist und Materie unabhängig voneinander existieren. Daher findet sich dieser Unterschied in der Tatsache der Reinen Erfahrung nicht. In der Tatsache der Reinen Erfahrung ist es nur ein Gradunterschied. Wenn wir eine deutliche Zielvorstellung haben, erachten wir sie als aktiv.

* Die Empiristen betonen, daß unser Bewußtsein sich gänzlich nach Maßgabe äußerer Funktionen entwickle. Wenn das Wirken äußerer Objekte aber nicht auf schon vorher bestehende Eigenschaften, die ihnen von innen antworten, trifft, kann kein Bewußtseinsphänomen zustandekommen. Es ist wie bei einem Samen, der sich ohne innere Wachstumskraft nie zu einer Pflanze entwickeln würde, wie sehr man ihn von außen auch hegte und nährte. Freilich könnte man auch sagen,

daß ein Same allein nicht zu einer Pflanze wird. Tatsächlich sind beide Sichtweisen einseitig. In der Tätigkeit der wahren Realität gibt es nur ein einziges Etwas, das sich selbst erzeugt und sich selbst entwickelt. *Innen* und *außen* und *aktiv* und *passiv* sind vom Denken zum Zweck der Erklärung eingeführte Unterscheidungen.

Ich glaube, der Gedanke, daß alle Bewußtseinsphänomene eine identische Struktur aufweisen, ist nicht schwer einzusehen. Gehen wir aber noch einen Schritt weiter, und ordnen wir auch die Ereignisse der natürlichen Welt, die wir gewöhnt sind, Phänomene der äußeren Welt zu nennen, derselben Struktur zu, wird es vielleicht schon schwieriger. Wie ich oben bereits gesagt habe, ist die Vorstellung von einer vom Bewußtsein getrennten rein materiellen Welt eine abstrakte Idee. Wahre Realität findet sich nicht außerhalb der Bewußtseinsphänomene. Die wahre Realität der unmittelbaren Erfahrung ist immer auf dieselbe Weise strukturiert.

* Es ist üblich zu denken, daß feste materielle Objekte als Tatsachen existieren; aber Tatsachen sind in Wirklichkeit immer Ereignisse. Der griechische Philosoph Heraklit prägte dafür die Formel »Alles fließt und nichts hat Bestand«: die Realität ist ein fließendes, niemals innehaltendes Kontinuum von Ereignissen.

* Auch was wir die objektive Außenwelt nennen, befindet sich nicht außerhalb unserer Bewußtseinsphänomene, sondern ist ein durch eine gewisse Einheitsfunktion vereinheitlichtes Etwas. Nur wenn diese Phänomene allgemein sind, d. h. wenn sie eine Einheit besitzen, die die des individuellen kleinen Bewußtseins übersteigt, erscheinen sie uns als eine von uns getrennte objektive Welt. Hier steht zum Beispiel eine Lampe. Solange nur ich sie sehe, kann ich sie auch für eine subjektive Illusion halten. Erst wenn alle sie auf gleiche Weise erkennen, wird sie zu einer objektiven Tatsache. Die objektive, unabhängige Welt entsteht aus diesen allgemeinen Eigenschaften.

Fünfter Abschnitt
DIE GRUNDSTRUKTUR DER WAHREN REALITÄT

Die Tatsachen, die wir erfahren, scheinen verschiedener Art zu sein, doch eine kurze Überlegung erweist, daß ihnen allen dieselbe Realität eignet, und daß sie alle nach demselben Schema strukturiert sind. Ich möchte nun über dieses fundamentale Schema aller Realität sprechen.

Zunächst müssen wir erkennen, daß im Hintergrund aller Realität ein gewisses einheitliches und vereinheitlichendes Etwas wirkt. Einige Philosophen glauben, daß wirklich einfache, unabhängige Elemente – wie zum Beispiel die Atome der Atomisten – die grundlegenden Realitäten sind. Diese Elemente sind jedoch bloß zum Zweck der Erklärung entwickelte abstrakte Konzepte, die in der Wirklichkeit nicht existieren können. Gesetzt, es gäbe hier ein Atom, dann müßte es notwendig irgendwelche Eigenschaften haben und Funktionen erfüllen. Ein völlig eigenschafts- und funktionsloses Ding wäre mit dem Nichts identisch. Ein einzelnes Ding jedoch wirkt immer nur in bezug auf ein anderes Ding; darüber hinaus muß ein drittes Drittes vorhanden sein, das diese beiden verknüpft und aufeinander wirken läßt. In dem Sinne, in dem man sagt, daß die Bewegung eines Objekts A sich auf ein Objekt B überträgt, muß zwischen beiden Objekten eine Kraft vermitteln. Auch für die Eigenschaften gilt, daß eine immer nur in bezug auf eine andere Eigenschaft sich konstituiert. Wenn zum Beispiel Rot die einzige Farbe wäre, dann könnte sie nie in Erscheinung treten; damit das Rote sichtbar wird, muß es andere Farben geben. Damit eine Eigenschaft mit einer anderen verglichen und von dieser unterschieden werden kann, müssen beide im Grunde identisch sein, denn zwei Dinge, die ihrer Art nach völlig verschieden sind und nicht irgendwelche Gemeinsamkeiten teilen, können weder miteinander verglichen noch voneinander unterschieden werden. Wenn auf diese Weise sich alle Dinge in Oppositionen konstituieren, dann muß in ihrem Ursprung ein vereinheitlichendes gewisses Etwas verborgen sein.

* Dieses vereinheitlichende Etwas ist als materielles Phänomen eine materiale Kraft, die in der Außenwelt existiert; als Bewußtseinsphänomen ist sie die vereinheitlichende Kraft des Bewußtseins. Wie ich schon dargestellt habe, müssen diese beiden Arten von Einheitsfunktionen ursprünglich jedoch derselben Art angehören, da in der Reinen Erfahrung materielle Phänomene und Bewußtseinsphänomene identisch sind. Die Kraft der Vereinheitlichung an der Basis unseres Denkens und unseres Wollens ist unmittelbar identisch mit der vereinheitlichenden Kraft im Ursprung aller kosmischen Phänomene. Die Gesetze unserer Logik und unserer Mathematik sind genau die Prinzipien, nach denen die kosmischen Phänomene strukturiert sind.

Für den Aufbau der Realität sind die eben beschriebene fundamentale Einheit und die gegenseitige Opposition, ja der Widerspruch notwendige Voraussetzungen. In dem Sinn, in dem Heraklit gesagt hat, daß der Krieg der Vater aller Dinge sei, wird die Realität durch den Widerspruch konstituiert. Rote Dinge entstehen im Widerspruch zu Farben, die nicht rot sind, und wirkende Dinge im Widerspruch zu Dingen, die diese Wirkungen erfahren. Mit dem Verschwinden des Widerspruchs würde sich auch die Realität auflösen. Ursprünglich sind auch der Widerspruch und die Einheit nicht mehr als ein und derselbe Sachverhalt, nur von zwei Seiten gesehen. Weil es Einheit gibt, gibt es Widerspruch; weil es Widerspruch gibt, gibt es Einheit. So stehen Dinge wie Schwarz und Weiß, die alle Punkte bis auf einen gemein haben, in entschiedenstem Widerspruch zueinander. Dinge wie die Tugend und ein Dreieck stehen weder in einem klaren Widerspruch zueinander noch bilden sie eine klare Einheit. Die mächtigste Realität ist die Versöhnung vielfältigster Widersprüche zu einer vollkommenen Einheit.

* Nur für das abstrakte Denken sind das Vereinende und das Vereinte voneinander getrennt, in der konkreten Realität

sind beide nicht voneinander zu sondern. Ein Baum existiert als eine Einheit von – in Blätter, Äste und Stamm – differenzierten Funktionen. Ein Baum ist nicht nur eine Ansammlung von Blättern, Ästen und Stamm; wenn der Baum als Ganzer nicht eine vereinheitlichende Kraft besäße, hätten auch Blätter, Äste und Stamm keine Bedeutung. Ein Baum existiert aufgrund der Opposition und der Einheit seiner Teile.

Es gibt, solange die vereinheitlichende Kraft und das, was vereinheitlicht wird, voneinander getrennt sind, keine Realität. Wenn ein Mensch zum Beispiel Steine aufeinandergehäuft hat, haben die Steine und der Mensch nichts mehr miteinander zu tun und doch ist der Steinhaufen ein künstliches Produkt, das keine unabhängige Realität besitzt. Die Realität ist zugleich eines und vieles und vice versa, sie enthält in der Gleichheit Unterschiede und ist in ihren Unterschieden gleich. Das ist ihre grundlegende Struktur. Nur weil diese beiden Seiten nicht voneinander zu trennen sind, ist überhaupt ein sich selbst entfaltendes Einzelnes möglich. Die unabhängige, selbstbestimmte wahre Realität besitzt immer diese Form; andere Vorstellungen entspringen nur unserem abstrakten Denken.

* Die Realität konstituiert in sich selbst ein System. Nur diese Eigenschaft ist es, die uns an eine unbezweifelbare Realität glauben läßt. Dinge, die umgekehrt kein System bilden – wie zum Beispiel der Traum –, halten wir nicht für real.

Die Realität, die auf diese Weise wirklich das eine im vielen ist, muß endlose Selbstbewegung sein. Ein Ruhezustand ist unabhängig und steht zu anderen Zuständen in keinem Widerspruchsverhältnis; d. h. er ist ein Zustand, der das viele und damit auch die Realität ausschließt. Wenn aus der Einheit ein gewisser Zustand sich profiliert, muß auch unmittelbar ein anderer, diesem widersprechender Zustand sich etablieren. Auf eine Einheit antwortet unmittelbar eine sie zerstörende Nichteinheit. Die wahre Realität besteht aus einem solchen unendlichen Widerspruch. Mit Verweis auf das Gesetz von der Erhaltung der Energie, sagen die Physiker, daß die

Realität begrenzt sei. Aber dies ist eine Hypothese, die Erklärungen erleichtern soll. Sie gehört zu der gleichen Art Vorstellungen wie die von der Begrenztheit des Raumes, die nur die abstrakte Seite sehen, die andere aber vergessen.

* Alles Lebendige schließt den unendlichen Widerspruch in sich ein, d. h. das Vermögen unendlicher Wandlungen. Der Geist wird lebendig genannt, weil er den unendlichen Widerspruch in sich trägt, und weil er niemals innehält. Wenn er einmal an einem Zustand festhält und in keine anderen Widersprüche mehr übergehen kann, ist er tot.

Daß die Realität aus etwas entsteht, das ihr widerspricht, bedeutet nicht, daß dieser Widerspruch aus einem anderen hervorgeht; er erwächst immer aus sich selbst. Wie ich oben gesagt habe, ist der Ursprung des Widerspruchs die Einheit, und der unendliche Widerspruch entwickelt sich als notwendiges Resultat seiner inneren Eigenschaften. Daher ist die wahre Realität eine freie Entfaltung eines einheitlichen Etwas aus innerer Notwendigkeit. Durch Raumbegrenzungen ergeben sich die mannigfaltigsten geometrischen Figuren, die einander entgegengesetzt sind und charakteristische Eigenschaften haben. Aber sie stehen nicht in ihrer Jeweiligkeit in Opposition zueinander, da sie alle den notwendigen Eigenschaften des *einen* Raums gemäß zusammengesetzt sind. Auch die – von uns so genannten – Naturphänomene bestehen in Wirklichkeit weder aus unabhängigen Elementen, noch können sie losgelöst von unseren Bewußtseinsphänomenen existieren; – ganz wie im Fall der endlosen Entwicklung der räumlichen Eigenschaften. D. h. alles entsteht aus einer Einheitsfunktion und kann daher als Entwicklungsmoment *einer* Natur betrachtet werden.

* Hegel sagte, daß das Vernünftige das Wirkliche ist und daß das Wirkliche notwendig vernünftig ist. Diesem Diktum ist oft widersprochen worden, dennoch drückt es eine unerschütterliche Wahrheit aus. Noch das kleinste unter den kosmischen Phänomenen ist kein Zufallsprodukt ohne Beziehung zu einem Vorher oder einem Nachher. Es hat mit Notwendigkeit

eine Entstehungsursache. Daß wir es für zufällig erachten, beweist nur die Unzulänglichkeit unseres Verstandes.

Wir glauben gewöhnlich, daß es ein Subjekt der Handlung geben muß, ein Subjekt, dem alles Handeln entspringt. Von der unmittelbaren Erfahrung her gesehen ist aber die Handlung an sich die Realität. Das vermeintliche Subjekt ist nur eine abstrakte Idee, die wir entwickeln, weil wir annehmen, daß der Gegensatz zwischen der *Einheit* und ihrem *Inhalt* zwei selbständige Realitäten setzt.

Sechster Abschnitt
DIE EINZIGE REALITÄT

Die Realität ist, wie ich oben gesagt habe, eine Bewußtseinstätigkeit. – Die übliche Auffassung ist nun aber, daß, weil im Bewußtsein jetzt ein Ding auftaucht und jetzt schon wieder verschwindet, *dieselbe* Tätigkeit nicht ewig dauern kann. Bedeutet dies aber nicht, daß – im kleinen – die Erfahrung unseres Lebens und – im großen – die Entwicklung des Kosmos bis zum heutigen Tag zusammenhangslos wie leere Phantastereien sind, und daß sie keine einheitliche Basis haben? Ich möchte auf diesen Zweifel antworten, daß die Realität aus wechselseitigen Beziehungen hervorgeht, – und daß der Kosmos die *eine* Tätigkeit einer *einzigen* Realität ist.

Ich habe kurz erklärt, wie die Bewußtseinstätigkeit durch die Einheit innerhalb eines gewissen Bereichs hervorgebracht wird, aber es gibt immer noch viele, die an eine solche Einheit auch außerhalb gewisser Bereiche nicht glauben. So nehmen sie zum Beispiel an, daß das gestrige Bewußtsein und das heutige Bewußtsein völlig unabhängig voneinander seien und nicht als *ein* Bewußtsein erachtet werden können. Vom Standpunkt der unmittelbaren Erfahrung her gesehen, ist auch dieser Unterschied nur ein relativer und kein absoluter. Auch die Prozesse des Denkens und des Wollens, die von jedermann für einheitliche Bewußtseinsphänomene erachtet werden, sind nur Ketten von Ideen mit verschiedenen Aspekten. Wenn man sie im einzelnen betrachtet, kann man auch glauben, daß jede dieser Ideen ein Bewußtsein für sich ist. Aber die einzelnen Ideen dieser Kette sind keine selbständigen Realitäten; und wenn wir sie als eine Bewußtseinstätigkeit ansehen können, dann können wir auch im gestrigen und heutigen Bewußtsein *eine* Bewußtseinstätigkeit sehen. Wenn wir tagelang über ein Problem nachdenken oder eine Sache planen, können wir deutlich erkennen, daß dabei kontinuierlich dasselbe Bewußtsein wirkt, das nur nach der Länge der Zeit differiert.

* In der Bewußtseinseinheit sind die simultanen Einheiten (wie die der intellektuellen Wahrnehmung), die sukzessiven Einheiten (wie die der Assoziation und des Denkens) und auch die ein ganzes Leben andauernde Einheit der Selbstwahrnehmung zwar dem Grad nach unterschieden, besitzen aber dieselben Eigenschaften.

Der Gedanke, daß Bewußtseinsphänomene sich von Augenblick zu Augenblick verwandeln, dasselbe Bewußtsein sich kein zweites Mal wiederholt, und daß es sich um zwei völlig verschiedene Bewußtseine handelt, selbst wenn das gestrige und das heutige Bewußtsein ihrem Inhalt nach identisch sind, ist nicht vom Standpunkt der unmittelbaren Erfahrung her entwickelt; im Gegenteil, er ist das Resultat der Hypostasierung der Zeit und des daraus folgenden Schlusses, daß Bewußtseinsphänomene sich in der Zeit abspielen. Wenn man annimmt, daß Bewußtseinsphänomene nach dem Schema der Zeit konstituiert sind, dann können sie – dem Wesen der Zeit entsprechend –, wenn sie einmal vergangen sind, kein zweites Mal wiederkehren. Die Zeit kennt nur eine Richtung; selbst Bewußtseinszustände mit völlig identischem Inhalt können im Hinblick auf die Form der Zeit schon nicht mehr identisch genannt werden. Kehren wir aber jetzt zum Ursprung der unmittelbaren Erfahrung zurück, muß sich diese Beziehung umkehren. Die Zeit ist nur eine Form, nach der der Inhalt unserer Erfahrungen sich ordnet, daher müssen, damit der Gedanke der Zeit entsteht, erst die Bewußtseinsinhalte vereinigt, vereinheitlicht und zu einem werden. Sonst könnten wir nicht – ein Nachher an ein Vorher anbindend – zeitlich denken. So wird die Einheitsfunktion des Bewußtseins nicht von der Zeit kontrolliert, sondern umgekehrt die Zeit durch diese Einheitsfunktion geschaffen. Das Bewußtsein gründet auf ein gewisses unwandelbares Etwas, das die Zeit transzendiert.

* Von der unmittelbaren Erfahrung aus gesehen, ist derselbe Bewußtseinsinhalt unmittelbar dasselbe Bewußtsein, und weil unser gestriges und unser heutiges Bewußtsein – so wie die Wahrheit jederzeit dieselbe ist – demselben System angehören und denselben Inhalt besitzen, bilden sie unmittelbar nur *ein* Bewußtsein. Auch das Leben eines Individuums ist eine Bewußtseinsentwicklung, die ein System dieser Art herausbildet.

* Insofern liegt dem Geist immer ein gewisses unwandelbares Etwas zugrunde, das sich von Tag zu Tag weiterentwikkelt. Mit dem *Verlauf der Zeit* meinen wir die Bewegung eines vereinheitlichenden Fokus, der diese Entwicklung begleitet. Diesen Fokus nennen wir *Jetzt*.

Wenn nun, wie ich es beschrieben habe, am Grunde unseres Bewußtseins eine unwandelbare vereinheitlichende Kraft wirkt, taucht die Frage auf, in welcher Form sie existiert und wie sie sich erhält. Die Psychologie reduziert den Ursprung einer solchen Einheitsfunktion auf die Materie, die sie Gehirn nennt. Da aber, wie ich oben schon dargelegt habe, die Annahme bewußtseinsunabhängiger Körper aus der unwandelbaren Einheit der Bewußtseinsphänomene abgeleitet ist, scheint eher die Einheitsfunktion, die sich in der unmittelbaren Einheit des Bewußtseinsinhalts zeigt, die eigentlich ursprüngliche Tatsache zu sein. Diese vereinheitlichende Kraft entspringt nicht einer gewissen *anderen* Realität, die Realität entspringt vielmehr dieser Funktion. Die Menschen glauben, daß es im Kosmos ein bestimmtes unwandelbares Prinzip gibt, aus dem alles hervorgeht. Dieses Prinzip ist nichts anderes als die Einheitskraft aller Dinge und zugleich die Einheitskraft des Bewußtseinsinneren. Das Prinzip wird nicht von Geist und Materie getragen, es läßt Geist und Materie vielmehr erst entstehen. Das Prinzip ist selbständig-autark, unabhängig von der Jeweiligkeit der Zeit, des Raums, der Menschen und unbeeinflußt vom Wechsel der Verhältnisse.

* Gemeinhin verstehen wir unter Prinzip eine Funktion, die die Ideenverknüpfungen im subjektiven Bewußtsein kontrolliert, diese Funktion ist aber nur eine Spur der Aktivität des Prinzips, nicht das Prinzip selbst. – Das Prinzip selbst ist schöpferisch; wir können uns in ihm entfalten und nach seiner Maßgabe wirken. Wir sind aber außerstande, es als Gegenstand des Bewußtseins zu sehen.

* Zu sagen, ein Ding existiert, bedeutet im allgemeinen, daß es an einem bestimmten Ort zu einer bestimmten Zeit in einer bestimmten Form existiert. Was ich hier *Prinzip* nenne, existiert aber auf eine andere Weise. Denn was an einen bestimmten Ort gebunden ist, kann das Werk der Vereinheitlichung nicht leisten, kann nicht das lebendige und wahre Prinzip sein.

So wie das individuelle Bewußtsein – in dem das gestrige und das heutige Bewußtsein unmittelbar eins sind – eine einzige Realität ist, stellt auch das Bewußtsein unseres Lebens eine Einheit dar. Führen wir diesen Gedanken weiter, zeigt sich, daß dies nicht nur für den individuellen Bereich gilt. Wir können auch das aus demselben Grund mit dem Bewußtsein anderer verknüpfte Bewußtsein als Einheit betrachten. Nach der Art des Prinzips, das immer dasselbe bleibt, wer auch immer darüber nachdenkt, liegt auch unserem Bewußtsein ein universelles Element zugrunde. Ihm verdanken wir, daß wir einander verstehen und miteinander kommunizieren können. Die sogenannte universelle Vernunft durchzieht nicht nur den Grund des allgemeinen Menschengeistes: wie reich ein Mensch, der in einer bestimmten Gesellschaft geboren wurde, an Originalität auch sein mag, er kann sich der Herrschaft des für diese Gesellschaft spezifischen Geistes nicht entziehen. Der Geist eines Individuums ist nicht mehr als eine Zelle des gesellschaftlichen Geistes.

* Die Verknüpfung eines individuellen Bewußtseins mit einem anderen ist also mit der Verknüpfung des gestrigen Bewußtseins mit dem heutigen in demselben Individuum *identisch.* Es scheint zwar so, daß im ersteren Fall eine nur mittelbare Verknüpfung von außen stattfinde, im letzteren aber eine unmittelbare von innen. Unter dem Aspekt der Verknüpfung von außen, läßt sich auch die letztere als äußerliche Verknüpfung sehen, da sie auch eine Verknüpfung gewisser Symbole der inneren Empfindung ist und insofern identisch mit der Verknüpfung der Bewußtseine mehrerer Individuen, die durch sprachliche u. ä. Symbole sich vollzieht. Unter dem Aspekt der Verknüpfung von innen, ist auch die erstere eine unmittelbare Verknüpfung, da auch den Beziehungen zwischen Individuen eine ursprüngliche Identität zugrunde liegt.

Auch die sogenannte objektive Welt ist, wie ich schon mehrmals gesagt habe, nicht etwas von unserer Subjektivität Abgetrenntes. Die Einheitskraft der objektiven Welt und die der subjektiven Welt sind identisch. Das heißt, daß die sogenannte objektive Welt und das Bewußtsein aus demselben Prinzip hervorgehen. Aus diesem Grund kann der Mensch durch das Prinzip im Innern seines Selbst das Grundprinzip des Aufbaus des Kosmos verstehen. Eine Welt, die sich von unserer Bewußtseinseinheit unterschiede, wäre uns völlig fremd und unzugänglich. Eine Welt, von der wir wissen und die wir verstehen können, muß unter einer mit unserem Bewußtsein identischen Einheitskraft stehen.

Siebter Abschnitt
DIE SELBSTDIFFERENTIATION UND ENTWICKLUNG DER REALITÄT

Wenn man von dem Gedanken ausgeht, daß es eine vom Bewußtsein abgetrennte Welt gibt, kann man vielleicht auch annehmen, daß die Dinge unabhängig voneinander existieren.

Geht man aber von dem Gedanken aus, daß die Bewußtseinsphänomene die einzige Realität sind, muß man sagen, daß allen Phänomenen des Kosmos nur eine Einheitskraft zugrunde liegt, und daß alle Dinge Erscheinungen derselben Realität sind. Mit dem Fortschritt unserer Erkenntnis wächst unsere Gewißheit über dieses eine Prinzip. Ich werde jetzt versuchen darzustellen, wie aus der einen Realität die verschiedenen und unterschiedlichen Widersprüche hervorgehen.

Die Realität ist eine Einheit, die den Widerspruch in sich faßt. Wenn es hier eine Realität gibt, dann gibt es dort notwendig eine ihr widersprechende andere Realität. Aber in diesem wechselseitigen Widerspruch sind diese beiden keine unabhängigen Realitäten, sondern müssen zu einer Einheit zusammengefaßt sein. D. h. sie müssen sich aus der einen Realität differenziert und entwickelt haben. Wenn beide dann vereinheitlicht sind und als eine Realität erscheinen, muß ein neuer Widerspruch auftreten. Aber auch in diesem Augenblick muß in ihrem Hintergrund eine Einheit wirken. Auf diese Weise bringt die Entwicklung eine unendliche Einheit hervor. In umgekehrter Richtung gedacht, kann man sich vorstellen, daß die eine unendliche Realität, indem sie sich selbst differenziert und entwickelt, vom Kleinen zum Großen und vom Flachen zum Tiefen fortschreitet. Dieser Prozeß ist die Form, in der die Realität zur Erscheinung kommt, in der die kosmischen Phänomene entstehen und sich fortentwickeln.

* Dieser Entwicklungsprozeß der Realität läßt sich deutlich an unseren Bewußtseinsphänomenen beobachten. Zum Beispiel am Willen. Insofern der Wille bestimmte Idealvorstellungen zu verwirklichen versucht, kennzeichnet er einen Widerspruch zwischen Gegenwart und Ideal. Wenn aber der Wille verwirklicht und das Ideal erreicht ist, tritt dessen Gegenwart mit einem anderen Ideal in Widerspruch und ein neuer Wille entsteht. Dergestalt entwickeln und verwirklichen wir unser Selbst solange wir leben und so weit wie möglich. Auch in der Entwicklung der Lebewesen können wir

dieselbe Form erkennen. Denn das Leben der Organismen ist offensichtlich eine ruhelose Tätigkeit; nur das anorganische Dasein scheint sich dieser Form nicht fügen zu wollen. – Doch darüber werde ich im Zusammenhang der Natur sprechen.

Wie entstehen nun die vielfältigen Unterschiede der Realität aus der ihr zugrunde liegenden Form? Zunächst, woraus entsteht der Unterschied zwischen dem sogenannten Subjekt und dem sogenannten Objekt? Subjekt und Objekt existieren nicht losgelöst voneinander, sie sind die zwei aufeinander bezogenen Seiten der einen Realität. Das Subjekt ist die vereinheitlichende Seite, das Objekt die vereinheitlichte Seite. Es ist immer das *Ich*, das die Realität vereinheitlicht; es ist immer das *Ding*, das vereinheitlicht wird. (Objekt bedeutet hier keine vom Bewußtsein losgelöste Realität, sondern nur ein Bewußtseinsphänomen.) Wenn wir zum Beispiel irgend ein Ding wahrnehmen oder denken, hat das Selbst die Funktion, diesen mit jenem Aspekt zu vergleichen und zu vereinheitlichen; das Ding steht ihm als Gegenstand gegenüber, d. h. es dient ihm als Material des Vergleichs und der Vereinheitlichung. Betrachtet man von einem späteren Bewußtsein her ein früheres, so scheint es, als könne man das Selbst wie einen Gegenstand beobachten. Aber dieses Selbst ist nicht das wahre Selbst. Das wahre Selbst ist der präsente Beobachter respektive das vereinheitlichende Moment. In diesem Augenblick ist die frühere Einheit bereits einmal vollendet und als Material der nächsten Einheit in dieser eingeschlossen. Auf diese Weise ist das Selbst etwas, das unendlich Einheit stiftet. Es kann nie als Gegenstand zum Material eines Vergleichs oder einer Vereinheitlichung werden.

* Auch von der Psychologie her gesehen ist unser Selbst das das Bewußtsein vereinheitlichende Moment. Von unserem Standpunkt – daß das Bewußtsein die einzige wahre Realität ist – her gesehen, vereinheitlicht das Selbst die ganze Realität. Obgleich man in der Psychologie behauptet, daß dieses einheitsstiftende Selbst losgelöst und unabhängig vom Vereinheitlichten existiert, ist es nur eine abstrakte Idee. Tatsächlich

gibt es kein von den Dingen losgelöstes Selbst. Unser Selbst ist unmittelbar und als solches die Einheitskraft der Realität des Universums.

* Auch die Unterscheidung zwischen geistigen und materiellen Phänomenen weist nicht auf zwei verschiedene Realitäten hin. Die geistigen Phänomene repräsentieren die vereinheitlichende, subjektive Seite, die materiellen Phänomene die vereinheitlichte, objektive Seite; sie repräsentieren die beiden entgegengesetzten Seiten der einen identischen Realität. Für den, der nur die eine Seite sieht, wird alles zum geistigen, zum Subjekt gehörigen Phänomen. Sieht man hingegen von der vereinheitlichenden Seite ab, wird alles zum objektiven, materiellen Phänomen. (Der Gegensatz zwischen Idealismus und Materialismus entsteht aus solchen Einseitigkeiten.)

Woraus entsteht – des weiteren – die Unterscheidung zwischen aktiv und passiv? Auch der Unterschied zwischen aktiv und passiv bedeutet nicht, daß es zweierlei Realitäten gibt; er kennzeichnet nur die zwei Seiten derselben Realität. Die vereinheitlichende Seite ist immer aktiv, die vereinheitlichte Seite immer passiv. Wenn wir zum Beispiel sagen, unser Wille war tätig, heißt das, daß eine einheitliche Idee, nämlich das Ziel des Willens verwirklicht worden ist beziehungsweise Einheit geschaffen wurde. Zu sagen, der ganze Geist hat gewirkt, bedeutet, daß das Ziel der Einheit erreicht wurde. Wenn dies nicht gelang, und die Vereinheitlichung durch ein anderes bewirkt wurde, sprechen wir von Passivität. Auch in bezug auf die materiellen Phänomene zu sagen, ein A wirke auf ein B, bedeutet, daß in den Eigenschaften von A Eigenschaften von B enthalten sind und verallgemeinert wurden. – Somit ist die wahre Bedeutung von Aktivität Einheit; am Ort der Einheit sind wir aktiv und frei. Im Gegensatz dazu sind wir, wenn wir von einem anderen vereinheitlicht werden, passiv und unterstehen den Gesetzen der Notwendigkeit.

* Gewöhnlich erachtet man das, was in einem Zeitverlauf vorausgeht, für das Agens. Aber das, was zeitlich vorausgeht, ist nicht notwendig ein aktives Moment, denn ein Agens muß

Kraft besitzen. Mit Kraft meinen wir aber die Einheitsfunktion der Realität. Wir sagen etwa, die Bewegung der Materie entstamme einer kinetischen Energie; diese Energie zeigt aber nichts anderes als eine unveränderliche Beziehung zwischen gewissen Phänomenen an, sie ist daher das einheitsstiftende Moment, das diese Phänomene miteinander verbindet. In einem strengen Sinne ist also nur der Geist aktiv.

Ein Wort über den Unterschied von Unbewußtsein und Bewußtsein: die subjektive Einheitsfunktion ist immer unbewußt, während der Gegenstand der Vereinheitlichung als Bewußtseinsinhalt erscheint. Auch am Denken und am Willen können wir beobachten, daß die eigentliche Einheitsfunktion selbst immer unbewußt ist. Nur wenn man über sie zu reflektieren versucht, erscheint sie als Vorstellung im Bewußtsein. In diesem Augenblick ist sie aber keine Einheitsfunktion mehr, sondern selbst schon Gegenstand der Vereinheitlichung. Weil die Einheitsfunktion, wie oben dargelegt, immer subjektiv ist, muß sie auch immer unbewußt sein. Das Unbewußte ist, wie auch Hartmann gesagt hat, Aktivität: der Ort des Subjekts und der Zustand des Tätigseins sind immer unbewußt. Ein Bewußtsein hingegen, dessen wir uns als eines objektiven Gegenstands bewußt sind, ist schon nicht mehr aktiv. Solange man sich bei der Einübung einer Kunst, um ein Beispiel zu nennen, jeder einzelnen Bewegung noch bewußt ist, lebt die Kunst noch nicht wirklich; erst mit dem Erreichen eines unbewußten Zustands erwacht die Kunst zum Leben.

* Weil in den Augen der Psychologie alle geistigen Phänomene Bewußtseinsphänomene sind, existieren für sie keine unbewußten Geistesphänomene. Unsere geistigen Phänomene sind jedoch nicht nur Vorstellungsketten. Erst durch die Tätigkeit des Unbewußten, die sie verbindet und vereinheitlicht, kommen geistige Phänomene zustande.

Betrachten wir uns zuletzt das Verhältnis von Phainomenon und Noumenon: auch dieses läßt sich als ein Verhältnis zwischen den beiden Seiten der Realität erklären. Was wir das

Noumenon der Dinge nennen, ist die Einheitskraft der Realität; Phainomenon bezeichnet den Zustand des Widerspruchs in der differenzierenden Entwicklung der Realität. Wenn ich zum Beispiel sage, hier existiert das Noumenon, die Substanz eines Tisches, bedeutet das, unser Bewußtsein bildet sich immer in bezug auf eine bestimmte fixe Einheit; die Rede von einem unwandelbaren Noumenon weist nur auf diese Einheitskraft hin.

* Diese Redeweise zwingt uns dazu, das wahre Subjekt das Noumenon der Realität zu nennen – und doch denken wir normalerweise, daß die Dinge im Objektiven zuhause sind. – Dies kommt aber allein daher, daß wir ein abstraktes Subjekt mit dem wahren Subjekt verwechseln. Ein solches abstraktes Subjekt ist eine kraftlose Idee, die es angemessener erscheinen läßt, zu behaupten, daß das Noumenon der Dinge dem Objektiven angehöre. Genaugenommen ist aber auch eine von der Subjektivität losgelöste Objektivität abstrakt und kraftlos. Das wahrhaft aktive Noumenon der Dinge ist die Einheitskraft als die ursprüngliche realitätsschaffende Funktion. Diese muß das wahre Subjekt sein.

Achter Abschnitt
DIE NATUR

Es gibt nur eine Realität, die sich – den verschiedenen Sichtweisen entsprechend – in verschiedenen Formen zeigt. Wir sprechen von der Natur und meinen damit eine von unserem Subjekt völlig losgelöste objektive Realität. Aber genaugenommen ist auch die Natur, weit entfernt davon, wahre Realität zu repräsentieren, nur ein abstrakter Begriff. Das Noumenon der Natur ist letztlich die Tatsache der unmittelbaren Erfahrung, in der Subjekt und Objekt noch nicht voneinander getrennt sind. Die Dinge zum Beispiel, die wir wirklich für Pflanzen halten, sind Tatsachen unserer unmittelbaren Wahrnehmung, die lebendige Farbe und Form besitzen.

Nur wenn wir von dieser konkreten Realität den subjektiven Anteil abziehen, können wir uns eine rein objektive Natur denken. Wenn man diese Denkweise in ihr Extrem treibt, entsteht die sogenannte Natur im strengsten Sinn der Naturwissenschaft, – ein abstraktes, weit von der wahren Realität entferntes Ding.

* *Natur* meint den Rest, der bleibt, wenn von der konkreten Realität die subjektive Seite, d. h. aber die Einheitsfunktion abgezogen wurde. Daher hat die Natur kein Selbst. Die Natur wird – nach notwendigen Gesetzen – von außen bewegt. Sie kann sich nicht spontan aus sich selbst bewegen. Folglich ist der Zusammenhang und die Einheit der Naturphänomene anderer Art als die innere Einheit der geistigen Phänomene. Die Natur besitzt nur einen zufälligen Zusammenhang in der Zeit und im Raum. Die durch die sogenannte induktive Methode erschlossenen Naturgesetze enden bei der Hypothese, daß eines die Ursache eines anderen ist, weil zwei verschiedene Phänomene immer innerhalb eines unveränderlichen Kontinuums auftreten. Über diese Erklärung kann die Naturwissenschaft nicht hinauskommen, unabhängig davon, welche Fortschritte sie noch machen wird. Sie kann nur noch exakter und allgemeiner werden.

Die Tendenz der heutigen Naturwissenschaft ist, so objektiv wie möglich zu werden. Die psychischen Phänomene müssen physiologisch, die physiologischen chemisch, die chemischen physikalisch und die physikalischen Phänomene mechanisch erklärt werden. Was ist nun die rein mechanische Erklärung, die die Basis aller anderen Erklärungen ausmacht, für ein Ding? Die reine Materie ist eine Realität, die zu erfahren wir völlig außerstande sind. Und wenn wir doch etwas von ihr erfahren könnten, dann nur das, was als Bewußtseinsphänomen in unserem Bewußtsein in Erscheinung träte. – Was als Bewußtseinstatsache in Erscheinung tritt, ist aber durch und durch subjektiv und kann nicht reine Materie genannt werden. Reine Materie hat keine positive Eigenschaft, die erfaßt werden könnte, sie besitzt nur rein quantitative Charakteristika wie Beweglichkeit in Raum und Zeit. Der Begriff der Materie ist ebenso abstrakt wie die Begriffe der Mathematik.

* Wir glauben, daß die Materie den Raum erfüllt und gleichsam unmittelbar wahrnehmbar wäre. Die Ausdehnung von Dingen, die wir konkret erfassen können, sind jedoch nur Bewußtseinsphänomene der Tast- und Sehempfindung. Die Materie ist nicht notwendig vielfältig, nur weil sie in unserer Empfindung groß erscheint. In der Physik wird die Quantität der Materie an der Größe der Kraft gemessen, d. h. aus funktionalen Beziehungen erschlossen und ist so entschieden keine unmittelbar wahrgenommene Tatsache.

Wenn man denkt, daß die Natur rein materiell sei, wird der Unterschied zwischen Tieren, Pflanzen und Organismen hinfällig, da alles Funktion einer mechanischen Kraft wird; und die Naturphänomene verlieren alle besonderen Charakteristiken und Bedeutungen. Ein Mensch und ein Erdklumpen unterscheiden sich dann in nichts mehr. – Aber die wahre Natur, die wir wirklich erfahren, hat nichts mit jenem abstrakten Begriff von Natur, den ich beschrieben habe, zu tun, ist also auch nicht Funktion nur einer mechanischen Kraft. Tiere sind Tiere. Pflanzen sind Pflanzen. Minerale sind Minerale. Ein jedes ist eine konkrete Tatsache. Berge, Flüsse, Gräser, Bäume, Käfer, Fische, Vögel und wilde Tiere, – alle sind mit eigenen Individualitäten ausgestattet, und alle können von verschiedenen Standpunkten her erklärt werden. Aber als unmittelbar gegebene, unmittelbar wahrgenommene Tatsachen der Natur sind sie absolut unverrückbar.

* Daß wir üblicherweise die rein mechanische Natur zur wahren objektiven Realität machen und die konkrete Natur in der unmittelbaren Erfahrung als subjektives Phänomen verstehen, folgt aus der Hypothese, daß alle Bewußtseinsphänomene subjektive Phänomene des Selbst sind. – Aber noch einmal: wir können uns keine völlig von Bewußtseinsphänomenen losgelöste Realität denken. Wenn subjektiv nun aber bedeutet, in Beziehung zu Bewußtseinsphänomenen zu ste-

hen, dann ist auch die rein mechanische Natur subjektiv. Denn wir können uns Raum, Zeit und Bewegung nicht losgelöst von Bewußtseinsphänomenen vorstellen; sie sind nur relativ objektiv, nicht absolut objektiv.

Natur als wahrhaft konkrete Realität kann nicht gänzlich ohne eine vereinheitlichende Funktion entstehen. Auch die Natur besitzt eine Art Selbst. Eine Pflanze, ein Tier, die vielfältigen Metamorphosen und Bewegungen, in denen sie sich ausdrücken, sind nicht nur Kombinationen und mechanische Bewegungen bedeutungsloser Materie; da jedes einzelne auch eine unaufkündbare Beziehung zum Ganzen besitzt, müssen sie als Offenbarung eines einheitlichen Selbst gedeutet werden. Die Krallen, die Beine, die Nase und das Maul eines Tieres zum Beispiel dienen alle dem Zweck seines Überlebens und man kann ihre Bedeutung nicht unabhängig davon erklären. – Zumindest also bei der Erklärung der Tier- und Pflanzenphänomene muß man eine solche vereinheitlichende Kraft der Natur voraussetzen. – Biologen erklären das Phänomen des Lebens mit einem Lebenstrieb; aber nicht nur in den Lebewesen wirkt diese Einheitsfunktion, schon in den Kristallen der anorganischen Substanz tritt sie zu einem gewissen Grad in Erscheinung. Alle Metalle besitzen eine ihnen eigentümliche kristalline Gestalt. Beginnend mit den Kristallen der anorganischen Substanzen bis zu den Organismen der Pflanzen und Tiere tritt das Selbst bzw. die Einheitsfunktion der Natur immer deutlicher hervor. (Das wahre Selbst wird erst im Geist sichtbar.)

* Vom streng mechanistischen Standpunkt der heutigen Wissenschaft her gesehen, muß auch die zweckgerichtete Entwicklung der Organismen mit den Gesetzen der Physik und der Chemie erklärt werden; oder anders gewendet, sie wird zum Resultat von Zufällen. Da aber ein solches Denken zu viele Tatsachen außer acht läßt, versuchen die Wissenschaftler eine Erklärung mittels der Hypothese einer latenten Wirkkraft, die besagt, daß im Ei oder im Samen der lebenden Materie eine die jeweiligen Lebewesen hervorbringende la-

tente Kraft eingeschlossen ist. Diese latente Kraft entspricht dem, was ich hier die Einheitskraft der Natur nenne.

* Doch selbst wenn man bei der Erklärung der Natur neben einer mechanischen Kraft das Wirken einer solchen Einheitskraft anerkennt, müssen die beiden nicht notwendig miteinander kollidieren. Im Gegenteil: Beide fügen sich zu einer vollkommenen Erklärung der Natur zusammen. Stellen wir uns eine Bronzestatue vor. Obgleich das Material, aus dem sie besteht, die Bronze, den Gesetzen der Physik und der Chemie unterworfen sein mag, sehen wir in ihr nicht nur einen Klumpen Bronze, sondern ein Werk der Kunst, das unsere Ideale zum Erscheinen bringt; mit anderen Worten: etwas, das durch die Einheitskraft unserer Ideale zur Erscheinung gebracht worden ist. Dabei gehören die Einheitsfunktion dieser Ideale und die physikalischen Gesetze, die das Material selbst beherrschen, verschiedenen Bereichen an, so daß sie sich gegenseitig nicht zu stören brauchen.

Da ist also ein einheitliches Selbst, danach ein Zweck in der Natur, dann Bedeutung, und schließlich entsteht zum ersten Mal lebendige Natur. Diese Einheitskraft, die das Leben der Natur ausmacht, ist kein von unserem Denken erkünstelter Begriff, vielmehr eine in unserer unmittelbaren Wahrnehmung aufscheinende Tatsache. Wir betrachten eine Blume, die wir lieben, ein Tier, das uns vertraut ist, und unmittelbar erfassen wir ein einheitliches Etwas in seiner Ganzheit: das Selbst dieses Dinges, sein Noumenon. Künstler sind Meister solcher Art Intuition; mit einem Blick erfassen sie die ganze Wirklichkeit des Dinges in ihrer Einheit. Was sie zum Ausdruck bringen, ist keine oberflächliche Tatsache, sondern das unwandelbare Noumenon, das in der Tiefe der Dinge verborgen ruht.

* Goethe widmete sich mit Leidenschaft der Erforschung der lebenden Materie und war ein Wegbereiter der heutigen Evolutionstheorie. Seine Theorie besagt, daß sich im Hintergrund der Naturphänomene ein Urphänomen verbirgt; Dichter können es intuitiv wahrnehmen. Die verschiedenen Pflan-

zen und Tiere sind Metamorphosen einer ursprünglichen Pflanze und eines ursprünglichen Tiers, die die Urphänomene darstellen. In den heutigen Tieren und Pflanzen verkörpert sich eine bestimmte unveränderliche Urform. Goethe hat auf dieser Theorie fußend gelehrt, daß alles Leben Resultat einer Evolution ist.

Wie können wir uns dieses im Hintergrund der Natur verborgene einheitsstiftende Selbst vorstellen? Da wir annehmen, daß Naturphänomene rein objektiv sind und in keiner Beziehung zu unserem Subjekt stehen, nehmen wir auch an, daß diese Einheitskraft der Natur ein uns völlig unzugängliches und unerkennbares Etwas ist. Wie ich schon dargestellt habe, sind in der wahren Realität Subjekt und Objekt nicht voneinander getrennt, und die wirkliche Natur ist nicht nur der abstrakte Begriff ihrer objektiven Seite. Sie ist vielmehr eine konkrete Bewußtseinstatsache, die mit Subjekt und Objekt ausgestattet ist. Also ist ihr einheitliches Selbst kein unerkennbares Etwas ohne jegliche Beziehung zu unserem Bewußtsein; es ist nämlich die Einheitsfunktion unseres Bewußtseins selbst. Unser Verständnis des Sinns und des Zwecks der Natur gründet daher auf der subjektiven Einheit der Ideale, der Gefühle und des Willens unseres Selbst. Wenn uns Gefühl und Wille mangelten, könnten wir zum Beispiel die Tiere nicht verstehen, weil wir das Verständnis der den verschiedenen Organen und Verhaltensweisen der Tiere zugrunde liegenden Bedeutung unserer gefühlsmäßigen Intuition verdanken. Indem unsere Ideale und Emotionen höher und tiefer werden und immer weiter reichen, lernen wir nach und nach die wahre Bedeutung der Natur zu verstehen. Kurz, unsere subjektive Einheit und die objektive Einheit der Natur sind identisch; von ihrer objektiven Seite betrachtet, erscheint sie als Natur, von ihrer subjektiven Seite betrachtet, erscheint sie als die Einheit unseres Wissens, Fühlens und Wollens.

* Man glaubt, daß die materiellen Kräfte in keiner Beziehung zu unserer subjektiven Einheit stehen; aber auch diese sind – auch wenn ihre Einheit nicht sehr bedeutend sein mag –

nicht völlig losgelöst von der subjektiven Einheit. Wenn wir sagen, daß es in der Materie Energie gibt, und daß sie verschiedene Funktionen erfüllt, objektivieren wir nur die Willensfunktion unseres Selbst.

* Zwar sagt man gewöhnlich, daß der Schluß von unseren Idealen und Emotionen auf die Bedeutung der Natur nur ein Analogieschluß ist und keinen Wahrheitsanspruch hat, aber dieser Gedanke reißt Subjekt und Objekt, Geist und Natur in zwei Realitäten auseinander. Von der Reinen Erfahrung her gesehen, ist es billig, beide als identisch zu erachten.

Neunter Abschnitt
DER GEIST

Die Natur scheint – auf den ersten Blick – eine vom Geist unabhängige, rein objektive Realität zu sein – und ist in Wirklichkeit doch nicht vom Subjekt abgetrennt. Von dieser subjektiven Seite, das heißt der Seite der Einheitsfunktion her gesehen, sind die sogenannten Naturphänomene Bewußtseinsphänomene. Dieser Stein hier zum Beispiel wird, unter dem Aspekt gesehen, daß er dank der Kraft einer vom Subjekt losgelösten, unerkennbaren Realität entstand, zu einem Stück Natur. Aber unmittelbar, als Tatsache der unmittelbaren Erfahrung gesehen, ist er keine unabhängig-objektive Realität, sondern eine Kontamination unserer Sinnesempfindungen, ein Bewußtseinsphänomen, das sich unserer Bewußtseinseinheit verdankt. Am Ursprung der unmittelbaren Erfahrung ist alles – durch die subjektive Einheit konstituiertes – Bewußtseinsphänomen des Selbst. Wenn die Idealisten sagen, die Welt ist meine Vorstellung, argumentieren sie von diesem Standpunkt aus.

* Wir gehen davon aus, daß wir alle dieselbe Vorstellung haben, wenn wir denselben Stein sehen. Aber in Wirklichkeit unterscheiden sich die Vorstellungen nach Charakter und Erfahrung jedes Einzelnen. Daher ist die konkrete Realität

ganz subjektiv und individuell. Eine objektive Realität existiert nicht. Sie ist nur ein allen gemeinsamer abstrakter Begriff.

Was ist aber nun der Geist, den wir gewöhnlich der Natur gegenüberstellen? Was ist ein subjektives Bewußtseinsphänomen? Sogenannte Geistesphänomene sind nur von der vereinheitlichenden respektive aktiven Seite der Realität abstrahierte Ideen. Wie ich früher schon gesagt habe, kennt die wahre Realität die Unterscheidung von Subjekt und Objekt, von Geist und Materie nicht. Aber damit Realität entsteht, sind überall Einheitsfunktionen notwendig. Diese führen keine von der Realität abgesonderte Existenz; aber wenn wir sie abstrahieren und der vereinheitlichten Objektseite gegenüberstellen, werden sie zu dem, was wir Geistesphänomene nennen. Eine Empfindung, die wir haben, existiert nicht unabhängig, sie steht notwendig in Gegensatz zu einer anderen. *Eine* Empfindung entsteht im Vergleich mit und im Unterschied zu einer *anderen*. Der sogenannte Geist ist dabei die Funktion, die vergleicht und unterscheidet, das heißt vereinheitlicht. In dem Maße, in dem diese Funktion sich ausbildet, tritt der Unterschied von Geist und Materie deutlicher hervor. In der Kindheit ist der Geist noch natürlich, die subjektive Funktion folglich erst schwach entwickelt. Mit dem Erwachsenwerden wird auch die Einheitsfunktion stärker und lernt sich als Seele des Selbst und von der objektiven Natur unterschieden selbst wahrzunehmen.

* Die übliche Auffassung lautet, daß unser Geist eine von der objektiven Natur losgelöste selbständige Realität ist; aber so wie eine rein objektive, von der subjektiven Einheit des Geistes abgesonderte Natur ein abstrakter Begriff ist, so ist auch ein rein subjektiver, von der objektiven Natur abgesonderter Geist ein abstrakter Begriff. Wo es etwas Vereinheitlichtes gibt, gibt es eine vereinheitlichende Funktion. Selbst wenn wir annehmen, daß ein geistiges Noumenon existiert, das den Eindruck der Funktionen äußerer Dinge empfängt, gibt es die Dinge, die wirken – und die Seele, die empfindet. Ein stati-

scher Geist an sich wäre so unerkennbar wie ein statisches Ding an sich.

Warum aber wird die Einheitsfunktion eigens von ihrem Inhalt, das heißt von dem, was vereinheitlicht werden muß, unterschieden; und warum erscheint sie als eine gleichsam selbständige Realität? Das ist zweifellos eine Folge der Widersprüche und Kollisionen der verschiedenen Einheiten der Realität: In der Realität gibt es verschiedene Systeme, das heißt verschiedene Einheiten; wenn diese systematischen Einheiten miteinander kollidieren und in Widerspruch zueinander treten, nehmen sie auch im Bewußtsein deutlich Gestalt an. Auch unsere Willenstätigkeit ist, solange die Motive nicht miteinander kollidieren, unbewußt, also der sogenannten objektiven Natur nahe. Wenn es aber zu einer Kollision der Motive kommt, tritt der Wille deutlich ins Bewußtsein – und die Seele des Selbst kann sich *selbstwahrnehmen*. Woher kommen aber die Kollisionen und Widersprüche des Systems? – Sie entstehen aus den Eigenschaften der Realität selbst. Wie bereits gesagt, ist die Realität einerseits unendlicher Konflikt, andererseits aber unendliche Einheit. Der Konflikt ist die unverzichtbare Hälfte der Einheit; durch den Konflikt nähern wir uns einer größeren Einheit. Unser Geist, die Einheitsfunktion der Realität, wird sich seiner selbst nicht in seiner Einheit bewußt, sondern erst im Konflikt.

* Wenn wir uns eine Kunst angeeignet, das heißt die Einheit der Realität erreicht haben, geschieht alles unbewußt, das heißt ohne Wissen um die Einheit des Selbst. Erst wenn wir noch tiefer einzudringen versuchen, entsteht ein Konflikt mit dem bereits Erreichten; hier erwachen wir wieder zu Bewußtsein. – Bewußtsein entspringt immer aus Konflikten dieser Art. Auch daß den Geist immer Ideale begleiten, sollte man im Zusammenhang mit dem Faktum, daß da, wo Geist ist, immer auch Konflikt ist, sehen: *Ideal* bedeutet Widerspruch und Konflikt mit der aktuellen Wirklichkeit. (Da der Geist dergestalt aus dem Konflikt hervorgeht, gehört zum Geist auch notwendig das Leiden. – In der Überzeugung der Pessi-

misten, daß die Welt eine Welt des Leidens ist, steckt ein Stück Wahrheit.)

Wenn wir unseren Geist als Einheitsfunktion der Realität betrachten, dann müssen wir auch sagen, daß in der Realität überall Einheit herrscht, und daß der Geist die ganze Realität erfüllt. Woher kommt es dann aber, daß wir unbelebte von belebter Materie unterscheiden und auch einen Unterschied zwischen beseelten und unbeseelten Dingen machen? Strenggenommen darf man sagen, daß die ganze Realität Geist ist. Wie ich vorher dargelegt habe, besitzt auch die Natur ein einheitliches Selbst – und dieses ist identisch mit der Einheitskraft unseres Geistes. Wenn etwa ein Bewußtseinsphänomen, das wir ›Baum‹ nennen, auftaucht, denken wir gewöhnlich, daß es sich um eine objektive Realität handelt, die durch Naturkräfte zustande kam. Betrachten wir es aber als ein System qua Bewußtseinsphänomen, dann kam es durch die Einheitsfunktion des Bewußtseins zustande. In der sogenannten unbeseelten Materie ist dieses einheitliche Selbst als Tatsache der unmittelbaren noch nicht real in Erscheinung getreten. Der Baum selbst ist sich der Einheitsfunktion des Selbst nicht selbstwahrnehmend bewußt. Dieses einheitliche Selbst befindet sich im Bewußtsein eines anderen, nicht in dem Baum selbst; d. h. er ist ein nur von außen, aber noch nicht innerlich vereinheitlichtes Ding. Daher kann er noch keine selbständige und selbstbestimmte Realität genannt werden. Im Gegensatz dazu tritt in den Tieren eine innerliche Einheit, d. h. ein Selbst real in Erscheinung; und Phänomene wie die Gestalt und das Verhalten der Tiere können als Ausdruck dieser inneren Einheit angesehen werden. Die ganze Realität entsteht durch Vereinheitlichung. Im Geist aber tritt diese Einheit als deutliche Tatsache in Erscheinung: im Geist erreicht die Realität allererst den Status der Vollkommenheit, den Status einer selbständigen und selbstbestimmten Realität.

* Weil den sogenannten geistlosen Dingen die Einheit von außen gegeben wird, fehlt ihnen die innere Einheit eines Selbst. Deshalb kann sich diese Einheit je nach dem Blick des

Betrachters verändern. Gewöhnlich denken wir, daß es da etwa eine einheitliche Realität mit dem Namen »Baum« gibt. – Aber im Auge eines Chemikers ist es eine organische Verbindung, nicht mehr als eine Menge von Elementen. Man kann sagen, daß eine eigene Realität »Baum« für ihn nicht existiert. Aber schon der Geist der Tiere läßt sich so nicht mehr betrachten. Der Körper eines Tieres kann zwar auch noch – wie eine Pflanze – als chemische Verbindung angesehen werden, aber sein Geist selbst kann nicht nach dem Belieben des Betrachters umgeformt werden: wie immer man ihn auch interpretiert, faktisch repräsentiert er eine unverbrüchliche Einheit.

* Was in der heutigen Evolutionstheorie als Evolution von der anorganischen Materie über die Pflanzen und Tiere zum Menschen beschrieben wird, ist das allmähliche aktuelle Hervortreten des verborgenen Wesens der Realität. Mit der Entwicklung des Geistes werden die grundlegenden Eigenschaften des Aufbaus der Realität sichtbar. »Evolution« ist, wie Leibniz gesagt hat, »Involution«.

Die Einheit unseres Geistes und unseres Selbst ist ursprünglich die Einheitsfunktion der Realität. Eine psychologische Schule vertritt die Ansicht, daß unser Selbst nur eine Verbindung aus Vorstellungen und Empfindungen ist und daß es daneben kein anderes Selbst gibt. Aber diese rein analytische Sicht der Dinge ignoriert die Seite ihrer Einheit. Wer alle Dinge nur analytisch betrachtet, der kann ihre Einheit nicht erkennen. Aber das bedeutet nicht, daß man sie ignorieren darf. Alle Dinge entstehen durch Vereinheitlichung: Auch das, was Vorstellungen und Empfindungen konkrete Realität verleiht, ist die Kraft des einheitlichen Selbst. Woher kommt diese Einheitskraft qua Selbst? – Das Selbst ist, kurz gesagt, die Einheitskraft der Realität, d. h. eine ewige, unveränderliche Kraft. Das ist der Grund, warum das Selbst immer als eine schöpferische, freie und unendliche Tätigkeit empfunden wird. Wie ich schon gesagt habe, ist das, was wir, wenn wir uns nach innen wenden, irgendwie als eine Art Selbst empfinden, nicht das wahre Selbst. Diese Art Selbst ist zu keiner Tätigkeit imstande. Nur wenn die Einheit der Realität im Innern wirkt, beherrschen wir die Realität wie ein Ideal unseres Selbst, ist das Selbst in freier Tätigkeit. Da darüber hinaus die Einheitsfunktion der Realität unendlich ist, empfinden wir unser Selbst als unendlich – als umfasse es das Universum.

* Vom Standpunkt der Reinen Erfahrung her gesehen, mag es so scheinen, als ob das, was ich hier die Einheitsfunktion der Realität nenne, nur ein abstrakter Begriff und keine Tatsache der unmittelbaren Erfahrung ist. Die Tatsachen unserer unmittelbaren Erfahrung sind aber weder Ideen noch Empfindungen, – sie sind Willensaktivitäten, und diese Einheitsfunktion ist ein unverzichtbares Element der unmittelbaren Erfahrung.

Bisher habe ich den Geist im Gegensatz zur Natur behandelt, aber nun möchte ich einige Gedanken über die Beziehung von Geist und Natur hinzufügen. Man denkt sich den Geist gemeinhin als eine Einheitsfunktion der Realität, die als eine besondere Wirklichkeit der Natur gegenübersteht. Aber er ist keine vom Vereinheitlichten abgetrennte Einheitsfunktion; es gibt keinen von der objektiven Natur abgetrennten subjektiven Geist. Daß wir *etwas wissen*, bedeutet nicht mehr, als daß das Selbst mit jenem Etwas eins geworden ist. Eine Blume zu sehen bedeutet, daß das Selbst zur Blume geworden ist. Eine Blume zu untersuchen, ihr Wesen zu klären, bedeutet, unsere subjektiven Mutmaßungen aufzugeben und mit dem Wesen der Blume selbst eins zu werden. Selbst wenn wir über die Vernunft nachdenken, ist die Vernunft keineswegs eine subjektive Einbildung; die Vernunft ist nicht nur allen Menschen gemein, sie ist auch das Prinzip, durch das die objektive Realität entsteht. Absolut gewisse Wahrheit wird immer dadurch erreicht, daß unser subjektives Selbst untergeht und objektiv wird. Ein tiefes Wissen zu haben bedeutet also mit einem Wort: eins geworden zu sein mit der objektiven Natur. Tatsächlich gilt dies nicht nur für das Wissen, sondern auch für den Willen. Als rein subjektiver könnte er nichts bewirken; nur indem er der objektiven Natur folgt, kann er sich verwirklichen. Wasser zu bewegen bedeutet, dem Wesen des Wassers zu folgen. Menschen zu beherrschen bedeutet, dem Wesen der Menschen zu folgen. Sich selbst zu beherrschen bedeutet, seinem eigenen Wesen zu folgen. Nur in dem Maße, in dem unser Wille objektiv wird, besitzt er Macht. Nur weil ihr Geist wahrhaft objektiv war, können Shākyamuni und Christus nach Jahrtausenden die Menschen noch bewegen. Die größten Menschen sind die ohne ein Ich, die, die ihr Selbst vernichtet haben.

* Gewöhnlich unterscheidet man geistige und materielle Phänomene danach, ob sie innerlich oder äußerlich sind; die ersteren werden dem Innern, die letzteren dem Äußeren zugeordnet. Dieser Gedanke resultiert aber aus der Vorstellung, daß sich der Geist im Leib befinde; vom Standpunkt der unmittelbaren Erfahrung her gesehen sind beide Bewußtseinsphänomene gleicher Art und den Unterschied zwischen Innen und Außen gibt es nicht.

Zuletzt noch ein Wort über das Leid und die Freude der Menschenseele: Erreicht unser Geist den Zustand der Vollkommenheit, d. h. den Zustand der Einheit, ist er voller Freude. Im Zustand der Unvollkommenheit, d. h. der Spaltung, ist er im Leid. Wie oben dargestellt, ist der Geist zwar Einheitsfunktion der Realität, aber gleichsam hinter dem Rücken der Einheit herrschen mit Notwendigkeit Widerspruch und Konflikt; und das bedeutet immer Leid. Die unendliche vereinheitlichende Tätigkeit versucht unmittelbar, sich über den Widerspruch und den Konflikt zu erheben und eine größere Einheit zu erreichen. In diesem Augenblick entstehen in unserer Seele verschiedene Bedürfnisse und Ideale; wenn wir diese größere Einheit zuletzt erreicht haben, d. h. wenn wir unsere Bedürfnisse und Ideale befriedigen konnten, sind wir voller Freude. Daher ist eine Seite der Freude notwendig Leid – und eine Seite des Leids notwendig Freude. Daher kann die menschliche Seele die absolute

Freude wahrscheinlich nicht erfahren; nur wenn sie sich anstrengt, objektiv zu werden und sich mit der Natur zu vereinen, kann ihr unendliches Glück zuteil werden.

* Die Psychologen sagen, daß die Freude unser Leben beschwingt, das Leid es aber behindert. Das Leben ist eine Entfaltung des grundlegenden Wesens der lebenden Materie, d. h. der Bewahrer der Einheit des Selbst. Das bedeutet letztlich nichts anderes, als wenn man sagt, Freude beschwingt das Leben, Leid behindert es aber.

* Da nun der Geist eine Einheitsfunktion der Realität ist und der *große* Geist das Einswerden mit der Natur meint, ist, wenn wir unser Selbst aus einem kleinen Selbst errichten, das Leid groß, in dem Maße aber, in dem das Selbst groß wird und sich mit der Natur vereint, wächst auch unser Glück.

Zehnter Abschnitt
GOTT IST DIE REALITÄT

Gemäß unserer bisherigen Darstellung sind Natur und Geist keine ihrer Art nach völlig verschiedene Realitäten. Sie kennzeichnen nur den Unterschied zweier Sichtweisen derselben Realität: Wenn man die Natur tief versteht, erkennt man in ihrem Grunde eine geistige Einheit, und ein vollkommener, wahrer Geist muß mit der Natur verschmolzen sein. Das bedeutet, im Universum existiert nur eine Realität. Diese *eine* Realität ist, wie bereits gesagt, einerseits unendlicher Gegensatz und Konflikt, auf der anderen Seite aber unendliche Einheit: unabhängige, autarke Tätigkeit. Den Ursprung dieser unendlichen Tätigkeit nennen wir Gott. Gott ist kein dieser Realität transzendentes Wesen, der Ursprung der Realität ist unmittelbar Gott. Die Verschmelzung von Geist und Natur, in der Subjekt und Objekt untergegangen sind, ist Gott.

* Unter den Völkern aller Epochen gibt es keines, das nicht das Wort ›Gott‹ kennt. Sie interpretieren es nur verschieden, – je nach dem Grad ihres Wissens und nach dem Unterschied

ihrer Bedürfnisse. Sogenannte religiöse Menschen versetzen Gott oft in ein Außerhalb des Kosmos, von wo er wie ein übergroßer Mensch diesen Kosmos regiert. Aber eine solche Gottesvorstellung ist über die Maßen kindisch; sie kollidiert nicht nur mit dem Wissen der heutigen Wissenschaft, sondern auch vom Standpunkt der Religion her gesehen, denke ich, können wir mit einem solchen Gott in innerster Seele keine innige Einheit erreichen. Aber ich kann auch nicht glauben, daß, wie heute einige extreme Wissenschaftler behaupten, die Materie die einzige Realität und der Ursprung der materiellen Energie im Universum ist. – Der Realität liegt ein geistiges Prinzip zugrunde; und dieses Prinzip ist Gott. Es ist identisch mit den fundamentalen Prinzipien der indischen Religion, mit Atman und Brahman. Gott ist der große Geist des Universums.

Seit alters streitet man darüber, wie man das Dasein Gottes beweisen kann. Die einen sagen, daß diese Welt nicht aus dem Nichts entstanden sein kann und daß es jemanden geben muß, der sie geschaffen hat; und dieser Weltenschöpfer sei Gott. D. h. sie stützen sich auf das Kausalitätsgesetz und erklären Gott zur Ursache der Welt. Andere sagen, die Welt existiert nicht aus Zufall und alles in ihr hat Bedeutung. Auf die Tatsache gründend, daß die Welt zu einem bestimmten Zweck geschaffen wurde, schließen sie, daß es ein Wesen geben muß, das ihr diese Struktur verliehen hat; und dieser Lenker des Alls sei Gott. Die Beziehung zwischen Gott und Universum denken sie sich wie die zwischen Künstler und Kunstwerk. – Sie alle versuchen, von der Seite des Wissens her die Existenz Gottes zu beweisen und seine Eigenschaften zu bestimmen. Daneben gibt es auch die, die versuchen, die Existenz Gottes – völlig vom Wissen losgelöst – von der Basis moralischer Forderungen her zu beweisen. Sie gehen davon aus, daß die Menschen moralische Bedürfnisse haben, d. h. ein Gewissen. Wenn es nun aber im Universum keinen obersten Richter über Gut und Böse gibt, verliert unsere Moral jegliche Bedeutung. Daher, sagen sie, müssen wir als Garanten der Moral unbedingt die Existenz eines Gottes anerkennen. Kant ist ein

Verfechter dieser Vorstellung. – Aber kann die wahre Existenz Gottes durch solche Argumente überhaupt bewiesen werden? Wenn man auf der Grundlage des Kausalitätsgesetzes sagt, daß man nicht umhin kann, die Existenz Gottes anzuerkennen, weil die Welt eine Ursache haben muß, warum kann man dann nicht noch einen Schritt weitergehen und nach der Ursache Gottes fragen? Wenn die Existenz Gottes keinen Anfang, kein Ende und keine Ursache hat, warum soll es sich mit der Welt dann anders verhalten? Und wenn wir aus der Tatsache, daß die Welt höchst zweckmäßig auf ein Ziel hin eingerichtet ist, auf einen allwissenden Herrscher schließen, – dann müssen wir auch beweisen, daß alle Dinge im Universum einem Zweck dienen. Aber das ist überaus schwierig. Wenn dieser Beweis erst erbracht werden muß, um die Existenz Gottes beweisen zu können, dann bleibt die Existenz Gottes sehr ungewiß. Manche werden daran glauben, andere nicht. Und selbst wenn jener Beweis erbracht worden wäre, könnten wir immer noch annehmen, daß diese Welt aus Zufall so zweckmäßig eingerichtet ist. Der Versuch, die Existenz Gottes aus moralischen Bedürfnissen abzuleiten, ist noch hoffnungsloser. Denn wenn es einen allwissenden und allmächtigen Gott gibt, der der Garant unserer Moral ist, dann gewinnt unsere Moral zweifellos an Autorität, – aber nur die Tatsache, daß es vom Standpunkt unseres praktischen Verhaltens her gesehen vorteilhafter ist, daran zu glauben, beweist die Existenz eines solchen Wesens noch nicht. – Alle diese Überlegungen können als Hilfskonstruktionen betrachtet werden; alle versuchen, Gott mittelbar und von außen zu beweisen. Sie versuchen nicht, Gott selbst und unmittelbar aus der unmittelbaren Erfahrung des Selbst zu beweisen.

Wie können wir aber in den Tatsachen unserer unmittelbaren Erfahrung nach der Existenz Gottes forschen? – Auch in unserem kleinen Selbst, das unter dem Zwang von Raum und Zeit steht, ist eine unendliche Kraft eingeschlossen; d. h. die unendliche Einheitskraft der Realität. Dank dieser Kraft können wir mit den Mitteln der Wissenschaft die Wahrheit des

Universums ergründen und in der Kunst die wahre Bedeutung der Realität zur Erscheinung bringen. Dank dieser Kraft können wir auch in der Seelentiefe unseres Selbst das Fundament der Realität, auf dem das Universum errichtet ist, erkennen: Wir können hier das Gesicht Gottes erblicken. Die unendliche und freie Tätigkeit der Menschenseele beweist unmittelbar die Existenz Gottes. Mit den Worten Jakob Böhmes: wir erblicken Gott mit dem »umgewandten Auge«.

* Wer Gott in den Tatsachen der äußeren Welt sucht, endet bei einer Hypothese. Ein außerhalb des Universums stehender Schöpfer und Lenker des Alls kann nicht wirklich absolut und unendlich genannt werden. Die alte indische Religion und die europäischen Mystiker des 15. und 16. Jahrhunderts wollten Gott unmittelbar in ihrem Innern anschauen; sie hatten, wie ich glaube, das tiefste Wissen von Gott.

In welcher Form existiert Gott? Einerseits ist er, wie Nicolaus Cusanus gesagt hat, die Negation von allem. Was man positiv bestimmen und erfassen kann, ist nicht Gott. Was man erfassen kann, ist immer schon endlich und kann nicht die das Universum vereinheitlichende unendliche Funktion sein (De docta ignorantia, Cap. 24). Von diesem Punkt her betrachtet, ist Gott absolutes Nichts. Aber das bedeutet nicht, daß Gott *nur* Nichts ist. Dem Entstehen der Realität liegt offensichtlich eine unverrückbare Einheitsfunktion zugrunde; die Realität verdankt ihr wirklich ihr Entstehen. Wo befindet sich zum Beispiel das Gesetz, daß die Summe der Winkel eines Dreiecks zwei rechte Winkel ergibt? Wir können es selbst weder sehen noch hören; aber existiert das Gesetz nicht trotzdem, gebieterisch und unerschütterlich? – Betrachten wir ein berühmtes Bild, so sehen wir, daß sein Ganzes auf einen empfänglichen Menschen überweltlich und ätherisch wirkt; suchen wir aber den Grund dafür in seinen einzelnen Gegenständen und Szenen, sind wir außerstande, etwas Entsprechendes zu finden. In diesem Sinne ist Gott die Einheit des Universums, der Ursprung der Realität. Nur weil er auch *Nichts* ist, gibt es keinen Ort, wo er nicht *ist* und nicht *wirkt*.

* Dem, der sie nicht versteht, kann die subtilste Mathematik kein Wissen vermitteln; und dem, der keinen Sinn für Schönheit hat, vermittelt das kunstvollste Gemälde keine Empfindung. Für den gewöhnlichen und flachen Menschen ist das Dasein Gottes eine Fiktion, der er keinerlei Bedeutung zumißt. Folglich erachtet er auch die Religion für nutzlos. Wer aber das Bedürfnis hat, den wahren Gott zu erkennen, der muß sein Selbst aufs entschiedenste disziplinieren und mit einem Auge ausstatten, mit dem es Gott erfassen kann. Für diesen Menschen ist die göttliche Kraft im ganzen Kosmos auf die gleiche Weise tätig wie der Geist eines Malers in seinem Bild; er empfindet diese Kraft als eine Tatsache der unmittelbaren Erfahrung. Dies nenne ich das Ereignis der Gottesschau.

Von dem oben gekennzeichneten Standpunkt her gesehen, erscheint Gott vielleicht als eine kalte philosophische Existenz – wie die Basis der Einheit der Realität –, die keine Beziehung zum Walten unserer warmen Emotionen hat. Aber in Wirklichkeit ist es keineswegs so. Da, wie bereits gesagt, unsere Bedürfnisse aus dem Verlangen nach größerer Einheit hervorgehen, bedeutet das Erreichen dieser Einheit Freude. Sogar die sogenannte Selbstliebe des Individuums ist letztlich nichts anderes als dieses Bedürfnis nach Einheit. Aber unserem ursprünglich unendlichen Geist genügt die Einheit des individuellen Selbst nicht; er muß fortschreiten und nach einer größeren Einheit suchen. Unser Großes Selbst umfaßt das Selbst der anderen und unser eigenes; daher drücken wir unser Mitgefühl mit anderen aus und suchen die Vereinigung unseres Selbst mit den anderen. So entsteht die Nächstenliebe, die ein Bedürfnis nach überindividueller Einheit ist. Aus diesem Grund fühlen wir in der Nächstenliebe größeren Frieden und größere Freude als in der Selbstliebe. Gott, die Einheit des Universums, ist der Ursprung und die Basis dieser vereinheitlichenden Tätigkeit. Der Ursprung unserer Liebe ist der Ursprung unserer Freude. Gott ist unendliche Liebe, unendliche Freude, unendlicher Friede.

DRITTER TEIL

Das Gute

Erster Abschnitt
DAS VERHALTEN (I)

Ich habe in Umrissen die Beschaffenheit der Realität erläutert. Jetzt werde ich über praktische Probleme reden wie: was wir Menschen tun sollen, was das Gute ist und worauf das Handeln der Menschen hinauslaufen soll. Da ich nun glaube, daß die verschiedenen praktischen Phänomene des menschlichen Bereichs aller unter dem Titel des Verhaltens zusammengefaßt werden können, möchte ich, bevor ich dieses Problem diskutiere, einige Überlegungen über die Beschaffenheit des Verhaltens vorausschicken.

Von außen betrachtet ist das Verhalten eine Bewegung des Körpers. Es unterscheidet sich von materiellen Bewegungen wie dem Fließen des Wassers und dem Fallen eines Steins. Es ist eine bewußte, zielgerichtete Bewegung. Es hat ein Ziel, wie nur Organismen es besitzen, aber es muß von völlig unbewußten Reflexbewegungen und von den Instinkthandlungen höherer Tiere, die einen Zweck haben und mehr oder minder von Bewußtsein begleitet sind, deren Zweck aber noch nicht klar und deutlich ins Bewußtsein getreten ist, unterschieden werden. *Verhalten* meint eine Handlung, deren Ziel dem Bewußtsein klar und deutlich ist. Weil wir Menschen einen Körper haben, führen wir auch verschiedene materielle Bewegungen aus und vollziehen Reflexbewegungen und Instinkthandlungen; besonders die sogenannten Funktionen des Selbst sind auf das Verhalten begrenzt.

Dieses Verhalten begleitet in vielen Fällen Bewegungen bzw. Handlungen der äußeren Welt; überlegen wir aber zunächst, da sein wichtigerer Teil die Bewußtseinsphänomene der inneren Welt sind, was für ein Bewußtseinsphänomen das Verhalten psychologisch gesehen ist. Verhalten ist also eine Handlung, die einer bewußten Zielvorstellung entspringt, d. h. eine sogenannte willentliche Handlung. – Weil man, wenn man vom Verhalten spricht, Handlungen der äußeren Welt einschließt, wenn man vom Willen spricht, aber hauptsächlich auf ein inneres Bewußtseinsphänomen hinweist, wird die Diskussion des Bewußtseinsphänomens des Verhaltens hier zu einer Diskussion des Willens. – Wie entsteht nun der Wille? Ursprünglich ist unser Körper so konstruiert, daß er von selbst die zur Erhaltung und Entwicklung des eigenen Lebens nötigen Bewegungen ausführen kann. Das Bewußtsein entsteht aber zusammen mit diesen Bewegungen: am Anfang gibt es nur das Gefühl des Schmerzes oder der Lust. Aber zusammen mit dem Klarerwerden der auf die Außenwelt gerichteten Ideen und der Aktivierung der Assoziationsfunktion, geschieht jene Bewegung nicht mehr unbewußt als Antwort auf Reize aus der Außenwelt. Zuerst entwickelt sich eine Vorstellung vom Resultat, dann eine Vorstellung von der Bewegung, die ihr Mittel werden soll, schließlich erfolgt die Bewegung selbst, d. h. es kommt zur Willenshandlung. Damit es zu einer Willenshandlung kommt, muß also erst die Richtung der Bewegung, oder wenn man vom Bereich des Bewußtseins spricht, eine körperliche oder geistige Ursache gegeben sein, die die Richtung der Assoziationen festlegt. Diese erscheint im Bewußtsein als eine Art triebhafter Empfindung, die unabhängig davon, ob sie angeboren ist oder nicht, *Willenskraft* genannt werden könnte, die ich hier aber einfach Motivation nennen werde. Das Ziel oder genauer die Zielvorstellung, d. h. die Vorstellung des Resultats, die aus der Erfahrung kommt oder aus Assoziationen hervorgeht, muß die oben beschriebene Motivation begleiten. Weil in diesem Augenblick die Form des Willens endgültig ausgeprägt ist, sprechen wir von Bedürfnis, d. h. der ersten Stufe des Willens. Wenn das Bedürfnis nur eines ist, bringt es eine die Bewegungsvorstellung begleitende Handlung hervor. Wenn es aber zwei oder mehr Bedürfnisse gibt, entsteht ein sogenannter Bedürfniskonflikt, in dem das stärkste Bedürfnis die zentrale Stelle im Bewußtsein erobert und eine Handlung bewirkt. Dies nennt man eine Entscheidung. Was wir unseren Willen nennen, weist auf das Ganze eines solchen Bewußtseinsphänomens hin. Bisweilen meinen wir damit aber auch –

in einem engeren Sinne – die momentane Funktion, kurz vor dem Übergang in eine Handlung oder – vor allem – etwas wie eine Entscheidung. Weil der wichtigste Teil des Verhaltens der Wille als inneres Bewußtseinsphänomen ist, kann die äußere Handlung nicht dessen wichtigster Teil sein. Wenn wegen irgendwelcher Hindernisse eine Handlung nicht stattfand, der Wille aber stark war, können wir dies trotzdem ein Verhalten nennen. Wenn hingegen eine Handlung stattfindet, das Willentliche daran aber nicht ausreichte, können wir nicht von einem Verhalten sprechen. Wenn die innere Tätigkeit des Bewußtseins intensiv ist, entsteht ein Wille, der von Anfang an die inneren Ereignisse des Bewußtseins zum Ziel hat. Auch in diesem Fall können wir selbstverständlich von Verhalten sprechen. Die Psychologen unterscheiden zwar zwischen innen und außen, aber als Bewußtseinsphänomen hat alles dieselben Eigenschaften.

Bisher habe ich nur den Willensprozeß als Hauptbestandteil des Verhaltens umrissen, jetzt möchte ich einen Schritt weitergehen und erklären, welche Charakteristiken das Bewußtseinsphänomen des Willens besitzt und welche Stellung es im Bewußtsein einnimmt. Von der Psychologie her gesehen ist der Wille eine Funktion, die die Vorstellungen vereinheitlicht, d. h. sie ist eine Art Apperzeption. Im Willen gibt es zwei Arten von Funktionen, die die Vorstellungen miteinander verknüpfen. Bei der einen liegt die Ursache vornehmlich in den Bedingungen der äußeren Welt; sie wird als passiv empfunden, weil die Richtung der Verknüpfung im Willen nicht deutlich wird. Wir nennen diese Art der Verknüpfung *Assoziation*. Die Ursache der anderen liegt im Bewußtsein; bei ihr ist die Richtung der Verknüpfung deutlich bewußt, und die Verknüpfung selbst wird als aktiv empfunden. Daher wird sie *Apperzeption* genannt. Wie jedoch bereits dargestellt, geht dem Willen eine Zielvorstellung voraus, die die Richtung der Vorstellungsverknüpfung festlegt. Was dann unter den verschiedenen Bewegungsvorstellungen, die aus früheren Erfahrungen stammen, die Verknüpfung der zur Verwirklichung des

Selbst angemessenen Vorstellungen vollzieht, ist entschieden *eine* Apperzeptionsfunktion. Daß der Wille eine solche Funktion der Vereinheitlichung von Vorstellungen ist, wird noch deutlicher im Fall des Bedürfniskonflikts. Die sogenannte Entscheidung schließt diese Vereinheitlichung nur ab.

In welcher Beziehung steht die Apperzeptionsfunktion des Willens zu anderen Apperzeptionsfunktionen? Neben dem Willen gehören das Denken und die Phantasie zu den Apperzeptionsfunktionen. In allen diesen Funktionen ist eine gewisse einheitliche Vorstellung der Ausgangspunkt, von dem aus die deren Ziel entsprechenden Vorstellungen vereinheitlicht werden. Die Form der Vorstellungstätigkeit ist mit der des Willens dabei völlig identisch. Nur das Ziel der Vereinheitlichung ist nicht dasselbe. Weil folglich die Gesetze der Vereinheitlichung jeweils andere sind, schließt man daraus, daß sie verschiedene Bewußtseinsfunktionen darstellen. Schauen wir uns aber genauer an, in welchen Punkten sie sich unterscheiden und in welchen Punkten sie identisch sind. Wenn wir mit einem Vergleich der Phantasie mit dem Willen beginnen, zeigt sich, daß das Ziel der Phantasie die Nachahmung der Natur ist, während das Ziel des Willens in der eigenen Aktivität liegt. Daher vereinheitlichen wir in der Phantasie unsere Vorstellungen gemäß dem wirklichen Zustand der Natur, im Willen aber nur nach Maßgabe unseres eigenen Begehrens. Aber auch der Willensaktivität muß eine Vorstellung dieser Aktivität ›in der Phantasie‹ vorausgehen, während wir, wenn sich unsere Phantasie auf die Natur richtet, erst versuchen müssen uns vorzustellen, zu dem jeweiligen Ding geworden zu sein. Da sich die Phantasie nun aber nur auf äußere Dinge richtet, haben wir das Gefühl, daß unser Selbst nicht vollständig eins damit werden kann, die Phantasie also zur Realisierung unseres Selbst nicht taugt: Glauben wir doch, daß es etwas gänzlich anderes ist, etwas zu phantasieren, als etwas zu realisieren. Gehen wir aber noch einen Schritt weiter, so erweist sich, daß es sich auch hier nur um einen Gradunterschied und nicht um einen qualitativen Unterschied handelt. Auch die Phantasie kann, wie wir es bei den Künstlern sehen, bis in den göttlichen Bereich vordringen; dabei geht das Selbst darin unter, das Selbst und das Ding werden vollkommen eins – und die Tätigkeit des Dinges wird unmittelbar als Willenstätigkeit des Selbst empfunden. – Vergleichen wir jetzt das Denken mit dem Willen, so zeigt sich, weil das Ziel des Denkens in der Wahrheit liegt, daß die Gesetze, die die Verknüpfung der Vorstellungen im Denken beherrschen, die Gesetze der Logik sind. Was wir Wahrheit nennen, ist nicht notwendig auf das beschränkt, was wir wollen; und was wir wollen, braucht nicht notwendig für die Wahrheit gehalten zu werden. Die Einheit des Denkens ist nur eine Einheit abstrakter Begriffe, die Einheit des Willens und der Phantasie ist eine Einheit konkreter Vorstellungen. In diesem Punkt unterscheiden sich Denken und Wollen – schon auf den ersten Blick – deutlich voneinander, und niemand würde sie miteinander verwechseln; aber auch dieser Unterschied ist, bei Licht betrachtet, nicht so festgeschrieben wie es scheint. Im Hintergrund des Willens ist immer eine angemessene Ursache verborgen; selbst wenn diese nicht vollkommen ist, wirkt der Wille jedenfalls auf der Grundlage gewisser Wahrheiten, d. h. er ist durch Denken konstituiert. Umgekehrt wiederum muß, wie Wang Yang-Ming in seinem Diktum von der ›Einheit von Wissen und Tun‹ betont hat, die Verwirklichung des Willens notwendig von Wirklichkeitserkenntnis begleitet sein. Zu sagen, ich denke so, aber ich will es nicht so, bedeutet, noch nicht wirklich zu wissen. – So betrachtet sind drei Apperzeptionsformen, das Denken, die Phantasie und der Wille, im Grunde dieselben Einheitsfunktionen. Dabei sind Denken und Phantasie Einheitsfunktionen im Hinblick auf die auf das Gesamt der Dinge und des Selbst bezogenen Vorstellungen, der Wille aber die Einheitsfunktion der Vorstellungen, die allein auf die Tätigkeiten des Selbst bezogen sind. Die ersteren sind jedoch nur ideale, d. h. hier potentielle Einheiten, der letztere aber reale Einheit, das bedeutet aber: ultimative Einheit.

Ich habe bereits in Konturen die Stellung des Willens innerhalb der Apperzeptionsfunktionen beschrieben, jetzt wende ich mich seiner Beziehung zu anderen Vorstellungsverknüpfungen, nämlich der Assoziation und der Fusion, zu. Ich hatte bereits angemerkt, daß die Richtung der assoziativen Verknüpfung von der Außenwelt und nicht von der inneren Welt bestimmt wird, dies hat aber nur im Hinblick auf den Grad Gültigkeit: auch bei der Assoziation liegt die Einheitsfunktion nicht völlig außerhalb, sie tritt nur nicht so deutlich ins Bewußtsein. Bei der Fusion oder Verschmelzung schließlich geschieht die Verknüpfung unbewußt, sogar die Verknüpfungsfunktion selbst wird nicht bewußt. Aber das heißt keineswegs, daß es keine innere Einheit gibt. In summa: die Bewußtseinsphänomene besitzen alle dieselbe Form wie der Wille; man kann sagen, sie *sind* in einem gewissen Sinne alle Wille. Wenn wir nun die einheitliche Kraft, die allen Einheitsfunktionen zugrunde liegt, das *Selbst* nennen, dann ist der Wille der evidenteste Ausdruck des Selbst. So wird uns also in der Willenstätigkeit das Selbst am deutlichsten bewußt.

Zweiter Abschnitt
DAS VERHALTEN (II)

Bisher habe ich von einem psychologischen Standpunkt aus beschrieben, was für eine Art Bewußtseinsphänomen das Verhalten ist; jetzt möchte ich das Problem behandeln, woher die dem Verhalten zugrunde liegende Einheitskraft des Willens kommt, und welche Bedeutung diese Kraft im Bereich der Realität besitzt; so sollen die Eigenschaften des Willens und des Verhaltens auf eine philosophische Weise deutlich gemacht werden.

Woraus entsteht nun die Einheit des Willens, die nach Maßgabe eines festgelegten Ziels die Vorstellungen von innen her vereinheitlicht? Aus der Warte der Wissenschaftler, für die außer der Materie keine Realität besteht, kann diese Kraft wohl nur aus unserer Physis hervorgehen: Unser Körper ist wie jener der Tiere ein Organismus, der ein System bildet. Der Organismus der Tiere kann, ohne Rücksicht auf Vorhandenheit oder Nichtvorhandenheit eines Geistes, verschiedene vom Nervenzentrum ausgehende mechanisch gegliederte Bewegungen ausführen. D. h. er kann Reflexbewegungen, automatische Bewegungen und komplexe Triebhandlungen ausführen. Da auch unser Wille sich ursprünglich aus unbewußten Bewegungen entwickelt hat und, wenn er geübt ist, wieder in den unbewußten Zustand zurückkehrt, müssen wir annehmen, daß er auf derselben Kraft beruht und eine Aktivität derselben Art ist. Und weil die verschiedenen Zwecke und Ziele der Organismen alle der Erhaltung und Entwicklung des eigenen Überlebens und des Überlebens der Art dienen, ist wohl auch das Ziel unseres Willens nur in der Erhaltung des Lebens zu suchen. Der Wille scheint sich nur dadurch herauszuheben, daß seine Ziele bewußt sind. – Auf diese Weise versuchen die Wissenschaftler, auch die verschiedenen geistigen Bedürfnisse der Menschen vom Zweck der Lebenserhaltung her zu erklären.

Auf diese Weise aber den Ursprung des Willens in einer materiellen Kraft zu suchen und auch die subtileren menschlichen Bedürfnisse aus der Gier nach Leben erklären zu wollen, trifft auf größte Schwierigkeiten. Selbst angenommen, daß die Entwicklung eines höheren Willens einem Aufschwung der Lebensfunktionen parallelläuft, liegt das höchste Ziel doch im ersteren und nicht im letzteren. Im Gegenteil, der letztere muß als Mittel des ersteren erachtet werden. – Doch lassen wir dies erst einmal auf sich beruhen und fragen uns, ob wir, wenn wir davon ausgehen, daß unser Wille, wie die Wissenschaftler sagen, aus einer materiellen Funktion des Organismus hervorgeht, auch voraussetzen müssen, daß der Materie irgendein Vermögen zukommt. Es gibt zwei Arten sich vorzustellen, wie die zweckgerichteten Aktivitäten der Organismen aus der Materie hervorgehen können. Zum einen: indem man die Natur selbst als zweckgerichtet ansieht und glaubt, daß in den materiellen Dingen – wie in den Samen der Lebewesen – eine zielorientierte Kraft verborgen ist. Zum andern: indem man die Materie als nur mit einer mechanischen Kraft ausgestattet ansieht – und glaubt, daß die zweckgerichteten Naturphänomene alle nur zufällig entstehen. Die letztere ist wohl die streng wissenschaftliche Ansicht. Ich aber denke, daß beide Ansichten identisch sind und sich nicht fundamental unterscheiden. Selbst wenn man der letzteren Ansicht zuneigt, muß man irgendwo eine bestimmte, die Phänomene hervorbringende unwandelbare Kraft voraussetzen; man muß eine im Inneren der Materie verborgene Kraft annehmen, die die mechanischen Bewegungen hervorbringt. Wenn wir das sagen können, warum können wir dann nicht auch annehmen, daß aus demselben Grund die zielorientierte Kraft der Organismen im Innern der Materie verborgen ist? Bisweilen werden die zielorientierten Bewegungen der Organismen mittels einfacher chemischer Gesetze erklärt, ohne daß man auf eine solche Kraft rekurriert. – Aber vielleicht lassen sich unsere heutigen chemischen Gesetze mit noch einfacheren Gesetzen erklären; nein, da der Fortschritt des Wissens keine Grenzen kennt, müssen sie einmal erklärt werden. Wenn man so denkt, ist alle Wahrheit relativ. Ich widersetze mich einem solchen Denken und betone statt der Analyse die Synthese und glaube, daß es richtig ist, anzunehmen, daß die zweckgerichtete Natur von der Vereinzeltheit zur Synthese fortschreitet und stufenweise ihre wahre Bedeutung offenbart.

Nach der oben dargestellten Sichtweise der Realität ist *Materie* nur ein Name, den wir den unveränderlichen Beziehungen der Bewußtseinsphänomene geben. Die Materie bringt nicht das Bewußtsein hervor, sondern das Bewußtsein schafft die Materie. Da selbst die objektivsten mechanischen Bewegungen dank unserer logischen Einheit zustande kommen, existiert nichts abgetrennt von der Einheit des Bewußtseins. Wenn wir von hier zu den Lebensphänomenen der Lebewesen und von den Lebewesen zu den Bewußtseinsphänomenen der

Tiere fortschreiten, wird diese Einheit intensiver, vielseitiger und tiefer. Der Wille ist die stärkste vereinheitlichende Kraft unseres Bewußtseins und der reichste Ausdruck der vereinheitlichenden Kraft der Realität. Was von außen gesehen eine mechanische Bewegung oder ein Prozeß von Lebensphänomenen zu sein scheint, ist nach seiner wirklichen inneren Bedeutung *Wille*. Wie das, was nur Holz und Stein zu sein scheint, eigentlich gnadenvolle Buddhaskulpturen oder kraftgeladene Dewa-Könige sind, so ist die sogenannte Natur ein Ausdruck des Willens, und wir vermögen durch den Willen des Selbst die wahre Bedeutung der geheimnisvollen Natur zu erfassen. Wenn wir die Phänomene freilich in innere und äußere einteilen und geistige und materielle Phänomene für völlig verschieden erachten, dann muß uns die oben beschriebene Theorie wie eine Fiktion vorkommen. Aber in der konkreten Tatsache der unmittelbaren Erfahrung gibt es den Unterschied von innen und außen nicht; und ein solcher Gedanke ist umgekehrt eine unmittelbare Tatsache.

Was ich dargestellt habe, stimmt mit dem überein, was die Wissenschaftler sagen, die in der mechanischen Bewegung der Materie und dem zweckgerichteten Willen der Organismen eine ursprünglich identische Funktion sehen. Aber was sie zu diesem Ursprung machen, ist etwas diametral Entgegengesetztes. Sie sehen in einer materiellen Kraft den Ursprung, ich sehe im Willen den Ursprung.

Bei der Analyse des Verhaltens unterschied ich Wille und Handlung voneinander; diese beiden stehen aber nicht in dem Verhältnis von Ursache und Wirkung zueinander, sondern sie verhalten sich zueinander eher wie zwei Seiten derselben Sache. Die Handlung ist ein Ausdruck des Willens. Was von außen wie Handlung aussieht, ist von innen gesehen Wille.

Dritter Abschnitt

DIE FREIHEIT DES WILLENS

Ich habe dargelegt, daß der Wille – psychologisch gesehen – nicht mehr ist als ein Bewußtseinsphänomen, seiner eigentlichen Substanz (seinem Noumenon) nach aber die Basis aller Realität. Überlegen wir uns jetzt, in welchem Sinne der Wille eine freie Tätigkeit ist. Die Gelehrten zerbrechen sich schon lange ihre Köpfe darüber, ob der Wille frei oder determiniert ist. Die Diskussion darüber ist nicht nur in moralischer Hinsicht wichtig, sondern sie kann auch die philosophischen Eigenschaften des Willens klären helfen.

Normalerweise nehmen wir an, daß es niemanden gibt, der nicht an die Freiheit des eigenen Willens glaubt. Jeder kann in seinem eigenen Bewußtsein erfahren, daß er in gewissen Bereichen gewisse Dinge ausführen oder nicht ausführen kann. D. h. er glaubt, daß er innerhalb eines gewissen Bereichs frei ist. Daher tauchen auch Gedanken der Verantwortlichkeit, der Nichtverantwortlichkeit, des Selbstvertrauens, der Reue, des Lobs, des Tadels usw. auf. Betrachten wir aber etwas genauer, was ›in einem gewissen Bereich‹ eigentlich heißt. – Wir können nicht über alle Dinge der Außenwelt frei verfügen. Nicht einmal über unseren eigenen Körper. Die willkürliche Muskelbewegung scheint frei zu sein, aber sobald man einmal erkrankt, sind auch die Muskeln nicht mehr nach Belieben zu bewegen. *Die Freiheit zu haben, etwas zu tun*, ist nur ein Bewußtseinsphänomen des Selbst. Doch sogar bei Phänomenen innerhalb des eigenen Bewußtseins besitzen wir nicht die Freiheit, etwa eine Vorstellung erneut zu erschaffen oder ein einmal Erfahrenes uns nach Belieben in Erinnerung zu rufen. Wirklich frei ist nur die Funktion der Vorstellungsverknüpfung. Wie wir Vorstellungen analysieren und wie wir Vorstellungen verknüpfen, liegt im Belieben des Selbst. Aber auch beim Analysieren und Verknüpfen von Vorstellungen müssen unerschütterliche, apriorische Gesetze eingehalten werden; wir können dabei nicht nach Gutdünken verfahren. Wenn es zwischen Vorstellungen nur *eine* Verknüpfung gibt oder wenn eine Verknüpfung besonders stark ist, müssen wir ihr folgen. Nur innerhalb des Bereichs der apriorischen Gesetze der Konstitution von Vorstellungen – und nur, wenn es zwei oder mehr Wege der Verknüpfung von Vorstellungen gibt und diese Verknüpfungen nicht *zwingend* sind, haben wir eine völlige Wahlfreiheit.

Die Verfechter einer Theorie der Willensfreiheit stützen sich oft auf diese Tatsachen der inneren Erfahrung. In dem oben beschriebenen Bereich ist uns bei der Wahl der Motive die Entscheidung völlig freigestellt und es gibt keinen Vorwand außerhalb unserer selbst. Von dieser Entscheidung nimmt man an, daß sie von einer *Wille* genannten mystischen Kraft getroffen wird, die von den Bedingungen der Außenwelt ebenso unabhängig ist wie von dem Temperament, den Gewohnheiten und dem Charakter der inneren Welt. D. h. man nimmt eine Kraft an, die die Verknüpfung von Vorstellungen von außen her überwacht. Anders die, die von der Determiniertheit des Willens ausgehen. Sie gründen ihre Schlüsse im allgemeinen auf Beobachtungen von Tatsachen der äußeren Welt: Unter den Phänomenen des Universums entsteht keines aus Zufall, selbst die kleinsten Details haben, wenn man nur genau nachforscht, eine entsprechende Ursache. Alles, was wir Wissenschaft nennen, gründet auf diesem Gedanken; und zusammen mit der Entwicklung der Wissenschaft gewinnt dieser Gedanke an Gewißheit. Selbst die Naturphänomene, die man ursprünglich für geheimnisvoll gehalten hat, geben eines nach dem anderen ihre Ursache preis; wir sind sogar bis zu dem Punkt fortgeschritten, daß wir sie mathematisch errechnen können. Heute ist der Wille noch das einzige, dem man keine Ursache zuspricht. Aber auch der Wille kann den großen unverrückbaren Gesetzen der Natur nicht entrinnen. Wenn wir heute noch glauben, daß der Wille frei ist, dann liegt das letztlich daran, daß die Wissenschaft noch in ihren Kinderschuhen steckt und daß wir noch nicht alle Ursachen erklären können. Dazu kommt, daß die willkürlichen Handlungen im

Einzelfall keiner Regel zu folgen und auf den ersten Blick keine Ursache zu haben scheinen. Betrachten wir aber die Handlungen vieler Menschen statistisch, so zeigt sich eine erstaunliche Ordnung und es sieht keineswegs mehr so aus, als ob es da keine bestimmten Ursachen und Wirkungen gäbe. Diese Gedanken stärken zunehmend die Überzeugung, daß unser Wille – wie alle Naturphänomene – einem notwendigen mechanischen Gesetz von Ursache und Wirkung unterworfen ist und nicht eine Art mystischer Kraft darstellt.

– Welche dieser beiden gegensätzlichen Theorien ist nun aber korrekt? Die extremen Verfechter einer Theorie des freien Willens sagen, daß es da ein mystisches Vermögen gibt, welches ohne Ursache und ohne Grund nach Belieben irgendwelche Motive bestimmt. – Willensfreiheit so zu verstehen, ist aber ein Irrtum. Wenn wir unsere Motive bestimmen, muß es irgendeinen angemessenen Grund dafür geben; selbst wenn dieser nicht deutlich im Bewußtsein erscheint, muß es irgendeine unterbewußte Ursache geben. Wenn es darüber hinaus, wie jene Theoretiker sagen, etwas gibt, das ohne jeglichen Grund und völlig zufällig Entscheidungen trifft, dann fühlen wir in diesem Augenblick keine Willensfreiheit, sondern erachten dies umgekehrt für ein zufälliges Ereignis, das von außen bewirkt wurde. Folglich empfinden wir dafür kaum Verantwortung. Die Verfechter des freien Willens behaupten, daß sie ihre Theorie auf innere Erfahrungen stützen, – aber die inneren Erfahrungen beweisen ganz entgegengesetzte Tatsachen.

Ich möchte nun auch eine kleine Kritik an den Deterministen üben. Diese sagen, daß die Bewußtseinsphänomene genau wie die Naturphänomene mechanischen Gesetzen der Notwendigkeit unterworfen sind. Dabei stützen sie sich auf die Hypothese, daß die Bewußtseinsphänomene und die Naturphänomene (resp. materiellen Phänomene) ursprünglich identisch sind und von denselben Gesetzen beherrscht werden. Aber ist diese Hypothese richtig? – Ob Bewußtseinsphänomene und materielle Phänomene von denselben Gesetzen beherrscht werden müssen, ist ein noch unentschiedener Streit. Eine Theorie, die sich auf solche Hypothesen stützt, ist – wie man zugeben muß – äußerst schwach. Selbst unterstellt, daß die heutige physiologische Psychologie größte Fortschritte machen wird, und daß die Funktionen des Hirns, das die Grundlage der Bewußtseinsphänomene ist, alle physikalisch und chemisch erklärt werden können, werden wir dann auch demgemäß behaupten können, daß die Bewußtseinsfunktionen den mechanischen Gesetzen der Notwendigkeit unterworfen sein müssen? Die Bronze zum Beispiel, die das Material einer Bronzestatue ausmacht, wird sich wohl kaum den mechanischen Gesetzen der Notwendigkeit entziehen, – aber liegt die Bedeutung, die die Bronzestatue ausdrückt, nicht außerhalb dieser Notwendigkeit? Wir müssen zugeben, daß die sogenannte geistige Bedeutung unsichtbar, unhörbar und unmeßbar ist. Sie existiert außerhalb der mechanischen Gesetze der Notwendigkeit, sie ist über sie erhaben.

Kurz gesagt, hier findet sich keine Spur von einem Willen ohne Ursache und Vorwand, wie ihn die Theoretiker der Willensfreiheit beschreiben. Ein solcher Zufallswille könnte nicht als frei, sondern müßte – im Gegenteil – als zwanghaft empfunden werden. Wenn wir umgekehrt aus einem gewissen Grund, d. h. aufgrund innerer Eigenschaften des Selbst tätig werden, fühlen wir uns frei: Wenn die Ursache unserer Motive in den tiefsten inneren Eigenschaften des Selbst liegt, fühlen wir uns am freiesten. – Aber dieser sogenannte Grund des Willens hat nichts mit der mechanischen Ursache der Deterministen zu tun. Die Gesetze geistiger Tätigkeit liegen in unserem Geist; wenn der Geist diesen seinen eigenen Gesetzen gehorchend wirkt, ist er wirklich frei. – Freiheit bedeutet zweierlei. Zum einen, keine Ursache zu haben, zufällig zu sein. Zum andern, ohne äußerem Zwang ausgesetzt zu sein, aus sich selbst zu wirken. Letzteres bedeutet *notwendige Freiheit*; Willensfreiheit ist Freiheit in diesem Sinne. Allerdings ergeben sich daraus folgende Probleme: Wenn man sagt, Freiheit bedeute, den Eigenschaften seines Selbst gemäß zu wirken, dann gibt es kein Ding im ganzen Kosmos, das nicht seinen Eigenschaften gemäß wirkte. Das Wasser fließt – seiner Eigenschaft gemäß. Das Feuer brennt – seiner Eigenschaft gemäß. – Warum erachten wir also alles andere für notwendig und nur den Willen für frei?

In der sogenannten natürlichen Welt ist das Auftreten eines bestimmten Phänomens durch strikte Bedingungen definiert. Eine bestimmte Bedingung bringt nur ein bestimmtes Phänomen hervor; nicht die kleinste Abweichung ist erlaubt. Die Naturphänomene treten alle nach diesem blinden Gesetz der Notwendigkeit in Existenz. Bewußtseinsphänomene treten aber nicht nur in Existenz, sie treten auch ins Bewußtsein. Sie gehen nicht nur hervor, sondern sie besitzen selbst auch ein Wissen um ihr Hervorgegangensein. Dieses Wissen oder Bewußt-Sein aber bedeutet, andere Möglichkeiten in sich zu schließen. Unser Bewußtsein davon etwa, daß wir etwas in die Hand nehmen, bedeutet, daß wir die Möglichkeit einschließen, es nicht in die Hand zu nehmen. Oder genauer gesagt, im Bewußtsein gibt es notwendig allgemeine Eigenschaften, d. h. das Bewußtsein besitzt ideale Momente. Ohne diese wäre es kein Bewußtsein. Daß diese Eigenschaften existieren, bedeutet darüber hinaus, daß es neben *solchen* Ereignissen der Realität noch andere Möglichkeiten gibt. Es ist das Spezifikum des Bewußtseins, real zu sein und das Ideale zu enthalten – und ideal zu sein, ohne sich von der Realität zu entfernen. In der Tat wird das Bewußtsein nicht von anderem beherrscht, sondern beherrscht immer das andere. Mag unser Verhalten auch den Gesetzen der Notwendigkeit gemäß entstehen, so *wissen* wir dies doch und sind daher nicht darin gefangen. Vom Ideal im Grund des Bewußtseins her gesehen, ist die jeweilige Realität nur ein besonderes Beispiel des Ideals. Das Ideal ist somit nur ein jeweiliges Prozeßmoment seiner Selbstverwirklichung. Dies Verhalten kommt nicht von außen, es tritt von innen hervor. Und weil wir diese Art Realität nur als *ein* Beispiel des Ideals betrachten, schließt sie unbestimmt viele andere Möglichkeiten in sich ein.

Somit ist das Bewußtsein nicht deswegen frei, weil es die Naturgesetze bricht und aus dem Zufall heraus wirkt, sondern es ist frei, weil es der Natur seines Selbst folgt. Es ist nicht frei, weil es ohne Grund wirkt, sondern es ist frei, weil es den Grund *weiß*. Mit dem Fortschritt des Wissens kann der Mensch freier werden. Selbst wenn er von anderem kontrolliert und unterdrückt wird, kann er dieser Kontrolle und Unterdrückung entgehen, wenn er sie erkennt. Ja, wenn er ihre Unvermeidbarkeit erfaßt, verwandelt sich die Unterdrükkung in die Freiheit des Selbst. Sokrates war ein freierer Mensch als die Athener, die ihn zwangen, sich zu vergiften. Auch Pascal hat gesagt, daß der Mensch schwach wie ein Halm ist; aber er ist ein denkender Halm, und wenn ihn die ganze Welt zu zerstören trachtet, so weiß er doch, daß er es ist, der stirbt. Daher ist er größer als die, die ihn töten.

* Die idealen Momente im Grund des Bewußtseins, d. h. der Einheitsfunktion, sind, wie ich im Abschnitt über die Realität dargelegt habe, kein Produkt der Natur, die Natur wird vielmehr durch diese Einheit allererst konstituiert. Sie ist eine unendliche Kraft, die Grundlage der Realität, und kann nicht quantitativ bestimmt werden. Sie existiert gänzlich außerhalb der notwendigen Gesetze der Natur. Unser Bewußtsein steht nicht unter der Herrschaft der natürlichen Gesetze, es ist frei, weil es ein Ausdruck dieser Kraft ist.

Vierter Abschnitt
EINE STUDIE ÜBER DEN WERT

Wir können alle Phänomene und Ereignisse unter zwei Aspekten betrachten. Der eine zielt auf die Erforschung des Grundes oder der Ursache: wie sind sie entstanden und warum mußte es so sein; der andere zielt auf die Erforschung des Zwecks: wozu sind sie entstanden? Denken wir uns zum Beispiel eine Blüte. Wenn wir fragen, wie ist sie entstanden, dann müssen wir antworten, daß sie physikalischen und chemischen Gesetzen folgend aus einer Pflanze und ihrer Umgebung hervorging. Fragen wir, zu welchem Zweck sie entstand, antworten wir, um Früchte zu tragen. Ersteres ist nur eine theoretische Untersuchung der Gesetze des Wachstums der Pflanze, letzteres aber eine praktische Untersuchung der Gesetze der Tätigkeit der Dinge.

Die Phänomene der sogenannten anorganischen Welt können wir danach befragen, wie sie entstanden sind, aber nicht, welchen Zweck sie haben. D. h. sie haben keinen Zweck. – Aber selbst in bezug auf diesen Fall steht es uns auch frei zu sagen, daß Ziel und Ursache zusammenfallen. Wenn man zum Beispiel auf einem Billardtisch eine Kugel mit einer bestimmten Kraft in eine bestimmte Richtung stößt, rollt sie auch in eine bestimmte Richtung. Dennoch hat diese Kugel in diesem Augenblick keinerlei Zweck. Vielleicht verfolgt der Mensch, der sie gestoßen hat, irgendeinen Zweck, aber das ist nicht der innere Zweck der Kugel selbst, diese bewegt sich nur notwendig einer äußeren Ursache gemäß. Anders gesehen bewegt sich die Kugel in eine bestimmte Richtung, weil es in ihr selbst eine solche Bewegungsenergie gibt. Von der inneren Kraft der Kugel selbst her gesehen, ist sie eine sich selbst verwirklichende zielgerichtete Funktion. Bei den Pflanzen und Tieren schließlich trennen sich, indem der innere Zweck des Selbst deutlicher wird, Ursache und Zweck voneinander. Zwar folgen die pflanzlichen und tierischen Phänomene den notwendigen Gesetzen der Physik und der Chemie, – aber sie sind nicht völlig bedeutungslos. Das Ziel dieser Phänomene sind die Erhaltung und die Entwicklung des ganzen Lebewesens. Unter diesen Phänomenen können die, die Resultat einer Ursache sind, nicht notwendig zweckhaft genannt werden, bisweilen kollidieren der Zweck des Ganzen und Teilphänomene miteinander. An dieser Stelle müssen wir Überlegungen über den Wert der Phänomene anstellen und uns fragen, welche Phänomene den höchsten Zwecken entsprechen.

In bezug auf die die Lebewesen betreffenden Phänomene können wir durchaus annehmen, daß dieser einheitliche

Zweck eine von uns Menschen von außen herangetragene Fiktion ist, auf die wir auch verzichten könnten, d. h. wir können diese Phänomene als bedeutungslose Verbindungen betrachten, die aus der Konzentration verschiedener Kräfte entstanden sind. Nur unsere Bewußtseinsphänomene können wir unter keinen Umständen auf diese Weise interpretieren. Bewußtseinsphänomene bilden von Anfang an keine bedeutungslosen Verbindungen von Elementen; sie sind einheitliche Tätigkeiten. Wenn man aus den Funktionen des Denkens, der Imagination und des Willens diese einheitliche Tätigkeit abzöge, würden auch jene Phänomene verschwinden. Bei den genannten Funktionen ist das wichtigste Problem nicht, wie sie entstehen, sondern: wie man denken, imaginieren und handeln soll. Aus dieser Frage entwickeln sich die Disziplinen der Logik, der Ästhetik und der Ethik.

Einige Gelehrte versuchen, die Gesetze des Wertes aus den Gesetzen der Existenz abzuleiten. Wir können aber, wie ich glaube, daraus, daß wir sagen: dieses bringt jenes hervor, keine Werturteile ableiten. Aus einem Kausalitätsgesetz, das festlegt, daß eine rote Blüte einen solchen Effekt zeitigt, eine blaue aber einen anderen, erklärt sich nicht, warum die eine schön, die andere aber häßlich ist, und warum die eine einen großen Wert besitzt, die andere aber nicht. Unser Denken, Imaginieren und Wollen entstanden, wenn sie einmal die Gestalt von Tatsachen angenommen haben, immer aufgrund entsprechender Ursachen, wie falsch, böse oder niederträchtig unser Denken, Wollen und Imaginieren auch sein mögen. Sowohl der Wille, einen Menschen zu töten, als auch der Wille, einem Menschen zu helfen, haben eine notwendige Ursache und bringen eine notwendige Wirkung hervor. In diesem Punkt gibt es zwischen beiden keinen Wertunterschied. Erst die durch die Bedürfnisse des Gewissens oder die Gier nach Leben gesetzten Normen schaffen einen gewaltigen Wertunterschied zwischen diesen zwei Verhaltensformen. Gewisse Theoretiker erklären, daß das, was die größte Lust bereitet, auch den höchsten Wert hat und denken, daß sie auf diese Weise aus dem Kausalitätsgesetz ein Wertgesetz abgeleitet hätten. Warum mir aber ein bestimmtes Resultat Lust bereitet, ein anderes aber nicht, – das läßt sich nicht aus den Prinzipien von Ursache und Wirkung ableiten. – Unsere Liebe und unsere Abneigung markieren Tatsachen der unmittelbaren Erfahrung, die verschiedene Grundlagen haben. Die Psychologen sagen, daß die Lust unsere Lebenskraft erhöht; aber warum ist das, was die Lebenskraft erhöht, die Lust? Behaupten die Pessimisten nicht gerade im Gegenteil, daß das Leben die Quelle allen Leids sei? – Daneben gibt es auch einige Theoretiker, die Macht mit Wert gleichsetzen. Was übt aber auf den menschlichen Geist die größte Macht aus? Nicht notwendig das im materiellen Sinne Mächtige. Macht über ihn besitzt, d. h. Wert hat für ihn, was das stärkste Begehren erregt. Nicht die Macht entscheidet über den Wert, sondern der Wert über die Macht. Alle unsere Begierden und Bedürfnisse können nicht erklärt werden: sie sind gegebene Tatsachen. Man sagt, wir essen um zu leben. Aber dieses ›um zu leben‹ ist eine nachträgliche Erklärung. Unser Hunger braucht diesen Grund nicht. Wenn ein Säugling die erste Milch trinkt, dann tut er es auch nicht aus diesem Grund. Er trinkt einfach – um zu trinken. Unsere Begierden und Bedürfnisse sind nicht nur unerklärliche Tatsachen der unmittelbaren Erfahrung. Sie sind der geheime Schlüssel zum Verständnis der wahren Bedeutung der Realität. Die vollkommene Erklärung der Realität erschöpft sich nicht in der Beantwortung der Frage, *wie* wir existieren, sondern muß auch erklären, *warum* wir existieren.

Fünfter Abschnitt
ETHISCHE LEHREN (I)

Nachdem ich über Fragen des Wertes gesprochen habe, werde ich mich der Frage nach der Beschaffenheit des Guten zuwenden. Wir fällen, wie gesagt, über unser Verhalten Werturteile.

Es geht nun darum zu klären, worin die Norm dieser Werturteile liegt, welches Verhalten *gut* und welches Verhalten *schlecht* ist. Ethische Probleme dieser Art haben für uns die größte Bedeutung. Wir können sie nicht ignorieren. Sowohl im Osten als auch im Westen hat die Ethik eine überaus lange Tradition; daher gibt es seit alters verschiedene ethische Lehrmeinungen, deren wichtigste ich hier in Umrissen vorstellen und kritisieren möchte. Danach soll mein eigener Standpunkt dargestellt werden.

Die traditionellen ethischen Lehrmeinungen lassen sich grob in zwei Gruppen einteilen: in die *heteronomistischen*, die die Norm des Guten und des Bösen in eine Autorität jenseits des menschlichen Lebens verlegen, und die *autonomistischen*, die diese Norm im menschlichen Leben selbst suchen. Daneben gibt es eine *intuitionistische* Lehre, die zahlreiche Ausformungen gefunden hat; einige darunter lassen sich dem heteronomistischen, andere muß man dem autonomistischen Typ zurechnen. Ich beginne mit den intuitionistischen Lehren.

Ein Hauptcharakteristikum dieser Lehren ist, daß sie die Moralgesetze, die unser Verhalten kontrollieren sollen, für unmittelbar evident halten. Neben der Evidenz gibt es keinen anderen Maßstab. Welches Verhalten gut und welches schlecht ist, wissen wir intuitiv; so wie wir wissen, daß das Feuer heiß und das Eis kalt ist. Gut und Böse sind Eigenschaften des Verhaltens selbst, sie brauchen nicht erklärt zu werden. – Freilich, unsere tägliche Erfahrung zeigt uns, daß wir Urteile über Gut und Böse eines Verhaltens im großen und ganzen intuitiv fällen, ohne uns erst die Gründe dafür zu überlegen. Es gibt da das sogenannte Gewissen, das über Gut und Böse seine Urteile fällt – wie das Auge über Schön und Häßlich. Dies sind die Grundsätze der intuitionistischen Lehren, die sich meines Erachtens eng an die Tatsachen halten. Überdies gelingt es ihnen dadurch, daß sie den Grund für Gut und Böse eines Verhaltens für unerklärbar halten, die Würde der Moral zu bewahren.

Welchen eigentlich *ethischen* Wert haben diese Theorien aber, wenn man einmal davon absieht, daß sie einfach und in der Praxis brauchbar sind? Was nach Aussage der intuitionistischen Theorien unmittelbar evident sein soll, ist nicht der letzte Zweck des Menschenlebens, sondern das Gesetz des Verhaltens. Selbstverständlich sind auch innerhalb der intuitionistischen Theorien die Meinungen darüber geteilt, ob Gut und Böse eines Verhaltens immer in der jeweiligen Situation intuitiv erfaßt werden, oder ob das fundamentale moralische Gesetz, das die einzelnen moralischen Urteile umgreift, in unmittelbarer Evidenz erscheint. Dennoch ist in beiden Fällen ein unmittelbares, selbstevidentes Gesetz des Verhaltens der ›lebendige Kern‹ dieser Theorien. – Trotz allem drängt sich hier die Frage auf, ob sich in unseren alltäglichen moralischen Urteilen (nach Maßgabe der sogenannten Stimme des Gewissens) wirklich das unmittelbare und selbstevidente, richtige und widerspruchsfreie Moralgesetz, von dem die Intuitionisten reden, finden läßt. – Es ist klar, daß im Einzelfall das Urteil nicht notwendig sicher ist. Es gibt Fälle, in denen wir uns über Gut und Böse täuschen, und was wir jetzt für richtig halten, erscheint uns später als falsch. Und selbst in derselben Situation ist das Urteil über Gut und Böse von Mensch zu Mensch sehr verschieden. Die Aussage, daß es in jedem einzelnen Fall sichere moralische Urteile gäbe, hält dem Nachdenken reflektierterer Geister nicht stand. – Gibt es nun im *allgemeinen* Fall ein solches selbstevidentes Prinzip? Das von den Intuitionisten in Anspruch genommene selbstevidente Prinzip ist nicht auf eine Formel zu bringen und unterscheidet sich von Mensch zu Mensch. Schon dies beweist, daß es kein selbstevidentes Prinzip gibt, das allgemein anerkannt werden müßte. Überdies läßt sich unter den selbstverständlichen Pflichten der Menschen auch nicht *ein* solches Prinzip ausfindig machen. Das, was die Konfuzianer Loyalität (chū) und Pietät (kō) nennen, sind vielleicht natürliche Pflichten, aber auch sie bergen Konflikte und sind Veränderungen unterworfen. Es ist also durchaus nicht *evident*, worin echte Loyalität und Pietät bestehen. Auch die anderen Tugenden – Weisheit (chi), Tapferkeit (yū), Menschlichkeit (jin) und Gerechtigkeitssinn (gi) – scheinen ihre wahre Bedeutung nicht preisgeben zu wollen: welche Weisheit ist die wahre, welche Tapferkeit die echte? Nicht jede Weisheit, nicht jede Tapferkeit ist *gut*; im Gegenteil, Weisheit und Tapferkeit können sich auch in den Dienst des Bösen stellen. Menschlichkeit und Gerechtigkeitssinn sind selbstevidenten Prinzipien noch vergleichsweise nah, aber auch von der Menschlichkeit kann man sagen, daß sie nicht in jedem Fall absolut gut ist. Eine unangemessene Menschlichkeit kann durchaus moralisch Schlechtes hervorbringen. – Und was ist wahre Gerechtigkeit? Auch sie ist jedenfalls nicht selbstevident. Wie behandle ich Menschen *gerecht*? Gleichheit aller bedeutet nicht Gerechtigkeit. Gerechtigkeit heißt im Gegenteil, dem Einzelnen das Seine gemäß seines Werts zukommen zu lassen. Aber wer bestimmt diesen Wert? – In unseren moralischen Urteilen gibt es, kurz gesagt, auch nicht eines jener selbstevidenten Prinzipien, von denen die Intuitionisten sprechen. In ihren Thesen wiederholen die Intuitionisten nur immer wieder dieselben inhaltslosen Worte.

Wenn sich aber, wie ich dargestellt habe, nicht beweisen läßt, daß Gut und Böse unmittelbar evident sind, haben die intuitionistischen Lehren einen äußerst geringen Wert. Machen wir eine Probe aufs Exempel und nehmen wir an, daß es eine solche Intuition gäbe und daß das Gute darin bestünde, dem in dieser Intuition gegebenen Gesetz zu folgen. Was wären die ethischen Konsequenzen einer solchen Annahme? – Die Intuitionisten sagen, daß sich Intuition im Grunde nicht mittels Vernunft erklären lasse und daß sie ein völlig unmittelbares bedeutungsfreies Bewußtseinserlebnis sei, ohne Beziehung zu den Gefühlen der Freude und des Leids, noch zu guten oder schlechten Bedürfnissen. Wenn *Gutsein* bedeutet, einer solchen Intuition zu folgen, dann ist das Gute etwas gänzlich Bedeutungsloses und Gutsein nur blinder Gehorsam, dann sind die Gesetze der Moral ein den Menschen von außen auferlegter Zwang. Und der moralische Intuitionismus entpuppt sich als eine heteronomistische Morallehre. Aber viele der Intuitionisten gehen von einer anderen Art von Intuition aus: sie sehen sie mit der Vernunft als identisch an, für sie sind die fundamentalen Gesetze der Moral durch die Vernunft selbstevident. Eine solche Redeweise bedeutet aber, daß Gutsein heißt, der Vernunft zu folgen, und daß der Unterschied von Gut und Böse nicht in der Intuition gegeben ist, sondern durch die Vernunft erklärt werden muß. Einige Intuitionisten halten die Intuition für identisch mit unmittelbarem Behagen oder Unbehagen, unmittelbarer Neigung oder Abneigung. Dann ist das Gute aber nur deswegen gut, weil es Freude oder Befriedigung verleiht. Und die Norm des Guten und des Schlechten liegt nur noch im Grad der Freude und der Befriedigung. Je nach der Bedeutung des Wortes *Intuition* nähern sich die intuitionistischen Theorien anderen ethischen Lehren an. Natürlich muß ein reiner Intuitionismus von einer völlig bedeutungsfreien Intuition ausgehen. Dadurch wird sie von einer heteronomistischen Morallehre ununterscheidbar und kann nicht erklären, *warum* wir dem Guten folgen müssen. Das Fundament der Moral wird dergestalt zu einem völlig Kontingenten und Bedeutungslosen. – In unserer praktischen moralischen Intuition sind ursprünglich verschiedene moralische Prinzipien eingeschlossen. Diese enthalten sowohl heteronome Elemente, die von einer äußeren Autorität herstammen, als auch Elemente, die aus der Vernunft, dem Gefühl und dem Bedürfnis stammen. Aus diesem Grund entwickeln sich in den sogenannten selbstevidenten Prinzipien Widersprüche und Konflikte. Es ist klar, daß sich auf solch komplexen Prinzipien keine ethische Theorie errichten läßt.

Sechster Abschnitt
ETHISCHE LEHREN (II)

Ich habe über die Unvollkommenheiten des intuitionistischen Ansatzes gesprochen und festgestellt, daß sich daraus, je nach der Bedeutung, die man der Intuition zumißt, verschiedene Theorien entwickeln können. Wenden wir uns nun den ethischen Lehren zu, die reine Heteronomie-Lehren, d. h. Autoritäts-Lehren sind. Die Theoretiker dieser Schule glauben, daß das, was wir das moralisch Gute nennen, sich der Art nach von unseren menschlichen Bedürfnissen wie dem Wohlbefinden und der Zufriedenheit unterscheidet und richten ihre Aufmerksamkeit auf den Bereich, in dem es den Charakter eines strengen Befehls besitzt. Für sie ist Moral das Resultat eines Befehls, der von einer absoluten Autorität oder Macht an uns ergeht. Daher hat das Befolgen von Moralgesetzen nach ihrer Ansicht nichts mit unserem eigenen Vorteil oder Nachteil zu tun: Wir gehorchen nur dem Befehl einer absoluten Autorität, und dieser Befehl legt fest, was Gut und Böse ist. Da die Basis unserer moralischen Urteile durch die Lehren, die Gesetze, die Systeme und die Gewohnheiten unserer Eltern und Lehrer gelegt worden ist, scheint es nur zu natürlich, daß solche Morallehren entstehen. In ihnen ist die Stimme des Gewissens, von der die Intuitionisten reden, einfach durch den Befehl äußerer Autoritäten ersetzt.

Eine solche in der Außenwelt residierende Autorität muß uns gegenüber selbstverständlich eine absolute und in ihm selbst begründete Verfügungsgewalt besitzen. Es gibt zwei Arten von Autoritäts-Lehren, die sich im Laufe der Geschichte der Ethik herausgebildet haben, die eine stellt den Herrscher an den Anfang, die andere Gott. Exponenten der letzteren, die vor allem im Mittelalter, als die Kirche die höchste Autorität besaß, vorherrschte, waren Denker wie Duns Scotus. – Nach Duns Scotus besitzt Gott eine grenzenlose Macht über uns, und der Wille Gottes ist vollkommen frei. Gott befiehlt nicht, weil er das Gute oder die Vernunft ist, sondern weil er auch diese Beschränkungen unendlich übersteigt. Gott befiehlt nicht, weil er gut ist, sondern weil Gott befiehlt, ist es gut. Duns Scotus trieb diese Theorie bis zum Extrem und behauptete, daß Gottes Befehl selbst dann noch gut wäre, wenn er ihn mit brutaler Gewalt durchsetzte. Ein Theoretiker der Herrscherautorität war der zu Beginn der Neuzeit lebende Engländer Hobbes. Nach seiner Auffassung ist der Mensch restlos böse, und der Zustand der Natur ist dadurch gekennzeichnet, daß der Schwächere zur ›Beute‹ des Stärkeren wird. Dem daraus resultierenden menschlichen Elend zu entfliehen, wird nur dadurch möglich, daß alle Menschen ihre Autorität an einen Herrscher delegieren und seinen Befehlen absoluten Gehorsam leisten. Was immer man in Übereinstimmung mit den Befehlen des Herrschers tut, ist gut, alle Zuwiderhandlungen sind böse. In China verfocht Hsün-tzu eine Art Autoritäts-Lehre. Sein Motto war: Gutsein heißt, dem Weg der Herrscher der Vorzeit zu folgen.

Wohin führt uns ein strenges Weiterdenken der Autoritäts-Lehre? – Lehren dieser Art können nicht erklären, *warum* wir das Gute tun sollen. Genauer, gerade diese Unerklärbarkeit ist der Kern der Autoritäts-Lehren. Wir folgen der Autorität einfach, weil sie Autorität ist. Wenn wir der Autorität *aus irgendeinem Grunde* folgen, gehorchen wir schon nicht mehr der Autorität, sondern einem Grund. Einige sagen, daß die Furcht das angemessenste Motiv sei, einer Autorität zu gehorchen. Aber den Revers der Furcht bilden Gewinn und Verlust, Vorteil und Nachteil des Selbst. Mit dem Blick auf Gewinn und Verlust zu gehorchen, bedeutet schon längst nicht mehr, der Autorität zu gehorchen. Diese Einsicht brachte Hobbes dazu, den Standpunkt einer reinen Autoritäts-Theorie aufzugeben. Nach der neuen und überaus interessanten Autoritäts-Theorie Kirchmanns empfinden wir jedesmal, wenn wir mit etwas, das eine erhabene Macht besitzt, zum Beispiel einem gewaltigen Berg oder dem Meer, konfrontiert sind, einen Schrecken. Dieser Zustand muß von dem der Furcht oder des Schmerzes unterschieden werden; in ihm werden wir von einem Faktum der äußeren Welt ergriffen, überwältigt und vereinnahmt. Wenn jene erhabene Macht überdies einen Willen besitzt, können wir ihm das Gefühl der Verehrung nicht verweigern – und wir gehorchen den Befehlen dieser Macht mit Ehrfurcht. Nach Kirchmann bildet dieses Gefühl die Motivation, einer Autorität zu gehorchen. – Wenn wir aber genau überlegen, stellt sich heraus, daß wir nichts ohne Grund verehren. Wir verehren einen Menschen etwa deshalb, weil er ein Ideal verwirklicht hat, das wir nicht verwirklichen konnten. D. h. wir verehren nicht einfach den Menschen, sondern das Ideal. Für die Vögel und die Tiere sind Buddha und Konfuzius keinen Pfennig wert. So müssen für eine strenge Autoritäts-Theorie Moral und blinder Gehorsam zusammenfallen. Auch Furcht und Verehrung müssen für sie blinde und sinnlose Empfindungen sein. In einer Fabel Äsops beobachtet ein Rehkitz, wie das Muttertier vom Bellen eines Hundes aufgeschreckt flieht. Es fragt die Mutter, warum sie, die doch so groß sei, vor einem so kleinen Hund weglaufe. Die Mutter antwortet, daß sie das auch nicht wisse. Sie wisse nur, daß sie sich vor der Stimme des Hundes fürchte, und das sei genug. Diese Art unbestimmter Furcht ist, wie ich glaube, die Motivation, die zu den Autoritäts-Theorien am besten paßt. Hier schließen Moral und Wissen sich aus, und der unwissendste Mensch ist auch der beste. – Hier müßte der Mensch sich aber auch, um sich zu entwickeln und fortzuschreiten, sobald als möglich von den Fesseln der Moral befreien. Er dürfte sich auch nicht einmal bei einem guten Verhalten klarmachen, daß er dem Befehl einer Autorität folgt; denn zu handeln und zu wissen, warum man so handeln soll, – ist kein moralisch gutes Verhalten mehr.

Die Autoritäts-Theorien vermögen auf diese Weise nicht nur das Problem der moralischen Motivation nicht zu klären, sondern auch das sogenannte moralische Gesetz verliert bei ihnen jegliche Bedeutung und somit die Unterscheidung von Gut und Böse ihre Norm. Wenn wir sagen, daß wir der Autorität blind gehorchen, nur weil sie Autorität ist, unterstellen wir verschiedene Ausprägungen. Es gibt eine brutale, gewalttätige Autorität, und es gibt eine sublime, geistige Autorität. Unabhängig davon, ob wir der einen oder der anderen folgen, gehorchen wir immer einer und derselben Autorität. Das bedeutet, daß die Norm für Gut und Böse zusammenbricht. Natürlich kann man die Stärke oder Schwäche der Macht zu einem Kriterium machen, aber auch über Stärke oder Schwäche einer Macht läßt sich erst diskutieren, wenn wir ein Ideal bestimmt haben. Ob wir Jesus über Napoleon oder Napoleon über Jesus stellen, ist davon abhängig, wie wir unsere Ideale definieren. Wenn wir davon ausgehen, daß nur die, die weltliche Macht besitzen, mächtig sind, dann kann man auch sagen, daß die physisch Stärksten die Mächtigsten sind.

Ganz in dem Sinne, in dem Saigyō Hōshi [1118–1190] dichtete »Ich weiß nicht, was es ist, aber vor Ehrfurcht fließen meine Tränen«, entzieht sich die Würde der Moral dem Verständnis. Daß auch die Autoritäts-Theorien an diesem Punkt anlangten, beweist, daß sie auch Momente der Wahrheit besitzen. Ihr großer Fehler war es aber, daß sie über dieser Einsicht alle Bedürfnisse der menschlichen Natur vergaßen. Die Moral gründet auf der menschlichen Natur. Daher muß der Grund dafür, warum der Mensch das Gute tun soll, aus seiner Natur erklärt werden.

Siebter Abschnitt
ETHISCHE LEHREN (III)

Mit den Heteronomie-Lehren läßt sich, wie ich oben dargestellt habe, nicht erklären, *warum* der Mensch das Gute tun soll. Das Gute wird auf diese Weise zu einem völlig bedeutungslosen Ding. Daher muß die Basis der Moral im menschlichen Wesen gesucht werden. Die Fragen, was das Gute ist und warum wir das Gute tun müssen, müssen aus dem menschlichen Wesen erklärt werden. Die ethischen Lehren, die dies versuchen, nenne ich Autonomie-Lehren. Es gibt drei Arten von Autonomie-Lehren: 1. die rationalistischen oder intellektualistischen Theorien, die die Vernunft zur Basis machen; 2. die hedonistischen Theorien, die von den Emotionen der Lust und des Leids ausgehen; 3. die handlungsorientierten Theorien, die die Willenshandlung ins Zentrum stellen. Beginnen wir mit den rationalistisch-intellektualistischen Theorien.

Die rationalistische oder intellektualistische (dianoetische) Ethik, identifiziert das Wahr und Falsch der Erkenntnis mit dem Gut und Böse (Richtig und Falsch) der Moral. Das Gute ist die Wahrheit der Dinge: Wer die Wahrheit der Dinge erkennt, der weiß auch spontan, was getan werden muß. Unsere Pflichten können deduziert werden wie geometrische Wahrheiten. Ihre Antwort auf die Frage, warum wir das Gute tun müssen, lautet, weil es das Wahre ist. Wir Menschen besitzen Vernunft; so wie wir beim Erkennen der Vernunft folgen müssen, müssen wir auch beim praktischen Handeln der Vernunft folgen. (Das Wort ›Vernunft‹ hat verschiedene philosophische Bedeutungen, aber hier soll es nur in einem allgemeinen Sinn als das verstanden werden, was abstrakte Begriffe miteinander verbindet.) Im Gegensatz zu Hobbes, für den das moralische Gesetz eine vom Willen des Herrschers abhängige beliebige Setzung ist, betonen diese Theorien einerseits, daß das moralische Gesetz eine Eigenschaft der Dinge, ewig und unwandelbar sei, und andererseits, daß die Allgemeinheit des moralischen Gesetzes nicht erklärt werden kann, wenn wir die Basis von Gut und Böse in solch passivischen Vermögen wie der Wahrnehmung und der Empfindung suchen. Aus der Befürchtung heraus, daß wir die Würde der Pflicht mißachten und die Vorlieben des Einzelnen zur einzigen Norm erheben könnten, versuchen sie die Allgemeinheit des moralischen Gesetzes mit der Allgemeinheit der Vernunft zu begründen – und der Pflicht die ihr gebührende Dignität zukommen zu lassen. In vielen Punkten ähneln diese Theorien den intuitionistischen Theorien, aber Intuition meint mehr als nur die Intuition der Vernunft, und ich denke, daß beide Ansätze voneinander getrennt werden sollten.

Das reinste Beispiel einer rationalistischen Theorie ist meines Erachtens die von [Samuel] Clarke [1675–1729]. Nach seiner Überzeugung sind alle Verhältnisse des menschlichen Bereichs so klar wie mathematische Prinzipien und bieten so den Maßstab für die Angemessenheit oder die Unangemessenheit der Dinge. Wir müssen zum Beispiel Gott gehorchen, weil er uns unendlich überlegen ist. Und die Ungerechtigkeiten, die ein anderer mir zugefügt hat, bleiben Ungerechtigkeiten, auch wenn ich sie ihm zufüge. Auf die Frage, warum wir das Gute tun müssen, antwortet Clarke, daß der Mensch, das *vernünftige Tier*, eben der Vernunft folgen *müsse*. Er geht sogar so weit zu behaupten, daß ein Mensch, der sich gegen die Rechtmäßigkeit vergeht, die Natur der Dinge verkehren möchte. Er vertauscht das *Sein* mit dem *Seinmüssen*.

Zwar versuchen die rationalistischen ethischen Theorien, die Allgemeinheit des moralischen Gesetzes zu klären und die Pflicht zu heiligen, aber sie können auf diese Weise nicht alle Seiten der Moral erfassen. Ihre Verfechter sagen, daß wir das moralische Gesetz, das unser Verhalten lenkt, dank eines formalen Verstandesvermögens a priori erkennen können. Das rein formale Verstandesvermögen – wie die in der Logik so genannten drei Prinzipien des Denkens – kann dem rein formalen Verstehen zwar seine Gesetze, aber keinerlei Inhalt geben. Die Theoretiker lieben den Vergleich mit der Geometrie, aber auch die Axiome der Geometrie sind nicht klar dank eines formalen Vermögens des Verstandes, sondern erklären sich aus den Eigenschaften des Raumes. Die deduktiven Schlüsse der Geometrie sind Anwendungen von Gesetzen der Logik auf fundamentale Intuitionen betreffs der Eigenschaften des Raumes. Auch in der Ethik geschieht die Anwendung bereits klarer fundamentaler Prinzipien gemäß der Gesetze der Logik, während diese Prinzipien selbst nicht mittels der Gesetze der Logik geklärt wurden. – Ist uns denn zum Beispiel das moralische Gesetz, daß man seinen Nächsten lieben soll, nur durch das Vermögen des Verstandes klar? Wir besitzen sowohl die Eigenschaften der Nächstenliebe als auch der Selbstliebe. Warum aber die eine der anderen überlegen ist, wird nicht von unserem Verstand, sondern von unseren Emotionen und Bedürfnissen entschieden. Auch wenn wir intellektuell den wahren Aspekt der Dinge erkennen konnten, können wir daraus nicht ableiten, was das Gute ist. Wir können daraus, daß etwas so *ist*, nicht schließen, daß es so *sein muß*. Clarke sagt, daß den wahren Aspekt der Dinge zu kennen heißt, Geeignetheit und Ungeeignetheit unterscheiden zu können. – Aber letzteres ist schon kein rein intellektuelles Urteil mehr, sondern ein Werturteil. Erst gibt es jemanden, der etwas sucht, danach erst wird das Urteil über Geeignetheit und Ungeeignetheit gefällt.

Nun zu dem Punkt, daß wir das Gute tun müssen, weil wir vernünftige Tiere sind und daher nicht umhin kommen, der Vernunft zu folgen. Es ist klar, daß die, die die Vernunft verstehen, der Vernunft intellektuell folgen müssen. Aber rein logische Urteile und Willensentscheidungen sind verschiedene Dinge. Logische Urteile werden nicht notwendig zu Ursachen des Willens. Wille entsteht aus Emotionen und Trieben, nicht aus abstrakter Logik. Auch die Maxime, daß man keinem das zufügen soll, was man an sich selbst nicht erleiden möchte, hat für uns keine Bedeutung, solange es keine Sympathie gibt, die die Rolle der Motivation spielt. Wenn abstrakte Logik unmittelbar den Willen motivieren könnte, wäre der diskursiv geübteste Mensch auch der beste. Keiner kann jedoch leugnen, daß zuzeiten unwissende Menschen bessere Menschen sind als wissende.

* Ich habe als Repräsentanten der rationalistischen Theorie Clarke genannt, genaugenommen ist Clarke aber ein Repräsentant der an der Logik orientierten Richtung dieser Schule; eine mehr an der Praxis orientierte Richtung dieser Schule repräsentieren die sogenannten Kyniker. Diese Schule, die die Identifikation des Guten mit dem Wissen von Sokrates übernommen hatte, betrachtete alle sinnlichen Bedürfnisse und Leidenschaften als böse. Das Gute sahen sie allein in ihrer Überwindung und der Unterwerfung unter die reine Ver-

nunft. Diese Vernunft stand nicht nur in Gegensatz zu den sinnlichen Leidenschaften, sondern war überdies eine gänzlich negative und inhaltslose Vernunft. Das Ziel der Moral bestand einzig und allein in der Überwindung der sinnlichen Bedürfnisse und Leidenschaften und in der Erhaltung der Freiheit des Geistes. Der legendäre Diogenes kann dafür als Modell dienen. Die kynische Schule wurde von der stoischen abgelöst, die dieselben Doktrinen verfolgte. Nach der Lehre der Stoa wird das Universum von einer einzigen Vernunft beherrscht, die auch das Wesen der Menschen in sich einschließt. Der Vernunft zu folgen heißt, den Gesetzen der Natur zu folgen: dies ist das einzige Gute, das in den Menschen liegt. Leben, Gesundheit und Besitz sind nicht gut, und Armut, Leid, Krankheit und Tod sind nicht schlecht. Nach der Überzeugung der Stoiker sind die Freiheit und der Frieden der Seele das höchste Gut. – Das Resultat ist dasselbe wie bei den Kynikern: alle Anstrengungen gelten der Ausrottung der sinnlichen Bedürfnisse und der Erreichung der *Apathie*. Epiktet ist hier das beste Beispiel.

* Wie diese Schulen zeigen, kann, wenn das Ziel des Menschen in einer den sinnlichen Bedürfnissen entgegengesetzten reinen Vernunft gesucht wird, weder in der Region der Logik eine moralische Motivation gefunden, noch im Bereich der Praxis das Gute mit irgendwelchen positiven Inhalten gefüllt werden. Die Kyniker und die Stoiker sahen allein in der Überwindung der Leidenschaften das Gute; aber wir müssen unsere Leidenschaften überwinden, weil wir uns ein noch größeres Ziel suchen sollen. Denn es gibt nichts Absurderes als zu behaupten, das Gute läge darin, unsere Leidenschaften zu beherrschen – nur um sie zu beherrschen.

Achter Abschnitt

ETHISCHE LEHREN (IV)

Die rationalistisch-intellektualistischen Theorien gehen einen Schritt über die Heteronomie-Lehren hinaus, indem sie das Gute aus der menschlichen Natur zu erklären versuchen. Aber auch sie können, weil sie eine ebenso formale Vernunft an den Anfang setzen, die grundlegende Frage, warum wir das Gute tun müssen, nicht beantworten. Eine tiefe Reflexion über die Strukturiertheit des Selbst erweist, da der Wille aus den Emotionen des Leids und der Freude hervorgeht, daß das unerschütterliche Wesen der menschlichen Affekte in der Suche nach Lust und der Vermeidung von Unlust liegt. Auch ein Verhalten, das oberflächlich betrachtet nicht dem Lustgewinn dient – etwa ein Selbstopfer aus humanitären Gründen –, zielt auf eine Art von Lust, wie sich bei genauerer Hinsicht zeigt. Das Ziel des Willens ist letztlich immer Lust; und daß wir das Ziel unseres Lebens in der Lust sehen, ist eine evidente Wahrheit, die keiner Erläuterung bedarf. So ist es nur natürlich, daß auch ethische Theorien entstehen, die in der Lust das einzige Ziel des Menschen sehen und den Unterschied von Gut und Böse aus diesem Prinzip zu erklären versuchen. Dies sind die hedonistischen Theorien, von denen es zwei Arten gibt: die am Wohl des Einzelnen orientierte egozentrische und die am Wohl des Allgemeinen orientierte altruistische.

Die ego-orientierte hedonistische Theorie sieht in der Lust des Ich das einzige Ziel des menschlichen Lebens: Selbst wenn wir für andere etwas tun, geschieht dies, um unsere eigene Lust zu steigern; die höchste Lust, die das Ich erreichen kann, ist auch das höchste Gute. Die vollkommensten Repräsentanten dieser Schule waren Epikur und die Kyrenaiker in Griechenland. Aristippos konzedierte zwar, daß es neben der körperlichen Lust auch eine geistige Lust gäbe, nahm aber an, daß alles lustvolle Erleben identisch, und nur große Lust *gut* sei. Er bewertete alle positive Lust am höchsten und stellte das momentane Lusterlebnis über das Glück eines ganzen Lebens. – Er repräsentierte wohl die reinste Form eines Hedonisten. – Epikur sagte einfach, daß alle Lust identisch und das einzige Gute sei; und da keine Lust in Leid resultiere, müsse sie auch nicht gemieden werden. Aber er stellte das Glück eines ganzen Lebens über momentane Lusterlebnisse und wertete die negative Lust, d. h. den leidfreien Zustand, höher als die positive. Die höchste Lust erkannte er im ›Seelenfrieden‹. Aber auch seine Lehre zielte grundsätzlich auf die Lust des Einzelnen. In den vier Grundtugenden der Griechen, Sophia (Weisheit), Sophrosyne (Mäßigkeit), Andreia (Tapferkeit) und Dikaiosyne (Gerechtigkeit) sah er Voraussetzungen für die Steigerung der individuellen Lust. Auch Gerechtigkeit hat *an sich* keinen Wert; Wert gewinnt sie erst als Mittel der Glückserlangung, insofern sie sicherstellt, daß sich nicht alle gegenseitig umbringen. Epikurs Vorstellungen werden besonders deutlich in seiner Soziallehre: Die Gesellschaft ist eine notwendige Voraussetzung für den Vorteil des Einzelnen. Der Staat hat nur die Aufgabe, die Sicherheit des Einzelnen zu garantieren. Höchst erstrebenswert ist es, von sozialen Sorgen frei und ausreichend gesichert zu sein. Epikurs Doktrin war eher die eines Anachoreten (láte biósas). – Er versuchte, mit allen Mitteln dem Familienleben zu entgehen.

Wenden wir uns nun der hedonistischen Lehre zu, die sich an der Allgemeinheit orientiert, der sogenannten utilitaristischen Lehre. Ihre grundlegenden Doktrinen sind mit den oben beschriebenen völlig identisch; mit dem einen Unterschied, daß nicht die Lust des Einzelnen als höchstes Gut gilt, sondern die Lust aller in einer Gesellschaft. Ihr vollkommenster Vertreter ist [Jeremy] Bentham [1748–1832]. Nach Bentham ist das Ziel des menschlichen Lebens die Lust, und das Gute existiert nur in der Lust. Alle Arten der Lust sind identisch, die Lust kennt keine Unterschiede der Qualität, sondern nur solche der Quantität. (Die Lust am Roulette-Spiel unterscheidet sich nicht von der an der hohen Dichtung.) Unser Verhalten trägt seinen Wert nicht – wie die Intuitionisten behaupten – in sich, sein Wert bestimmt sich allein aus den daraus erwachsenden Resultaten. D. h. ein Verhalten, das große Lust schafft, ist ein gutes Verhalten. Auf die Frage, welches Verhalten das beste sei, antwortet Bentham, daß das größte Gut das größtmögliche Glück einer größtmöglichen Zahl sei, da nach den Prinzipien seiner Theorie das größte Glück vieler Menschen vernünftigerweise eine größere Lust sei als das größte Glück eines Individuums. Darüber hinaus versuchte Bentham auf der Grundlage seiner Theorie eine wissenschaftliche Methode zur Ermittlung des Werts eines Verhaltens zu entwickeln. Der Wert der Lust läßt sich nach Bentham im großen und ganzen quantitativ bestimmen. Er glaubte zum Beispiel, daß man die Lust an Standards der Stärke, der Dauer, der Gewißheit oder Ungewißheit messen könne. – Seine Theorie ist sicherlich sehr konsistent, aber warum nicht die größte Lust des Einzelnen, sondern das größte Glück der größten Zahl das höchste Gut sein soll, wird nicht klar. Es muß immer ein Subjekt vorausgesetzt werden, das die Lust empfindet: es gibt Lust nur da, wo jemand sie empfindet. Der Träger dieser Lustempfindung muß immer ein Individuum sein. Warum also sollte die Lust der großen Zahl über der Lust des Einzelnen stehen? Denker wie [John Stuart] Mill [1806–1873] betonten, daß der Mensch, weil ihm das Gefühl der Sympathie gegeben ist, eine größere Freude empfindet, wenn er sie mit anderen teilt, als wenn er sie alleine genießt. – Aber auch in diesem Fall ist die aus Sympathie erwachsende Freude nicht die des anderen, sondern meine eigene. Es bleibt dabei, daß die eigene Lust der einzige Standard ist. Was geschieht aber, wenn meine Lust mit der eines anderen in Konflikt gerät? Kann man vom Standpunkt der hedonistischen Theorien her sagen, daß wir auch in diesem Augenblick zugunsten der Lust des anderen auf die eigene Lust verzichten müssen? – Es wird auch hier der Eigennutz – in Epikurs Sinne – siegen; das ist ein notwendiges Resultat der hedonistischen Theorien. Bentham und Mill haben so argumentiert, daß die eigene Lust mit der Lust der anderen eins sei, aber ich glaube, daß sich solche Behauptungen nicht durch Erfahrungstatsachen beweisen lassen.

Bisher habe ich die Hauptpunkte der hedonistischen Theorie kurz dargestellt, und möchte jetzt zu deren Kritik übergehen. Zunächst: genügt die grundlegende Annahme dieser Theorien, daß die Lust das einzige Ziel des menschlichen Lebens sei, als Richtschnur des Verhaltens? Von einer streng hedonistischen Warte her gesehen, sind alle Arten der Lust gleich, sie weisen nur quantitative Unterschiede auf. Wenn es nämlich qualitative Unterschiede und somit auch Wertunterschiede gäbe, müßte man einen Wertmaßstab außerhalb der Lust akzeptieren, und das würde mit der Doktrin kollidieren, daß die Lust selbst der einzige Maßstab für den Wert eines Verhaltens ist. Der von Bentham beeinflußte Mill hat verschiedene qualitative Unterschiede angenommen und geglaubt, daß ein Mensch, der zwei Arten von Lust auf dieselbe Weise erleben kann, leicht zu bestimmen vermag, welche von beiden die überlegenere ist. Er sagt daher auch: es ist besser, ein unbefriedigter Mensch als ein zufriedenes Schwein, besser ein unbefriedigter Sokrates als ein befriedigter Tor zu sein. Diese Unterscheidungen entsprängen dem menschlichen Sinn für Würde (sense of dignity). Aber die Millschen Gedanken entfernen sich deutlich von einem hedonistischen Standpunkt, denn für den Hedonismus kann eine Lust, ist sie kleiner als eine andere, nicht wertvoller sein als diese. Wie können wir die quantitativen Unterschiede von Lusterfahrungen und mittels ihrer den Wert eines Verhaltens bestimmen, wenn wir wie Epikur und Bentham annehmen, daß die Lust immer identisch ist und sich nur in ihrem Maß unterscheidet. Aristippos und Epikur sagen nur, daß man die Entscheidung mit dem Intellekt treffen kann, geben aber keinen klaren Standard an. Nur Bentham hat sich, wie ich oben beschrieben habe, etwas genauer darüber geäußert. Aber das Gefühl der Lust ändert sich sogar in ein und demselben Menschen je nach Zeit und Umständen, und es ist durchaus nicht evident, wann ein Lustgefühl in seiner Stärke einem anderen überlegen ist. Darüber hinaus ist es äußerst schwierig zu bestimmen, welcher Stärkegrad welcher Dauer entspricht. Wenn es schon so schwierig ist, das Lustgefühl eines einzigen Menschen zu messen, wie viel schwieriger ist es dann, die Lust anderer zu messen und deren Grad zu bestimmen! Im allgemeinen wird die geistige Lust über die körperliche gestellt. Es scheint, daß traditionellerweise die Ehre höher als der Reichtum und die Lust der vielen höher als die Lust des einen gewertet wurde, aber die Normen für diese Wertungen sind der Beobachtung vieler Aspekte entsprungen und gewiß nicht einfach aus dem Maß der Lust abgeleitet worden.

Ich habe oben die Grundprinzipien der hedonistischen Lehren so behandelt, als wären sie richtig; aber auch mit ihren Mitteln ist es äußerst schwierig, zuverlässige Normen für die Bewertung unseres Verhaltens zu gewinnen. Gehen wir einen Schritt weiter und analysieren wir die Grundprinzipien dieser Lehren. Ihre prinzipiellen Annahmen sind, daß alle Menschen auf Lust hoffen, und daß die Lust das einzige Ziel des Menschenlebens ist. – Und das ist es auch, was alle Menschen sagen. Ein kurzes Nachdenken klärt uns aber darüber auf, daß dies nicht wahr ist. Wir müssen den Menschen neben ihrer eigennützigen Lust auch höhere altruistische und idealistische Bedürfnisse zuerkennen. – In der Seele eines jeden verbergen sich Gefühle wie diese: Auch wenn ich mein eigenes Begehren unterdrücke, so möchte ich es doch an einen geliebten Menschen weitergeben; oder: auch wenn es mich mein Leben kostet, so möchte ich mein Ideal doch in die Tat umsetzen. Zuzeiten gewinnen diese Motive eine unerhörte Kraft und zwingen Menschen nicht selten zu tragischen Selbstopfern. Es scheint eine leicht beweisbare Tatsache zu sein, daß die Menschen nach der eigenen Lust streben. In Wirklichkeit verhält es sich aber keineswegs so. Dies ist auch den Theoretikern des Hedonismus nicht unbekannt. Sie sehen aber auch in dem Selbstopfer eines Menschen eine Bedürfnisbefriedigung, d. h. eine andere Art des Strebens nach Lustgewinn. – Es ist eine Tatsache, daß jeder Mensch in jeder Situation seine Bedürfnisse zu befriedigen sucht, aber Bedürfnisbefriedigung ist nicht dasselbe wie das Streben nach Lustgewinn. Die Verwirklichung eines Ideals ist, auch wenn der Weg dahin sehr leidvoll war, immer mit einem Gefühl der Befriedigung verbunden. Zweifellos ist dieses Gefühl eine Art von Lust, aber man kann nicht behaupten, daß dieses Lustgefühl von Anfang an das Ziel des Verhaltens war. Damit ein lustvolles Gefühl der Befriedigung entstehen kann, muß es zuvor in uns ein natürliches Bedürfnis gegeben haben. Nur wenn ein solches Bedürfnis vorhanden war, folgt seiner Erfüllung ein lustvolles Gefühl der Befriedigung. Wer hingegen behauptet, daß das Bedürfnis sich alle Lust zum Ziel setzt, weil es dieses Lustgefühl gibt, verwechselt Ursache und Wirkung miteinander. Uns Menschen ist ein Trieb zur Nächstenliebe angeboren. Aus diesem Grunde schenkt uns die Liebe zu den anderen eine unendliche Befriedigung. Man kann dies aber nicht umkehren und behaupten, daß wir die anderen lieben um der Lust willen, die diese Liebe uns bereitet. Selbst der kleinste Gedanke an unseren eigenen Lustgewinn hindert uns daran, das Gefühl der Befriedigung zu erfahren, das aus der Nächstenliebe erwächst. Nicht nur das Bedürfnis der Nächstenliebe, sondern auch das Bedürfnis der Selbstliebe hat nicht einfach nur das Gefühl der Lust zum Ziel. Der Hunger und das sexuelle Begehren haben weniger die Lust zum Ziel, als daß sie einer Art angeborenem Trieb gehorchen müssen. Ein Hungriger beklagt seinen Hunger, und ein unglücklich Liebender haßt seine Liebe. Wenn die Lust wirklich das einzige Ziel des Menschen wäre, dann wäre sein Leben ein einziger Widerspruch. Sich aller Bedürfnisse zu entschlagen, scheint da ein besser gangbarer Weg zur Lust zu sein. Dies ist der Grund, warum Epikur im Zustand vollkommener Bedürfnislosigkeit, im Zustand des Seelenfriedens die höchste Glückseligkeit gesehen hat und so im Einklang mit der Idealvorstellung der Stoiker war, die diese aus einem diametral entgegengesetzten Prinzip heraus entwickelt hatten.

Einige Verfechter der hedonistischen Lehre behaupten, daß, da sogar auch Bedürfnisse, die wir für natürlich halten und die nicht auf Lustgewinn zu zielen scheinen, im Laufe eines Menschenlebens oder im Laufe der Evolution der Organismen durch Gewöhnung zu einer zweiten Natur geworden sind, das, was ursprünglich bewußtes Streben nach Lust war, sich nun unbewußt vollzieht. D. h. natürliche Bedürfnisse, deren Ziel nicht im Lustgewinn liegt, waren einmal Mittel des Lustgewinns, sind aber durch Gewöhnung selbst zum Ziel geworden. (Mill etwa illustriert dies am Beispiel des Geldes.) Natürlich gibt es unter unseren Bedürfnissen solche, die durch diese psychologische Funktion zu einer zweiten Natur geworden sind, aber man kann nicht behaupten, daß alle Bedürfnisse, deren Ziel nicht im Lustgewinn liegt, sich einem solchen Prozeß verdanken. Unser Geist ist wie unser Körper von Geburt an durch Aktivität bestimmt. Er besitzt verschiedene Triebe. Daß ein Küken von Geburt an nach Körnern pickt und ein Entenküken ins Wasser läuft, folgt ganz demselben Prinzip. Heißt das also, daß diese instinkthaften Phänomene ursprünglich im Bewußtsein angesiedelte, durch Vererbung ins Unbewußte gesunkene Gewohnheiten sind? Nach der heutigen Lehre von der Evolution der Organismen haben sich die Instinkte der Lebewesen nicht prozeßhaft entwickelt; vielmehr nimmt man an, daß, von ursprünglich in den Eiern von Lebewesen vorhandenen Potenzen, die, die den Verhältnissen entsprachen, überdauerten und sich zuletzt in spezifischen Instinkten manifestierten.

Wie ich oben schon angedeutet habe, kommen die hedonistischen Theorien der menschlichen Natur näher als die rationalistisch-intellektualistischen; da sie jedoch die Unterscheidung zwischen Gut und Böse den Gefühlen der Lust und der Unlust überantworten, können auch sie uns weder einen objektiven und zuverlässigen Standard nennen, noch die imperativen Momente des moralisch Guten erklären. Darüber hinaus läßt sich die Vorstellung, daß der Lustgewinn das einzige Ziel des Menschenlebens sei, nicht mit den Tatsachen der menschlichen Natur vereinbaren. Es ist nicht die Lust, die uns Befriedigung schenkt. Ein Mensch, dessen Ziel nur die Lust ist, verstößt gegen seine Natur.

Neunter Abschnitt

DAS GUTE (EINE THEORIE DER HANDLUNG)

Ich habe bereits verschiedene Auffassungen über das Gute vorgestellt und auf ihre Mängel hingewiesen. Dabei ist, wie ich glaube, klar geworden, wie eine richtige Auffassung vom Guten beschaffen sein muß. Wo müssen wir das Gute, das unser Wille sich zum Ziel setzen soll, d. h. die Norm für den Wert unseres Verhaltens suchen? – Die Basis aller Werturteile muß, wie ich dargestellt habe, in der unmittelbaren Erfahrung des Bewußtseins gesucht werden. Das Gute kann nicht von außen, sondern nur aus den inneren Bedürfnissen des Bewußtseins erklärt werden. Aus der Tatsache, daß die Dinge so *sind* oder so *geworden sind*, beweist nicht, daß sie auch so *sein müssen*. Auch die Norm der Wahrheit liegt letztlich in der inneren Notwendigkeit des Bewußtseins beschlossen. Denker wie Augustinus und Descartes, die über die letzten Ursprünge reflektiert haben, haben alle diesen Punkt an den Anfang gesetzt, und auch die fundamentale Norm des Guten muß hier gesucht werden. Heteronomistische Lehren jedoch verlagern die Norm für Gut und Böse nach außen und können so die Frage, warum wir denn das Gute tun müssen, nicht beantworten. Die rationalistischen Lehren versuchen den Wert von Gut und Böse von der Vernunft, einer der inneren Funktionen des Bewußtseins, her zu bestimmen und gelangen so einen Schritt weiter als die Heteronomie-Lehren. Aber die Vernunft kann den Wert des Willens nicht bestimmen. Wie [Harald] Höffding [1843–1931] sagte, beginnt und endet das Bewußtsein mit der Willensaktivität. Der Wille ist eine fundamentalere Tatsache als die abstrakte Verstehensfunktion. Die letztere bringt nicht den ersteren hervor, vielmehr beherrscht dieser jene. Insofern mögen die hedonistischen Theorien darin recht haben, daß das Gefühl und der Wille eigentlich identische, nur dem Grad nach verschiedene Phänomene seien. Wie ich zu zeigen versucht habe, geht die Lust aus der Befriedigung apriorischer Bedürfnisse des Bewußtseins hervor; und wir müssen zugeben, daß solche apriorischen Bedürfnisse wie der Trieb und der Instinkt fundamentaler sind als die Gefühle des Behagens oder des Unbehagens.

Somit ist klar, daß sich die Beschaffenheit des Guten nur aus dem Wesen des Willens selbst erklären läßt. Der Wille ist die fundamentale Einheitsfunktion des Bewußtseins; er ist der unmittelbare Ausdruck der fundamentalen Einheitskraft der Realität. Die Aktivität des Willens hat ihr Ziel nicht in einem anderen, sondern in sich selbst. Die Grundlage, auf der wir seinen Wert bestimmen können, muß mithin im Willen selbst gesichtet werden. Der Wille ist, wie ich bereits im Zusammenhang der Beschreibung der Eigenschaften des Verhaltens dargestellt habe, seinem Wesen nach ein apriorisches Bedürfnis (ein Bewußtseinsfaktor). Er erscheint im Bewußtsein als eine Zielvorstellung, die das Bewußtsein vereinheitlicht. Im Augenblick der Vollendung der Vereinheitlichung, d. h. im Augenblick der Verwirklichung des Ideals, erfüllt uns ein Gefühl der Befriedigung. In Zuständen, die diesem entgegengesetzt sind, fühlen wir uns unbefriedigt. Der Wert des Verhaltens wird allein durch das dem Willen zugrundeliegende apriorische Bedürfnis bestimmt, daher bewerten wir ein Verhalten als *gut*, in dem sich dieses Bedürfnis erfüllt, d. h. in dem sich unser Ideal verwirklicht, als *schlecht* aber ein Verhalten, in dem dies nicht der Fall ist. Statt zu sagen, daß das Gute die Verwirklichung eines inneren Bedürfnisses respektive eines Ideals ist, können wir es auch die Vollendung der Entfaltung des Willens nennen. Eine ethische Lehre, die auf einem solchen fundamentalen Ideal beruht, wird ›Energetismus‹ genannt.

* Die Begründer dieser Lehre waren Plato und Aristoteles; besonders die Ethik des Aristoteles ist nach ihren Prinzipien aufgebaut. Für ihn ist das Ziel des menschlichen Lebens die Glückseligkeit, die ›eudaimonia‹. Diese wird aber nicht durch das Streben nach Lust erlangt, sondern durch vollkommene Tätigkeit.

Viele der sogenannten Moralisten übersehen diesen *aktiven* Aspekt. Sie sprechen von Pflichten und Gesetzen und erkennen das eigentliche Wesen des Guten mehr in der Unterdrükkung der Bedürfnisse des Selbst und in der Einschränkung der Aktivität. – Solche Tendenzen werden dadurch gestützt, daß wir unvollkommen sind und in vielen Situationen die wahre Bedeutung unserer Tätigkeiten nicht verstehen – und gleichsam auf Abwege geraten. Aber die Notwendigkeit, kleinere Bedürfnisse zu unterdrücken, entsteht gerade daraus, daß es stets etwas gibt, das ein noch größeres Bedürfnis erregen muß. Ein Bedürfnis mutwillig zu unterdrücken, bedeutet hingegen, sich gegen das Wesen des Guten zu vergehen. Zwar muß dem Guten auch die Würde eines Befehlshabers eignen – aber notwendiger bedarf es eines natürlichen Anreizes. Die sogenannten Pflichten oder Gesetze der Moral besitzen keinen Wert an sich, vielmehr gründet sich ihr Wert auf Bedürfnisse. So gesehen stehen das Gute und das Glück nicht nur in keinem Konflikt miteinander, sondern man kann umgekehrt mit Aristoteles sagen, daß das Gute die Glückseligkeit *ist*. Die Erfüllung unserer Bedürfnisse oder die Verwirklichung unserer Ideale erleben wir immer als Glück. Das Gute muß notwendig von einem Glücksgefühl begleitet sein. Das soll aber nicht heißen, daß der Wille, wie die hedonistischen Lehren sagen, sich das Lustgefühl zum Ziel setzen, und die Lust also das Gute sei; die Lust und das Glück sind sich so ähnlich wie entgegengesetzt. Glück kann man durch Befriedigung erlangen; und Befriedigung erwächst aus der Verwirklichung des Bedürfnisses nach dem Idealen. Konfuzius sagte: »Iß einfache Speisen, trinke Wasser, als Kissen benutze deine Arme – in all dem wohnt die Freude.« – Den Umständen gemäß können wir uns sogar inmitten des Leids das Glück bewahren. Das wahre Glück ist mithin etwas, das durch die Verwirklichung strenger Ideale erreicht werden muß. Viele meinen, wenn sie von der Verwirklichung ihrer Ideale oder der Befriedigung ihrer Bedürfnisse reden, das sei dasselbe wie Selbstsucht und Egoismus. Aber die Stimme des innersten Bedürfnisses des Selbst hat eine große Macht über uns; das Menschenleben kennt nichts Strengeres.

Wenn das Gute also nun die Verwirklichung von Idealen oder die Befriedigung von Bedürfnissen ist, woher kommen dann diese Ideale und Bedürfnisse? Und welche Eigenschaften besitzt das Gute? Da der Wille die ausgeprägteste vereinheitlichende Funktion des Bewußtseins und somit die Tätigkeit des Selbst überhaupt ist, ist es richtig zu sagen, daß die ursprünglichen Bedürfnisse oder Ideale, die Ursachen des Wollens, unmittelbar aus dem Selbst hervorgehen, d.h. Kräfte des Selbst sind. Im Ursprung aller unserer Bewußtseinsphänomene, im Denken, in der Imagination und im Willen nicht weniger als in der sogenannten intellektuellen Wahrnehmung, im Gefühl und in den Trieben wirkt eine immanente Einheit; sie alle sind Entfaltungen und Vervollkommnungen dieser Einheit. Die tiefste, das *Ganze* vereinheitlichende Kraft ist unser sogenanntes Selbst und der Wille ist dessen Ausdruck. Insofern ist die Entfaltung und Vollendung des Willens unmittelbar die Entfaltung und Vollendung des Selbst. Das Gute ist die Selbst-Verwirklichung (self-realization[14]) des Selbst. Unser Geist entfaltet seine verschiedenen Vermögen, bis sie sich zum Höchsten Gut entwickelt haben. (Das Gute ist das, was Aristoteles ›entelechie‹ nannte.) Wie ein Bambusstrauch das ganze Wesen des Bambus manifestiert und eine Kiefer das ganze Wesen der Kiefer, so ist das Gute des Menschen die Manifestation seines inneren Wesens. Auch Spinoza sagte, daß Tugend nichts anderes meint, als dem Wesen des Selbst gemäß zu handeln.

Hierin nähert sich der Begriff des Guten dem des Schönen an. Schönheit empfinden wir, wenn Dinge so verwirklicht werden wie man Ideale verwirklicht. Wie ein Ideal verwirklicht zu werden bedeutet, daß das Ding seinen natürlichen Charakter offenbart. So wie eine Blume dann am schönsten

14 Im Orig. englisch, ein Terminus, den Nishida von dem englischen Philosophen des Neoidealismus Thomas Hill Green (1836–82) übernommen hat. Die von Green in seinem Buch ›Prolegomena to Ethics‹ (von 1883) entwikkelte ›self-realization theory‹ übte einen großen Einfluß auch auf andere japanischer Denker der Meiji-Zeit (1868–1912) aus.

ist, wenn ihr Wesen zum Ausdruck kommt, so erreicht auch der Mensch die höchste Schönheit, wenn sein Wesen sichtbar wird. Das Gute *ist* das Schöne. Sogar ein Verhalten, das, von den großen menschlichen Bedürfnissen her betrachtet, keinerlei Wert besitzt, spricht, wenn es natürlich und aus der inneren Veranlagung eines Menschen hervorgegangen ist, den Schönheitssinn an und bewirkt in moralischer Hinsicht ein Gefühl der Milde und Toleranz. Die Griechen erachteten das Gute und das Schöne für identisch; am deutlichsten tritt diese Idee bei Plato hervor.

Andererseits konvergiert der Begriff des Guten auch mit dem Begriff der Realität. Selbstentfaltung bis zur Vollendung ist, wie ich oben dargestellt habe, die grundlegende Form der Konstitution aller Realität. Geist, Natur und Universum entstehen alle in dieser Form. Das Gute, von dem ich sage, daß es die Entfaltung und Vollendung des Selbst ist, bedeutet so gesehen nichts anderes, als den Gesetzen der Realität des Selbst zu folgen. Das Höchste Gut ist also der Einklang mit der wahren Realität des Selbst. Dabei gehen die Gesetze der Moral in den Gesetzen der Realität auf, und das Gute kann aus dem wahren Wesen der Realität des Selbst erklärt werden. Der Ursprung des sogenannten Werturteils, das innere Bedürfnis und die vereinheitlichende Kraft der Realität sind ein und dasselbe. Der Gedanke, der Dasein und Wert voneinander trennt, ist die Folge einer abstrahierenden Funktion, die den Gegenstand des Wissens und den Gegenstand des Fühlens und des Wollens voneinander sondert. In der konkreten, wahren Realität sind beide ursprünglich eins. Das Gute zu suchen und zum Guten zurückzukehren, bedeutet: die Wahrheit des Selbst zu erkennen. Die Rationalisten, die das Wahre mit dem Guten identifizieren, haben eine Facette der Wahrheit erfaßt; aber abstrakte Erkenntnis und das Gute stimmen nicht notwendig miteinander überein. Denn Wissen muß *Erfahren* bedeuten. – Solche Ideen bilden die grundlegenden Gedanken Platos in Griechenland und der Upanischaden in Indien, die, wie ich glaube, das Tiefste darstellen, was über das Gute gesagt worden ist. (Bei Plato ist das Ideal des Guten die Wurzel der Realität, und in der mittelalterlichen Philosophie hieß es: *omne ens est bonum*, alles Sein ist gut.)

Zehnter Abschnitt
DAS PERSONALE GUTE

Ich sprach bisher über die Beschaffenheit des Guten und umriß seinen allgemeinen Begriff. Untersuchen wir nun das Menschlich-Gute und klären wir dessen Eigenschaften. Offensichtlich ist unser Bewußtsein keine *einfache* Tätigkeit, sondern eine Synthese verschiedener Tätigkeiten. Somit ist es auch klar, daß unsere Bedürfnisse nicht einfach, sondern mannigfach sind. Die Erfüllung welchen Bedürfnisses aus dieser Vielfalt ist nun das Höchste Gut? Hier taucht die Frage auf, wie das Gute des ganzen Selbst beschaffen ist.

Nicht eines unserer Bewußtseinsphänomene tritt vereinzelt auf; sie alle entstehen notwendig *in Beziehung* zu anderen. Selbst ein Augenblicksbewußtsein ist schon nicht mehr einfach, weil es immer schon komplexe Elemente enthält, die überdies nicht voneinander unabhängig sind und in ihren verschiedenen Beziehungen jeweils etwas bedeuten. Dies gilt nicht nur für das momentane Bewußtsein; auch das Bewußtseinsganze eines Lebens bildet ein solches System. Der Einheit dieses Ganzen habe ich den Namen *Selbst* gegeben.

Folglich treten auch unsere Bedürfnisse nie vereinzelt auf; auch sie entstehen notwendig in Beziehung zu jeweils anderen. Was nur *eine* Art von Bedürfnis oder nur das Bedürfnis *eines* Augenblicks befriedigt, ist selbstverständlich nicht das *Gute*. Ein gewisses Bedürfnis wird zu einem Guten erst in Beziehung zum Ganzen. Das Gute des Körpers liegt zum Beispiel nicht in der Gesundheit eines seiner Teile, vielmehr in dem gesunden Zusammenspiel des ganzen Körpers. Für eine Theorie, die die Tätigkeit in den Mittelpunkt stellt, ist das Gute zunächst der Einklang, die Versöhnung oder die *Mitte* diverser Tätigkeiten. Unser Gewissen ist eine versöhnende und vereinheitlichende Bewußtseinsfunktion.

* Es ist eine Idee Platos, daß Harmonie das Gute sei. Plato verglich das Gute mit der Harmonie in der Musik. Der Engländer [Earl of] Shaftesbury [1671–1713] übernahm diese Idee. Daß die Mitte das Gute sei, ist ein Gedanke des Aristoteles; er erscheint aber auch in dem konfuzianischen Klassiker ›Das Buch von der Mitte‹. Aristoteles sagte, daß alle Tugend in der Mitte angesiedelt sei. Die Tapferkeit zum Beispiel sei die Mitte von Gewalt und Furcht und Sparsamkeit die Mitte von Geiz und Verschwendung. – Dies ähnelt sehr der Lehre des Konfuzius. Die Aussage [Herbert] Spencers [1820–1903], der eine evolutionistische Ethik entwarf, daß das Gute der Durchschnitt verschiedener Vermögen sei, zielt auf dasselbe.

Aber die Bedeutung solcher Worte wie *Harmonie* oder *Mitte* ergibt sich nicht von selbst. Was für eine Harmonie, was für eine Mitte ist damit gemeint? Das Bewußtsein ist keine eindimensionale Reihe von Tätigkeiten, sondern ein vereinheitlichtes System. In ihm bedeuten Harmonie und Mitte nichts Quantitatives, sondern eine systematische Ordnung. Wie ist aber nun diese eigentümliche Ordnung der verschiedenen Geistestätigkeiten beschaffen? Auf einer niederen Stufe ist unser Geist instinkthaft wie der der Tiere. D. h. er reagiert triebhaft auf die Gegenstände, die ihm vor Augen stehen, und wird gänzlich von seinem sinnlichen Begehren geleitet. Die einfachsten Bewußtseinsphänomene sind aber schon mit vorgestellten Bedürfnissen ausgestattet. Schon im Hintergrund einer rein triebhaften Bewußtseinsaktivität ist eine Vorstellungsaktivität verborgen. (Vermutlich ist dies schon bei den höheren Tieren so.) Kein Mensch, es sei denn, er ist geistesschwach, gibt sich mit rein körperlichen Begierden zufrieden; in der Tiefe seiner Seele wirken Bedürfnisse in Gestalt von Ideen. D. h. jeder Mensch verfolgt irgendwelche Ideale. Sogar die Besitzgier eines Geizhalses erwächst aus einer Art Ideal. Der Mensch fristet sein Dasein nicht im Fleisch, sondern lebt von seinen Ideen. In Goethes Gedicht ›Das Veilchen‹ ›freut sich noch‹ ein von einer jungen Schäferin ›ertretenes‹ Veilchen des Gefühls befriedigter Liebe.[15] Ich denke, so fühlen alle Menschen. Dabei ist die Vorstellungsaktivität die fundamentale Funktion des Geistes. Unser Bewußtsein muß sich ihrer Kontrolle fügen. Das wahre Gute ist das, was die aus ihr entstehenden Bedürfnisse befriedigt. Gehen wir noch einen Schritt weiter: die fundamentalen Prinzipien der Vorstellungsaktivitäten sind die Prinzipien der Vernunft. Die Prinzipien der Vernunft sprechen die allgemeinsten und fundamentalsten Beziehungen zwischen Vorstellung und Vorstellung, Idee und Idee aus; sie sind die höchsten die Vorstellungsaktivitäten beherrschenden Prinzipien. Die Vernunft ist somit das fundamentale Vermögen, das unseren Geist beherrschen muß; die Befriedigung der Vernunft ist unser Höchstes Gut. *Alles*, was der Vernunft folgt, ist ein Gutes für den Menschen. Die Kyniker und die Stoiker gingen in der Betonung dieser Idee am weitesten; ihretwegen haben sie alle anderen Bedürfnisse der Menschenseele als schlecht verworfen und behauptet, daß das einzige Gute darin läge, der Vernunft zu folgen. Beim späten Plato und bei Aristoteles ist das, was aus der Aktivität der Vernunft hervorgeht, zwar das Höchste Gute, aber das, was andere Aktivitäten aus ihr heraus beherrscht und kontrolliert, ebenfalls gut.

* Plato beschreibt in seiner berühmten ›Politeia‹ die Struktur des menschlichen Geistes als identisch mit der des Staates: Das höchste Gute sowohl für den Staat als auch für das Individuum ist der Zustand, in dem die Vernunft herrscht.

Wenn unser Bewußtsein aus einer Synthese verschiedener

15 »(...)
Ach! aber ach! das Mädchen kam
Und nicht in acht das Veilchen nahm,
Ertrat das arme Veilchen.
Es sank und starb und freut' sich noch:
Und sterb ich denn, so sterb ich doch
Durch sie, durch sie,
Zu ihren Füßen doch.«

Vermögen besteht und so konstituiert ist, daß eines davon das andere beherrscht, dann muß, im Sinne einer Theorie der Tätigkeit, das Gute darin liegen, gemäß der Vernunft andere Kräfte zu kontrollieren. Aber unser Bewußtsein ist ursprünglich eine einzige Tätigkeit, und an seiner Basis wirkt immer nur eine Kraft. Auch in momentanen Bewußtseinstätigkeiten wie der intellektuellen Wahrnehmung und dem Trieb äußert sich schon diese Kraft. In Bewußtseinstätigkeiten wie dem Denken, der Imagination und dem Willen schließlich äußert sie sich in einer noch ausgeprägteren Form. Der Vernunft zu folgen, bedeutet mithin nichts anderes, als dieser ausgeprägten Einheitskraft zu folgen. Eine nur abstrakt konzipierte Vernunft könnte demgegenüber, wie ich schon im Kontext meiner Kritik an den rationalistischen Lehren dargestellt habe, nur normale inhaltslose Beziehungen herstellen. Diese Einheitskraft existiert nicht außerhalb der Bewußtseinsinhalte, sie ist vielmehr das Konstituens der Bewußtseinsinhalte. Freilich läßt diese Einheitskraft sich nicht durch die Analyse einzelner Bewußtseinsinhalte ausfindig machen. Sie äußert sich nur in deren Synthese als *eine* unteilbare Bewußtseinstatsache. Ein Ideal, das die Gestalt eines Gemäldes angenommen hat, oder eine in Musik umgesetzte Emotion können nicht analysiert und verstanden, sondern müssen intuitiv erfaßt werden. Wenn wir jene Einheitskraft die *Persönlichkeit* des Menschen nennen, dann liegt das Gute in der Erhaltung und Ausprägung der Persönlichkeit, d. h. der vereinheitlichenden Kraft.

Mit der *Kraft der Persönlichkeit* spiele ich nicht auf eine natürliche, materielle Kraft wie die Lebensenergie der Tiere und Pflanzen an und auch nicht auf unbewußte Vermögen wie den Instinkt: Während die Funktionen des Instinkts materielle Kräfte sind, die aus organischen Funktionen hervorgehen, ist die Persönlichkeit die vereinheitlichende Kraft des Bewußtseins. Dies soll aber nicht besagen, daß die Persönlichkeit ein so subjektives Phänomen sei wie die im Mittelpunkt des oberflächlichen Bewußtseins der Menschen residierenden Gefühle der Hoffnung und dergleichen. Zweifellos steckt auch in den Hoffnungen der Menschen etwas von ihrer Persönlichkeit, ihre *wahre* Persönlichkeit äußert sich aber erst dann, wenn sie ihre Hoffnungen aufgegeben und ihr Selbst vergessen haben. Ich meine damit aber nicht eine von allen Erfahrungsinhalten gereinigte, jedem Einzelnen gegebene allgemeine und reine Vernunftfunktion im Sinne Kants. Das, was Persönlichkeit bedeutet, ist von Mensch zu Mensch verschieden. Wahre Bewußtseinseinheit ist eine reine und einfache Funktion, die ohne unser Wissen zustande kommt, sie ist der ursprüngliche, unabhängige und selbstbestimmte Bewußtseinszustand, in dem Wissen, Fühlen und Wollen noch ungetrennt und Subjekt und Objekt noch nicht gesondert sind. Unsere wahre Persönlichkeit ist der Ausdruck dieser Ganzheit. Daher ist die Persönlichkeit weder reine Vernunft noch reines Begehren. Wieviel weniger noch ist sie ein unbewußter Trieb. – Sie ist eine unendliche Einheitskraft, die unmittelbar und spontan aus dem Innern jedes Einzelnen wirkt, vergleichbar nur der göttlichen Inspiration eines Genies. (Schon die alten Weisen sagten, daß der *Weg* jenseits von Wissen und Nichtwissen liegt.) Wenn aber, wie oben beschrieben, die Bewußtseinsphänomene die einzige Realität sind, dann ist unsere Persönlichkeit als solche unmittelbar das Wirken der vereinheitlichenden Kraft des Universums; d. h. eine spezifische, den Umständen angepaßte Erscheinungsform der einzigen Realität, in der die Sonderung von Geist und Materie aufgehoben ist.

* Weil unser Gutes die Aktualisierung einer solchen gewaltigen Kraft ist, sind seine Forderungen äußerst streng. Auch Kant sagte, daß es zwei Dinge gäbe, die wir immer mit Verehrung und Ehrfurcht betrachteten: »den gestirnten Himmel über uns und das moralische Gesetz in uns.«

Elfter Abschnitt

DIE MOTIVATIONEN DES GUTEN VERHALTENS (DIE FORM DES GUTEN)

Ich fasse zusammen: da das Gute etwas ist, das die inneren Bedürfnisse des Selbst befriedigt, und die größten Bedürfnisse des Selbst die seiner ursprünglichen Einheitskraft, d. h. der Persönlichkeit sind, bedeutet deren Befriedigung, d. h. die Aktualisierung der Persönlichkeit für uns das absolute Gute. Die Bedürfnisse der Persönlichkeit repräsentieren die vereinheitlichende Kraft des Bewußtseins und manifestieren zugleich die unendliche Einheitskraft an der Basis der Realität. Die Identifikation mit dieser Kraft bedeutet die Verwirklichung der Persönlichkeit. Wenn das Gute von dieser Art ist, läßt sich daraus auch bestimmen, welches Verhalten ein gutes Verhalten ist.

Zunächst ergibt sich daraus, daß ein gutes Verhalten auf das Ganze der Persönlichkeit zielt. Die Persönlichkeit ist der Ursprung aller Werte; im ganzen Universum gibt es nur einen absoluten Wert: die Persönlichkeit. Natürlich haben wir verschiedenartige Bedürfnisse, körperliche und geistige. Folglich messen wir auch dem Reichtum, der Macht, dem Wissen und der Kunst einen Wert zu, aber selbst die stärksten und höchsten Bedürfnisse besitzen keinerlei Wert, wenn sie von den Bedürfnissen der Persönlichkeit losgelöst sind. Einen Wert besitzen sie nur als Teile oder Mittel der Bedürfnisse der Persönlichkeit. Reichtum, Macht, Gesundheit, Talent und Bildung sind an sich nichts Gutes; im Gegenteil, wenn sie den Bedürfnissen der Persönlichkeit widersprechen, verkörpern sie das Schlechte. Ein absolut gutes Verhalten hat nur die Verwirklichung der Persönlichkeit selbst zum Ziel, d. h. es ist ein Verhalten allein im Dienst der Bewußtseinseinheit selbst.

* Kant zufolge ist der Wert der Dinge nur relativ, weil er immer von außen bestimmt wird. Nur die Persönlichkeit besitzt einen absoluten Wert, weil unser Wille sich seine Werte selbst setzt. Wie jeder weiß, lehrte Kant, die eigene und die

fremde Persönlichkeit zu respektieren, sie als einen Selbstzweck (end in itself[16]) anzusehen und sie nie als ein Mittel zu benutzen.

Wie ist nun ein gutes Verhalten, dessen einziges Ziel wirklich die Persönlichkeit selbst ist, beschaffen? Zur Beantwortung dieser Frage ist es notwendig, den objektiven Inhalt der Aktivitäten der Persönlichkeit zu definieren und das Ziel des Verhaltens zu klären; doch zunächst wollen wir die subjektiven Charakteristika des Verhaltens, d. h. seine Motive bestimmen. *Gutes* Verhalten ist all das Verhalten, das der inneren Notwendigkeit des Selbst entspringt. Die Bedürfnisse unserer ganzen Persönlichkeit können wir, wie bereits erwähnt, nur im Zustand der unmittelbaren Erfahrung, in dem wir noch nicht denken und urteilen, in Form der Selbstwahrnehmung erfassen. Die Persönlichkeit tritt in diesem Moment aus der Tiefe der Seele hervor; wie die Stimme eines inneren Bedürfnisses, das die Seele in ihrer Gesamtheit erfaßt. – Nur ein Verhalten, das einem solchen Bedürfnis antwortet, zielt auf die Persönlichkeit selbst. Wendet es sich davon ab, negiert es die Persönlichkeit des Selbst. Redlichkeit ist die notwendige Voraussetzung zu guten Taten. Auch Christus hat gesagt, daß uns das Himmelreich nur dann offensteht, wenn wir wie die Kinder werden. Die Redlichkeit ist nicht wegen des Resultats, das sie hervorbringt, gut, sondern sie ist an sich gut. Daß wir es für schlecht halten, einen Menschen zu betrügen, folgt nicht aus dem Resultat dieses Tuns, sondern weil der, der einen anderen betrügt, sich selbst betrügt und seine eigene Persönlichkeit negiert.

Ausdrücke wie ›innere Notwendigkeit des Selbst‹ oder ›na-

16 Im Orig. englisch. Kant schreibt in seiner »Kritik der praktischen Vernunft«:
»In der ganzen Schöpfung kann alles, was man will, und worüber man etwas vermag, auch *bloß als Mittel* gebraucht werden; nur der Mensch, und mit ihm jedes vernünftige Geschöpf, ist *Zweck an sich selbst*. Er ist nämlich das Subjekt des moralischen Gesetzes, welches heilig ist, vermöge der Autonomie seiner Freiheit.«

türlich-spontanes Bedürfnis‹ sind leicht mißzuverstehen. Manche glauben, daß es natürlich und spontan sei, keine Skrupel zu kennen, die Regeln der Gesellschaft zu ignorieren und seinen sinnlichen Begierden zu folgen. Aber die innere Notwendigkeit des Selbst, d. h. die Redlichkeit, ist ein Bedürfnis, das aus der Einheit von Denken, Fühlen und Wollen hervorgeht. Es ist kein Bedürfnis, das einfach den blinden Trieben folgt und sich den Urteilen der Erkenntnis und den Erfordernissen der Menschlichkeit widersetzt. Erst nachdem das Wissen und das Fühlen ganz erschöpft sind, tritt das wahre Bedürfnis der Persönlichkeit, die Redlichkeit, in Erscheinung. Erst wenn die ganze Kraft des Selbst verbraucht ist, wenn das Bewußtsein des Selbst fast verschwunden ist, nur da, wo das Selbst seiner selbst nicht mehr bewußt ist, wird die Tätigkeit der wahren Persönlichkeit sichtbar. Nehmen wir das Beispiel eines Werks der Kunst. Worin zeigt sich die wahre Persönlichkeit eines Malers, seine sogenannte Originalität? In seinen verschiedenen bewußten Entwürfen ist sie nicht zu erkennen. Erst nach jahrelanger Mühsal, wenn seine Kunstfertigkeit reif geworden ist und der Pinsel seinem Willen automatisch folgt, erst jetzt wird sie sichtbar. Auch die Manifestation der Persönlichkeit in der Moral geschieht auf dieselbe Weise. Der Ausdruck der Persönlichkeit richtet sich nicht nach momentanen Begierden, sondern folgt rigorosen inneren Bedürfnissen. – Eine schwierige und leidvolle Arbeit, in der Unbeherrschtheit genauso fehl am Platz ist wie Feigheit.

Den ernsten inneren Bedürfnissen des Selbst zu folgen, d. h. die wahre Persönlichkeit zu verwirklichen, bedeutet nicht, Subjektivität an die Stelle der Objektivität zu setzen und die äußeren Dinge dem Selbst zu unterstellen. Im Gegenteil. Das wahre Selbst tritt erst dann vor Augen und seine wahren Bedürfnisse können erst dann erfüllt werden, wenn alle subjektiven Fiktionen ausgelöscht wurden und das Selbst und die Dinge zu einem geworden sind. In gewisser Hinsicht sind die objektiven Welten der einzelnen Menschen Reflexe ihrer Persönlichkeiten. Nein, das wahre Selbst jedes Einzelnen *ist* nichts anderes als das jeweilige unabhängige, selbstbestimmte System der Realität selbst, das vor den Augen eines jeden in Erscheinung tritt. So stehen die eigentlichen Bedürfnisse eines jeden Menschen immer in Übereinstimmung mit den Idealen der objektiven Welt, die er vor Augen sieht. Wenn ein Mensch, so eigennützig er auch sein mag, noch einen Rest Mitgefühl besitzt, wird er, wenn er seine größten Bedürfnisse erfüllt sieht, andere an der Befriedigung, die er empfindet, teilhaben lassen. Wenn die Bedürfnisse des Selbst nicht auf körperliche Begierden eingeschränkt sind, sondern auch ideale Bedürfnisse in sich einschließen, kann es sich keinesfalls anders verhalten. Je eigennütziger ein Mensch ist, desto deutlicher kann er selbst den Schaden empfinden, den er dem Eigennutz anderer zufügt. Umgekehrt empfindet nur ein uneigennütziger Mensch Friede in seiner Seele und ist so imstande, dem Eigennutz anderer zu begegnen. Die größten Bedürfnisse des Selbst zu erfüllen und das Selbst zu verwirklichen, heißt also, die objektiven Bedürfnisse des Selbst zu realisieren, mit dem Objektiven in Einklang zu kommen. Insofern kann man sagen, daß ein gutes Verhalten notwendig Liebe ist. Liebe ist das Gefühl der Verschmelzung des Selbst mit dem anderen, das Gefühl der Einheit von Subjekt und Objekt. In der Tat existiert Liebe nicht nur zwischen Menschen, sondern auch zwischen einem Maler und der Natur.

* Plato sagt in seinem ›Symposion‹, daß die Liebe das Gefühl von Mängelwesen ist, die zu einem ursprünglichen vollkommenen Zustand zurückkehren wollen.[17]

In einem wirklich guten Verhalten folgt weder das Subjekt dem Objekt noch das Objekt dem Subjekt. Erst wenn Subjekt und Objekt ineinander untergegangen sind, Ich und Ding sich gegenseitig vergessen haben und Himmel und Erde zu einer einzigen, dynamischen Realität verschmelzen, erreicht

17 Vgl. die Rede des Aristophanes, Symposion: 189a ff.

das gute Verhalten den Punkt seiner Vollendung, an dem es keinen Unterschied mehr macht, ob das Ich die Dinge bewegt oder die Dinge das Ich bewegen. Oder: ob Sesshū[18] die Natur gemalt hat oder ob die Natur sich durch Sesshū selbst gemalt hat. Ursprünglich gibt es keinen Unterschied zwischen den Dingen und dem Ich; die objektive Welt ist ein Reflex des Selbst und das Selbst ist ein Reflex der objektiven Welt. Abgetrennt von der Welt, die ich sehe, gibt es kein Ich. (Vgl. das Kapitel ›Geist‹ im Abschnitt ›Realität‹.) Himmel und Erde entstammen derselben Wurzel, alle Dinge haben dieselbe Substanz. Dies meinten die alten indischen Weisen mit der Formel: ›Das bist du‹ (Tat twam asi); Paulus schreibt (in seinem Brief an die Galater, 2. 20): »Ich lebe; doch nun nicht ich, sondern Christus lebt in mir.« Und Konfuzius sagte, daß man, wenn man den Wünschen des Herzens folgt, das Maß nicht überschreitet.[19]

18 Sesshū Tōyō (1420–1506), einer der bedeutendsten japanischen Meister der ›lavierenden Tuschmalerei‹ im Stil der chinesischen Süd-Sung-Zeit; stark vom Geiste des Zen-Buddhismus beeinflußt.

19 Ein Zitat aus dem 20. Abschnitt der »Gespräche« (chin. Lun yu, jap. Rongo) des Konfuzius, der von 551 bis 479 vor Chr. gelebt haben soll. Der ganze Abschnitt lautet in der Übersetzung von Ralf Moritz: »Konfuzius sprach:
›Als ich fünfzehn war, war mein ganzer Wille aufs Lernen ausgerichtet.
Mit dreißig Jahren stand ich fest.
Mit vierzig hatte ich keine Zweifel mehr,
Mit fünfzig kannte ich den Willen des Himmels.
Als ich sechzig war, hatte ich ein feines Gehör, um das Gute und das Böse, das Wahre und das Falsche herauszuhören.
Mit siebzig konnte ich den Wünschen meines Herzens folgen, ohne das Maß zu überschreiten.‹« (Zitiert nach: Konfuzius, Gespräche (Lun-yu), Frankfurt am Main 1983, S. 46f.) – Nishida versteht den Satz allem Anschein nach in einem allgemeineren Sinne, als er ursprünglich gemeint war.

Zwölfter Abschnitt

DAS ZIEL DES GUTEN VERHALTENS (DER INHALT DES GUTEN)

In meiner Beschreibung des guten Verhaltens, das die Persönlichkeit selbst zum Ziel hat, deutete ich an, wie dessen Motive beschaffen sein müssen. Wie sehen aber seine Ziele aus? Da ein gutes Verhalten nicht nur ein bewußtseinsimmanentes Faktum ist, sondern zum Ziel hat, ein gewisses Resultat in der tatsächlichen Welt zu bewirken, müssen wir den konkreten Inhalt dieses Ziels bestimmen. – Bisher behandelten wir sozusagen die *Form* des Guten, jetzt wenden wir uns ihrem *Inhalt* zu.

Die Persönlichkeit, die die Einheitskraft des Bewußtseins und der Realität ist, verwirklicht sich zunächst in den Individuen. Unser Bewußtsein gründet auf einer unanalysierbaren Individualität. In allen Bewußtseinstätigkeiten schlägt sich diese Individualität nieder. Denken, Fühlen und Wollen eines jeden Menschen sind mit besonderen Charakteristika ausgestattet. Die Individualität eines Menschen drückt sich nicht nur in seinen Bewußtseinsphänomenen, sondern auch in seinen Gesichtszügen, seiner Sprache und seinem Benehmen aus: diese Individualität ist es, die in einem Portrait sichtbar werden soll. Sie beginnt ihr Wirken mit der Geburt und entwickelt sich bis zum Tod je nach den Erfahrungen und Lebensumständen weiter. Die Wissenschaftler werden das wohl auf eine Disposition des Gehirns zurückführen, ich aber möchte darin, wie ich schon oft gesagt habe, einen Ausdruck der unendlichen Einheitskraft der Realität sehen. Somit müssen wir uns zunächst die Verwirklichung dieser Individualität zum Ziel machen; sie ist gewissermaßen das *unmittelbarste* Gute. Natürlich besitzen auch Gesundheit oder Wissen einen Wert, aber Gesundheit oder Wissen an sich sind nicht das Gute. Sie allein können uns nicht befriedigen. Absolute Befriedigung bietet uns nur die Verwirklichung der Individualität des Selbst, in dem wir eigene individuelle Charakterzüge, die kein anderer imitieren kann, praktisch zur Entfaltung bringen. Seine Individualität zur Entfaltung bringen kann jeder – ganz unabhängig von Begabung und Umständen. So wie die Gesichtszüge aller Menschen sich unterscheiden, so besitzt jeder auch unverwechselbare Charakteristika, die kein anderer imitieren kann. Gerade deren Verwirklichung schenkt dem einzelnen höchste Befriedigung und macht ihn zu einem unverzichtbaren Teil der Evolution des Universums. Früher legten die Menschen auf das individuelle Gute kein großes Gewicht, ich aber glaube, daß das Gute des Individuums außerordentlich wichtig ist und die Basis alles anderen Guten bildet. Wirklich große Menschen sind nicht groß, weil ihre Leistungen groß sind, sondern weil sie eine starke Persönlichkeit beweisen. Wenn jemand an einen hohen Ort steigt und ruft, kann man seine Stimme weithin hören, – aber nicht, weil die Stimme so kräftig ist, sondern weil der Ort so hoch ist. Nach meiner Überzeugung ist der Mensch, der seine Charaktereigenschaften geschickt entfaltet, größer als der, der seine Bestimmung vergißt und sich vergeblich für das Wohl anderer einsetzt.

Das individuelle Gute, von dem ich hier spreche, unterscheidet sich jedoch von Eigennutz und Selbstsucht. Individualismus und Egoismus müssen klar voneinander getrennt werden. Egoismus ist nichts als Selbstsucht, deren Ziel im eigenen Lustgewinn liegt. Individualismus ist das Gegenteil davon. Wenn die einzelnen ihren eigenen materiellen Bedürfnissen freien Lauf lassen, geht die Individualität unter. Schweine haben keine Individualität. Anders als die, die behaupten, daß Individualität und Gemeinsinn sich ausschließen, glaube ich, daß beide miteinander in Einklang stehen. Erst dann, wenn alle Individuen in einer Gesellschaft ausreichend tätig sind und jedes seine Talente entfaltet, entwickelt sich auch die Gesellschaft selbst weiter. Von einer Gesellschaft, die das Individuum ignoriert, kann nicht gesagt werden, daß sie gesund sei.

* Für das individuelle Gute ist ein starker Wille die wichtig-

ste Tugend. Eine Person wie Ibsens Brand ist ein Ideal individueller Moral. Im Gegensatz dazu sind Eitelkeit und ein schwacher Wille die verachtenswürdigsten Übel. (Beide entstehen aus dem Verlust der Selbstachtung.) Das größte Verbrechen gegen die Individualität ist der Selbstmord aus Verzweiflung.

Wahrer Individualismus braucht weder kritisiert zu werden, noch wird er mit der Gesellschaft in Konflikt geraten. Aber sind die sogenannten Individualitäten der einzelnen selbständige und voneinander unabhängige Realitäten? Oder gibt es so etwas wie ein soziales Selbst an der Wurzel unseres individuellen Selbst, dessen Manifestationen die einzelnen Individuen sind? Im ersteren Fall wäre das höchste Gute das individuelle, im letzteren Fall gäbe es ein größeres, gesellschaftliches Gutes. Ich glaube, daß die Aussage des Aristoteles am Anfang seiner ›Politica‹, daß der Mensch ein soziales Tier sei, eine unumstößliche Wahrheit ist. Von der heutigen Physiologie her gesehen hat unser Körper noch keinen individuellen Charakter. Der Ursprung unseres Körpers liegt in den Zellen unserer Ahnen; zusammen mit unseren Nachkommen sind wir aus der Teilung derselben Zelle hervorgegangen. Alle Spezies der Lebewesen kann man als ein Lebewesen ansehen. Heutzutage sagen die Biologen, daß die lebendige Materie nie stirbt. Mit dem bewußten Leben verhält es sich genauso. Wo Menschen ein Leben in Gemeinschaft führen, existiert ein gesellschaftliches Bewußtsein, das die Einzelbewußtseine vereinheitlicht. Sprache, Sitten und Gebräuche, Institutionen und Gesetze, Religion und Literatur sind Phänomene des gesellschaftlichen Bewußtseins. Unser individuelles Bewußtsein, das daraus hervorgeht und davon genährt wird, ist nicht mehr als eine Zelle dieses großen Bewußtseins. Das Wissen, die Moral und der Geschmack besitzen eine gesellschaftliche Bedeutung. Noch die universalste Wissenschaft kann den gesellschaftlichen Konventionen nicht entgehen. (Aus diesem Grunde gibt es heute in jedem Land akademische Traditionen.) Die sogenannten individuellen Eigenschaften sind nicht mehr verschiedene Variationen auf dem Hintergrund dieses gesellschaftlichen Bewußtseins. Selbst ein überragendes Genie kann dessen Grenzen nicht überschreiten; ist es doch gerade das Genie, das den tieferen Sinn des gesellschaftlichen Bewußtseins offenlegt. (Die Beziehung Christi zum Judentum ist ein Beispiel dafür.) Ein Bewußtsein, das in keinerlei Beziehungen zum gesellschaftlichen Bewußtsein steht, gleicht dem eines Wahnsinnigen.

Niemand kann diese Tatsachen leugnen; aber über die Frage, ob das kollektive Bewußtsein in demselben Sinne wie ein individuelles Bewußtsein existiert und eine Persönlichkeit besitzt, gibt es verschiedene Auffassungen. Höffding und andere leugnen die Existenz eines einheitlichen Bewußtseins und sagen, daß eine Gesellschaft nur eine Ansammlung von Individuen sei und daß losgelöst von den Individuen etwas, das man eine Gesellschaft nennen könnte, nicht existiere; so wie ein Wald nur eine Ansammlung von Bäumen sei und verschwände, wenn man die Bäume voneinander trennte (Harald Höffding, Ethik, 1890, S. 157[20]). Aber wenn durch Zergliederung keine Einheit realisiert werden kann, bedeutet das nicht, daß es keine Einheit gibt. Auch wenn man das individuelle Bewußtsein analysiert, findet man kein sozusagen separates, einheitliches Selbst. Da wir aber annehmen müssen, daß in der Einheit ein Spezifikum liegt und die verschiedenen Phä-

20 Nishida scheint hier auf folgende Stelle anzuspielen: »Wie es Menschen gibt, die vor lauter Bäumen den Wald nicht sehen können, so gibt es auch Menschen, die vor lauter Wald die Bäume nicht sehen können. In der Ethik zeigt dies sich darin, daß menschliches Streben als Mittel für übermenschliche Zwecke betrachtet wird. Jede Ethik, die die Möglichkeit fortschreitender Verifikation nicht aufgeben will, muß dabei beharren, daß die Gesellschaft stets von bestimmten Individuen vertreten wird. Darum braucht sie nicht zu übersehen, daß ethisches Wirken, wie alle Kraftentfaltung, mit dem ganzen Weltprozesse im Zusammenhang steht.« (Zitiert nach: Harald Höffding, Ethik, 3. deutsche Auflage, Leipzig 1922, S. 123.) An anderer Stelle sagt Höffding, ganz im Sinne Nishidas: »Die Persönlichkeit ist eine innere Welt, die ihr eignes Gesetz befolgt und dennoch mit der großen Welt in Zusammenhang stehen kann.« (op. cit., S. 157)

nomene durch diese Einheit konstituiert werden, sehen wir darin auch eine lebendige Realität. Auch das Bewußtsein können wir aus demselben Grund als eine lebendige Realität ansehen: Wie das individuelle Bewußtsein bildet es ein vollkommenes System mit seinem Zentrum und seinen Beziehungen. Das individuelle Bewußtsein besitzt im Körper eine Basis; darin unterscheidet es sich vom gesellschaftlichen Bewußtsein. Aber das Gehirn ist keine einfache Substanz, es besteht aus einer Ansammlung von Zellen. Auch die Gesellschaft ist aus Zellen zusammengesetzt: den Menschen.

Da nun unser individuelles Bewußtsein ein Teil des gesellschaftlichen Bewußtseins ist, sind viele unserer Bedürfnisse gesellschaftlicher Natur. Wenn aus unseren Begierden das Element der Nächstenliebe verschwände, bliebe fast nichts übrig. Dies wird deutlich, wenn wir sehen, daß auch die Hauptursache unseres Bedürfnisses nach Leben in der Nächstenliebe liegt. Mehr als die Befriedigung unseres Selbst befriedigt uns die Befriedigung dessen, das wir lieben, oder der Gesellschaft, der wir angehören. Denn ursprünglich ist das Zentrum des Selbst nicht auf das Individuum beschränkt. Das Selbst einer Mutter liegt in ihrem Kind und das Selbst eines Untertanen in seinem Herrn. Je größer die eigene Persönlichkeit wird, desto gesellschaftlicher werden die Bedürfnisse des Selbst.

Sprechen wir kurz über die verschiedenen Klassen des gesellschaftlichen Guten: Im gesellschaftlichen Bewußtsein gibt es verschiedene Stufen. Darunter ist die niedrigste und unmittelbarste die Familie; die Familie ist die erste Stufe, auf der unsere Persönlichkeit gesellschaftlich wird. Das Ziel eines Mannes und einer Frau, die sich zusammentun, um eine Familie zu gründen, liegt weniger darin, Kinder zu hinterlassen, als in einem geistigen (moralischen) Zweck. Platos ›Symposion‹ enthält die Erzählung, daß Mann und Frau ursprünglich einen Leib besaßen und von Gott auseinandergeschnitten wurden. Daher sehnen sie sich bis heute nach einander. – Dies ist ein interessanter Gedanke. Im Hinblick auf ein Ideal vom

Menschen ist weder der einzelne Mann noch die einzelne Frau vollkommen, nur zusammen könnten sie einen vollkommenen Menschen bilden. Otto Weininger sagt, daß Körper und Geist des Menschen aus männlichen und weiblichen Elementen geformt sind. In der gegenseitigen Liebe der Geschlechter verbinden sich diese Elemente, um den vollkommenen Menschen hervorzubringen. Weder der männliche noch der weibliche Charakter stellen vollkommene Ideale dar. Die beiden Geschlechter komplementieren einander zu einer vollkommenen Persönlichkeit.

Natürlich ist die Entwicklung unseres gesellschaftlichen Bewußtseins nicht auf eine so kleine Gruppe wie die Familie restringiert. Die Entwicklung unseres geistigen und materiellen Lebens kann sich in verschiedensten gesellschaftlichen Gruppen vollziehen. Neben der Familie muß der Staat als eine Manifestation der Persönlichkeit angesehen werden, die das Ganze unserer Bewußtseinstätigkeit vereinheitlicht. Es gibt zahlreiche Theorien über den Zweck des Staates. Einige Theoretiker sehen in der Macht des Souveräns die Substanz eines Staates und seinen einzigen Zweck darin, äußere Feinde abzuhalten und im Innern das Leben und den Besitz des Volkes zu schützen. (Dazu gehören Schopenhauer, Taine und Hobbes.) Andere sehen die Substanz des Staats im Individuum und den einzigen Zweck des Staates darin, die Harmonie der Persönlichkeitsentwicklung des Individuums zu garantieren. (Dies ist die Theorie Rousseaus u.a.) – Aber das wahre Ziel eines Staates ist weder ein materielles noch ein negatives; und die Basis eines Staates liegt nicht in der individuellen Persönlichkeit. Die Individuen haben sich, im Gegenteil, als Zellen einer Gesellschaft entwickelt. Die Substanz des Staates ist der Ausdruck eines kollektiven Bewußtseins, das der Ursprung unseres Geistes ist. Wir können die Persönlichkeit im Staat aufs weiteste entfalten. Der Staat ist eine einheitliche Persönlichkeit; die Institutionen und Gesetze des Staates sind Ausdruck des Willens des kollektiven Bewußtseins. (Dies war die Theorie Platos und Aristoteles' im Altertum und Hegels in der Moderne.) Wir arbeiten für den Staat, um eine große Persönlichkeit bis zum Punkt ihrer Vollendung zu entwickeln. Wenn der Staat straft, tut er es nicht der Rache und nicht des gesellschaftlichen Friedens wegen – sondern weil in der Persönlichkeit eine unverletzliche Würde liegt.

Der Staat ist die bisher gewaltigste Manifestation eines einheitlichen kollektiven Bewußtseins. Aber der Ausdruck unserer Persönlichkeit kann hier nicht haltmachen. Ihr Ehrgeiz ist größer: er zielt auf den Zusammenschluß einer Menschheitsgesellschaft, jenseits aller Unterschiede. Dieses Ideal erscheint schon im Christentum des Paulus und bei den Stoikern. – Doch dies Ideal ist nicht leicht zu verwirklichen. Wir leben noch heute in einer Epoche bewaffneten Friedens.

Wenn man die Spuren der Menschheitsentwicklung seit den fernen Anfängen der Geschichte verfolgt, zeigt sich, daß der Staat nicht das letzte Ziel der Menschen ist. Die ganze Entwicklung der Menschheit durchzieht ein einziger Sinn und Zweck: die Staaten scheinen in ihrem Entstehen und Vergehen, in ihrem Aufstieg und ihrem Niedergang, nur einen Teilauftrag innerhalb dieser Entwicklung zu erfüllen. (Für Hegel ist die Geschichte der Nationen die Entwicklung des sogenannten Weltgeistes.) Wahrer Universalismus bedeutet jedoch auch nicht, daß die einzelnen Staaten verschwinden, sondern daß sie stark werden, ihre besonderen Eigenarten entwickeln und ihren Beitrag zur Weltgeschichte leisten.

Dreizehnter Abschnitt
DAS VOLLKOMMENE VERHALTEN

Das Gute ist, in einem Wort gesagt, die Verwirklichung der Persönlichkeit. Von innen gesehen, ist es die Befriedigung unseres wesentlichen Bedürfnisses, d. h. es ist die Einheit des Bewußtseins; seine ultimative Ausprägung erlangt es, wenn das Selbst und der andere einander vergessen haben, wenn Subjekt und Objekt ineinander untergegangen sind. Als äußere Tatsache betrachtet, nimmt es seinen Ausgang vom kleinen Individuum, von dem es sich weiterentwickelt bis zu seinem Gipfelpunkt, der einheitlichen Entfaltung eines menschlichen Allgemeinen. Aus diesen beiden Aspekten ergibt sich eine weitere schwierige Frage: Kann das, was eine große *innere* Befriedigung bewirkt, auch im Bereich des Tatsächlichen notwendig ein Gutes genannt werden? Anders gefragt: Stehen die beiden Auslegungsmodi des Guten immer miteinander in Einklang?

Aus meiner Auffassung der Realität ergibt sich, daß beide Ansichten sich weder widersprechen noch miteinander kollidieren. Ursprünglich kennen die Phänomene keinen Unterschied zwischen innen und außen. Das subjektive Bewußtsein und die objektive Welt der Realität sind ein und dasselbe Phänomen, nur von verschiedenen Seiten gesehen. Konkret bilden sie eine einzige Tatsache. Man kann sagen, daß die Welt durch die Bewußtseinseinheit des Selbst konstituiert wird, aber auch, daß das Selbst ein kleines partikuläres System der Realität ist. Es gehört zu den fundamentalen Ideen des Buddhismus, daß das Selbst und das Universum dieselbe Wurzel haben, ja daß sie unmittelbar identisch sind. Daher können wir in der Seele unseres Selbst die unendlichen Bedeutungen der Realität *empfinden*: im Wissen als unendliche Wahrheit, im Fühlen als unendliche Schönheit und im Wollen als das unendliche Gute. Daß wir die Realität erkennen, bedeutet nicht, daß wir die Dinge außerhalb des Selbst, sondern das Selbst an sich erkennen. Das Wahre, Gute und Schöne der Realität muß unmittelbar das Wahre, Gute und Schöne des Selbst sein. Die Frage stellt sich nun, warum es in der Welt auch das Falsche, das Schlechte und das Häßliche gibt. Eigentlich gibt es in der Welt weder das absolut Wahre, Gute und Schöne noch das absolut Falsche, Schlechte und Häßliche. Die letzteren werden immer dann sichtbar, wenn wir abstrahierend nur die eine Seite der Dinge betrachten, auf diese Weise ihren Gesamtaspekt verfehlen, d. h. parteiisch urteilen und gegen die Einheit des Ganzen verstoßen. (Wie ich im 5. Abschnitt des Teils ›Die

Realität‹ dargestellt habe, sind das Falsche, Schlechte und Häßliche in gewisser Hinsicht für die Konstituierung der Realität notwendig, sie entstehen aus dem sogenannten Prinzip des Gegensatzes.)

* Nach Augustinus gibt es das Böse in der Welt ursprünglich nicht. Die ganze von Gott geschaffene Natur ist gut. *Böse* ist nur der Mangel an Wesen. Gott schmückte die Welt wie ein schönes Gedicht mit Gegensätzen. So wie der Schatten die Schönheit eines Bildes erhöht, so erscheint vor dem wissenden Blick die Welt schön, obgleich die Sünde in ihr ist.

Es sind zwei Fälle denkbar, in denen das faktisch Gute mit dem begehrten Guten in Konflikt gerät. Zum einen, wenn eine Handlung faktisch gut ist, nicht aber das Motiv, das zu ihr geführt hat. Zum andern, wenn ein Motiv gut war, aber nicht seine Verwirklichung. – In bezug auf den ersteren Fall kann nicht ernsthafterweise behauptet werden, daß es sich um eine gute Tat mit dem Ziel der Verwirklichung der Persönlichkeit handele, selbst wenn die eigennützigen und eigensüchtigen inneren Motive faktisch etwas Gutes bewirken. Wenn wir bisweilen auch einmal eine solche Tat loben, dann geschieht das nicht von der Warte der Moral, sondern des Profits her. Von der Warte der Moral her gesehen, ist eine solche Tat sogar der eines Dummkopfs unterlegen – wenn dieser nur seine ganze Redlichkeit in diese Tat legt. Man findet auch die Auffassung, daß ein Verhalten, das vielen nutzt, selbst wenn es keinen edlen Motiven entspringt, immer der guten Tat eines Einzelnen überlegen sei, der dabei nur sich selbst im Sinn habe. – Aber Menschen Nutzen zu bringen kann vielerlei Bedeutung haben. Auch ein rein materieller Gewinn ist gut, wenn er guten Zwecken dient. Schlecht wird er erst dann, wenn er schlechten Zwecken dient. Überdies ist, im Sinne eines wahrhaft moralisch Guten, das auf die sogenannte öffentliche Moral abzielt, ein Verhalten, das kein innerlich wirklich gutes Verhalten darstellt, nur ein Hilfsmittel und kein gutes Verhalten *an sich*. Es kann selbst mit dem kleinsten wahrhaft guten Verhalten nicht verglichen werden. – Nun zu dem Fall, daß ein gutes Motiv nicht notwendig ein faktisch Gutes hervorbringt. Es ist fast ein Gemeinplatz, daß individuelle Redlichkeit und das Höchste Gute der allgemeinen Menschheit zuzeiten miteinander kollidieren. Ich glaube jedoch, daß die, die diesen Gemeinplatz äußern, den Begriff der Redlichkeit mißverstehen. Wenn man unter dem Begriff der Redlichkeit das tiefste Bedürfnis des *ganzen* Geistes versteht, verliert diese Aussage weitgehend an Substanz. Unsere ernsten Bedürfnisse sind keine künstlichen Konstrukte, sie sind naturgegebene Tatsachen. So wie die Wurzel der Menschenseele mit dem Wahren und Schönen allgemeine Elemente umfaßt, so besitzt sie auch im Guten ein allgemeines Element. – In der Stille der Nacht, wenn die Seele ruhig wird, beginnt dieses allgemeine Gute von selbst zu wirken; – wie bei Faust, der, am irdischen Dasein leidend, in tiefer Nacht von einem Gang durch die Felder allein in sein Studierzimmer zurückkehrt. (Goethe, Faust, Erster Teil, Studierzimmer.) Wenn ein Mensch mit der allen gemeinsamen Vernunft ausgestattet ist, muß er dasselbe denken und dasselbe suchen wie wir, auch wenn der Ursprung seines Bewußtseins sich von dem unseren gänzlich unterscheidet. Die größten Bedürfnisse der Menschheit machen natürlich oft, je nach den Umständen, bei der reinen Möglichkeit halt, und es gibt wohl auch Momente, in denen sie nicht wirken, obgleich sie Wirklichkeit geworden sind. Aber auch in diesen Fällen sind die Bedürfnisse nicht verschwunden, sondern nur verdeckt: Das Selbst hat das *wahre* Selbst noch nicht erkannt.

Aus dem oben genannten Grunde glaube ich, daß die tiefsten Bedürfnisse und die größten Ziele von selbst miteinander in Einklang stehen. Während wir im Innern das Selbst disziplinieren und zu seiner wahren Substanz vorzustoßen versuchen, entwickeln wir nach außen hin eine allgemeine Menschenliebe und nähern uns so den höchsten Zielen des Guten. Dies ist das vollkommene wahrhaft gute Verhalten. Ein solches vollkommenes gutes Verhalten erscheint einerseits äußerst schwierig, und doch muß ein jeder dazu fähig sein. Die

Moral zielt auf nichts, das außerhalb des Selbst gelegen wäre, sie bringt nur ans Licht, was im Innern des Selbst liegt. Die Menschen verwechseln das Wesen der Moral oft mit deren Hülse und denken, daß eine Unternehmung, die nicht gleich der ganzen Welt und der ganzen Menschheit gilt, nicht das Höchste Gute repräsentieren könne. Die Art einer Unternehmung wird von den jeweiligen Fähigkeiten eines Menschen und den Verhältnissen, in denen er lebt, diktiert. Nicht alle können dasselbe tun. Wenn indessen unsere Unternehmungen sich auch alle voneinander unterscheiden, so können sie doch aus demselben Geist heraus wirken. Menschen, die selbst ihre kleinsten Unternehmungen aus einer allgemeinen Menschenliebe heraus durchführen, arbeiten an der Verwirklichung einer allumfassenden Persönlichkeit. Raffaels hoher und anmutiger Charakter hat in der Madonna vielleicht den angemessensten Stoff für seine Selbstverwirklichung gefunden; er drückt sich aber nicht nur in der Madonna, sondern in allen seinen Bildern aus. Auch wenn Raffael und Michelangelo dieselben Motive auswählten, drückte Raffael immer nur die Persönlichkeit Raffaels und Michelangelo immer nur die Persönlichkeit Michelangelos aus. Das Noumenon der Kunst und der Moral liegt im Geist und nicht in den Tatsachen der äußeren Welt.

Noch ein Wort zur Abrundung dieses Teils: Man kann das Gute auf vielfache Weise akademisch erklären, in praxi gibt es jedoch nur *ein* wahrhaft Gutes. Es lautet: die *Erkenntnis des wahren Selbst*. Unser wahres Selbst ist die Substanz des Universums. Die Erkenntnis des wahren Selbst schließt uns nicht nur mit dem allgemeinen Guten der Menschheit zusammen, sondern vereint uns mit der Substanz des Universums und dem Willen Gottes. Hier gehen Religion und Moral ineinander auf. Das Gesetz der Erkenntnis des wahren Selbst und der Vereinigung mit Gott liegt nur im Erfassen der Kraft der Einheit von Subjekt und Objekt. Um diese Kraft zu erlangen, müssen wir das falsche Ich töten, einmal den Begierden dieser Welt sterben und wieder auferstehen. (Mohammed sagte: Der

Himmel liegt im Schatten des Schwertes.) Nur so können wir in den Bereich der Einheit von Subjekt und Objekt eintreten. Hier wohnt der höchste Sinn von Religion, Moral und Kunst. Das Christentum nennt es Wiederauferstehung, der Buddhismus Wesensschau, Erleuchtung. Als Papst Benedikt XI. Giotto aufforderte, ihm ein Werk zu schaffen, das seine ganze Künstlerschaft demonstrierte, soll Giotto nur einen Kreis gemalt haben. – Uns muß im Bereich der Moral Giottos Kreis gelingen.

VIERTER TEIL

Die Religion

Erster Abschnitt

DAS RELIGIÖSE BEDÜRFNIS

Das religiöse Bedürfnis richtet sich auf das Selbst. Es ist ein Bedürfnis, das das Leben des Selbst betrifft. Es ist ein Bedürfnis, das in der Erkenntnis der Relativität und Endlichkeit unseres Selbst durch die Verschmelzung mit einer absoluten und unendlichen Kraft das ewige, wahre Leben zu erlangen sucht. Es ist ein Gefühl wie das des Paulus, als er sagte, daß nicht er, sondern Jesus in ihm lebe; ein Leben, das, nachdem alles fleischliche Leben ans Kreuz geschlagen wurde, allein noch in Gott leben will. Wahre Religion fordert, daß das Selbst ein anderes wird; wahre Religion fordert die Erneuerung des Lebens. Jesus sagt, daß nur der Erlösung findet, der sein Kreuz auf sich nimmt und ihm nachfolgt. Wer auch nur einen Rest von Glauben an das eigene Selbst in sich trägt, ist noch nicht erfüllt von dem Geist der wahren Religion.

Von denen, die um weltlichen Gewinn zu Gott beten, brauchen wir erst gar nicht zu reden, aber auch denen, die zu Buddha nur beten, um in sein Paradies aufgenommen zu werden, ist der Geist der wahren Religion noch fremd. Daher heißt es auch im »Tannishō«: »Auch wer sich um seine Wiedergeburt ins Paradies bemüht und das ›nembutsu‹ [Gebet um Erlösung] betet, vertraut noch auf die Erlösung durch sich selbst.« Entsprechend hat es auch wenig mit wahrem Christentum zu tun, nur auf Gottes Hilfe zu vertrauen und Gottes Strafe zu fürchten. – Dies alles sind nur Formen der Selbstsucht. Daneben ist es fraglich, ob nicht auch die heutzutage weit verbreitete Auffassung, daß die Religion nur für den Frieden des Selbst zuständig sei, verfehlt ist. Ergibt sich daraus doch auch die Vorstellung, daß man die wahre Bedeutung der Religion erfaßt, wenn man auf allen Unternehmungsgeist verzichtet und ein bedürfnisarmes, sorgenloses, negatives Leben führt. – Wir sollten nach Religion nicht des Friedens unseres Selbst wegen suchen, denn dieser Friede ist nur eine Folge der Religion; das religiöse Bedürfnis ist ein großes Bedürfnis des

Lebens, das nicht unterdrückt werden kann, selbst wenn wir es unterdrücken wollen. Es ist das Bedürfnis eines rigorosen Willens. Die Religion ist das Ziel des Menschen *überhaupt* und keinesfalls ein Mittel für andere Zwecke.

Wenn, wie die voluntaristische Psychologie behauptet, der Wille die Grundfunktion des Geistes ist und alle geistigen Phänomene die Form des Willens haben, dann ist unser Geist ein *Bedürfnissystem* – und das stärkste Bedürfnis, das das Zentrum dieses Systems bildet, ist unser Selbst. Das, was von diesem Zentrum her alle Phänomene vereinheitlicht, d. h. das, was das Selbst erhält und entfaltet, ist unser geistiges Leben. Solange diese Vereinheitlichung voranschreitet, solange leben wir. Wird sie unterbrochen, ist es, als wären wir geistig tot, selbst wenn unser Körper noch weiterlebt. Aber können wir, wenn wir unsere individuellen Bedürfnisse ins Zentrum rükken, *alles* vereinheitlichen? D. h. kann das individuelle Leben sich endlos erhalten und entfalten? Weder ist die Welt für das Individuum erschaffen, noch ist das individuelle Bedürfnis das größte Bedürfnis des menschlichen Lebens. Das individuelle Leben kollidiert notwendig mit der äußeren Welt und verstrickt sich notwendig in innere Widersprüche, in denen wir nach einem noch größeren Leben suchen müssen, d. h. entsprechend den wechselnden Brennpunkten des Bewußtseinszentrums müssen wir eine größere Einheit suchen. Diese Bedürfnisse können wir auch alle beim Entstehen unseres kollektiven Geistes beobachten, aber nur die religiösen Bedürfnisse bilden ihren Höhepunkt. Wenn wir unser subjektives Selbst gegen die objektive Welt stellen, um diese zu vereinheitlichen, kann das subjektive Selbst, so groß es auch sein mag, der seiner nur relativen Einheit nicht entfliehen. Absolute Einheit stellt sich erst ein, wenn es seine subjektive Einheit gänzlich von sich wirft und in der objektiven Einheit aufgeht.

Die Einheit des Bewußtseins ist eine notwendige Voraussetzung für dessen Konstitution und zugleich dessen ursprüngliches Bedürfnis. Ein Bewußtsein ohne Einheit gleicht einem Nichts. Bewußtsein entsteht aus dem Gegensatz seiner Inhalte; je vielfältiger seine Inhalte sind, einer desto größeren Einheit bedarf es. Der vollkommenste Zustand dieser Einheit ist die sogenannte objektive Realität. Wenn in dieser Einheit Subjekt und Objekt miteinander verschmelzen, ist der Endpunkt erreicht. Dabei existiert die objektive Realität nicht losgelöst vom subjektiven Bewußtsein; sie ist das Resultat der Bewußtseinseinheit, in dem jeder Zweifel an sich verzweifelt und die Suche keinen Weg mehr findet, der sie weiterführen könnte. Überdies ist jener Gipfelpunkt der Bewußtseinseinheit, d. h. der Zustand der Einheit von Subjekt und Objekt nicht nur das ursprüngliche Bedürfnisziel des Bewußtseins, sondern der ursprüngliche Zustand des Bewußtseins selbst. [Etienne Bonnot de] Condillac [1715–1780] sagte, wenn wir Licht sehen, *sehen* wir das Licht eigentlich nicht, sondern *sind* das Licht selbst. Die ersten Empfindungen eines Säuglings sind alle das Universum selbst. In diesem Status sind Subjekt und Objekt noch ungetrennt, bilden die Dinge und das Ich nur einen Leib, ist *alles* nur *eine* Tatsache. Weil Ding und Ich eins sind, hat auch die Suche nach Wahrheit ihr Ziel erreicht, ist alles Begehren erfüllt; ist der Mensch bei Gott. Man mag dies den Garten Eden nennen. – Mit der Differentiation und Entfaltung des Bewußtseins treten Subjekt und Objekt in Gegensatz zueinander, wenden sich Ding und Ich voneinander ab, entspringen im Menschen das Begehren und das Leid, reißt sich der Mensch los von Gott. – Das Paradies wird den Enkeln Adams lange verschlossen bleiben. – Aber trotz Differentiation und Entfaltung kann sich das Bewußtsein nicht ganz aus der Einheit von Subjekt und Objekt lösen; in unserem Wissen und unserem Wollen sind wir stets auf der Suche nach dieser Einheit. Differentiation und Entfaltung sind nur die andere Seite der Einheit, die notwendige Bedingung für das Entstehen von Bewußtsein. Differentiation und Entfaltung des Bewußtseins bedeutet im Gegenteil geradezu eine Suche nach noch größerer Einheit. Denn Einheit ist das Alpha und Omega des Bewußtseins. Das religiöse Bedürfnis ist das Bedürfnis nach einer Bewußtseinseinheit in diesem Sinne; ein Bedürfnis nach Vereinigung mit dem Universum.

Somit ist das religiöse Bedürfnis das tiefste Bedürfnis der Menschenseele. Unsere verschiedenen körperlichen und geistigen Bedürfnisse sind nur Teilbedürfnisse unseres Selbst. Nur die Religion ist die *Lösung* für das ganze Bewußtsein. In unserem Wissen und Wollen suchen wir nach der Einheit des Bewußtseins und nach der Einheit von Subjekt und Objekt; doch beide repräsentieren gleichsam nur halbe Einheiten. Die Religion ist die Suche nach einer tieferen Einheit in deren Hintergrund, nach einer Einheit, die vor dem Wissen und dem Wollen liegt. All unsere Bedürfnisse differenzieren sich aus dem religiösen Bedürfnis, und das Resultat dieses Prozesses ist, daß sie in dieses wieder zurückkehren. Als das menschliche Wissen sich noch nicht aufgetan hatte, waren die Menschen religiös; wenn die Gelehrsamkeit und die Moral ihren Gipfelpunkt erreicht haben, müssen sie wieder in die Religion einmünden. Die Menschen fragen oft, warum die Religion notwendig ist. Aber diese Frage ist identisch mit der, warum es notwendig ist zu leben. Es gibt keine Religion außerhalb des Lebens des Selbst, und die religiösen Bedürfnisse sind die des Lebens selbst. Solche Fragen weisen nur auf den Mangel an wahrer Würde im Leben des Selbst. Menschen, die redlich denken und leben wollen, können dies nicht, ohne ein leidenschaftliches religiöses Bedürfnis zu empfinden.

Zweiter Abschnitt
DAS WESEN DER RELIGION

Religion ist die Beziehung zwischen Gott und Mensch. Man kann sich Gott auf vielfache Weise denken, aber es ist wohl am angemessensten, in ihm den Ursprung des Universums zu sehen. Mit ›Mensch‹ meine ich unser individuelles Bewußtsein. Die Verschiedenheit der Religionen wird definiert durch die Art, wie sie die Beziehung zwischen Gott und Mensch denken. Welche Beziehung ist nun aber die wahre religiöse Beziehung? Wenn wir davon ausgehen, daß sich Gott und Mensch in ihrem Ursprung und in ihrem Wesen unterscheiden und Gott einfach eine gewaltige, dem Menschen überlegene Macht darstellt, können wir keine Spur einer auf Gott gerichteten religiösen Motivation entdecken. – Vielleicht fürchten wir ihn und befolgen seine Befehle. Vielleicht schmeicheln wir uns bei ihm ein und sorgen für unser Wohl. Aber all dieses Verhalten geht aus der Selbstsucht hervor; eine gegenseitige Beziehung zwischen zweien, die ihrem Wesen nach verschieden sind, kann sich nur im Rahmen der Selbstsucht abspielen. William Robertson Smith stellte fest, daß Religion nicht der Furcht vor einer unbegreiflichen Macht entspringt, sondern aus der Ehrfurcht vor einem Gott, der mein Blutsverwandter ist; und daß Religion nicht eine willkürliche Beziehung zwischen einem Individuum und einer übernatürlichen Kraft ist, sondern eine kollektive Beziehung zwischen allen Mitgliedern einer Gesellschaft und einer Macht, die deren Frieden und Ordnung garantiert. An der Wurzel aller Religion steht die Beziehung zwischen Gott und einem Menschen – in der Form einer Beziehung zwischen Vater und Sohn. Aber daß Gott und die Menschen dieselben Interessen teilen und Gott uns hilft und beschützt, macht noch keine wahre Religion aus. Gott muß der Ursprung des Universums und zugleich der Ursprung der Menschen sein. Zu Gott zurückzukehren bedeutet, zu unserem Ursprung zurückzukehren. Gott ist aber das Ziel aller Dinge, also auch das Ziel der Menschen. Jeder einzelne Mensch muß sein wahres Ziel in Gott finden. Was Arme und Beine für den Menschen sind, sind die Menschen für Gott. In Gott zurückzukehren bedeutet einerseits, sein Selbst zu verlieren, andererseits aber auch der Grund dafür, das Selbst zu erlangen. Christus sagte, wer sein Leben gewinnt, der soll es verlieren, wer sein Leben um meinetwillen aber verliert, der soll es gewinnen. Hierin liegt die reinste Ausprägung der Religion; in der wahren Religion muß die Beziehung zwischen Gott und Mensch diese

Form annehmen. Wenn wir Gott anbeten oder wenn wir ihm danken, tun wir es nicht unserer eigenen Existenz wegen, sondern wir beten, weil wir zu Gott, unserer ursprünglichen Heimat, zurückkehren wollen, und wir danken Gott dafür, daß er uns heimgeholt hat. Daß Gott uns liebt, zeigt sich nicht darin, daß er uns mit irdischem Glück segnet, sondern darin, daß er uns zu sich heimkehren läßt. Gott ist die Quelle des Lebens; wir leben nur in Gott. Daher ist die Religion voll von Leben: hierin gründet das Gefühl wahrer Ehrfurcht. Aber allein durch Verzicht und Hingabe wird man den Geruch des Selbst nicht los, ist man noch nicht von dem Gefühl wahrer Ehrfurcht erfaßt. Ausdrücke wie »das wahre Selbst findet man in Gott« scheinen die Betonung auf das Selbst zu legen, aber gerade das Selbst von sich zu werfen, ist ein Mittel, Gott zu verehren.

Gott und den Menschen eignet dieselbe Natur. Daß der Mensch in Gott als in seinen Ursprung zurückkehrt, ist der fundamentale Gedanke aller Religion. Nur eine Religion, die auf diesem Gedanken gründet, kann eine wahre Religion genannt werden. Doch auch auf der Basis dieses einen Gedankens kann die Beziehung zwischen Gott und den Menschen auf mannigfache Weise gedacht werden. Etwa daß Gott ein transzendentes Wesen ist, das außerhalb des Universums residiert, von außen die Welt regiert und die Menschen von außen bewegt. Oder wir können uns denken, daß Gott ein immanentes Wesen und der Mensch ein Teil Gottes ist und daß Gott den Menschen von innen her bewegt. Ersteres ist die Auffassung des sogenannten ›Theismus‹, letzteres die des sogenannten ›Pantheismus‹. Vielleicht ist die letztere Auffassung rationalistisch; jedenfalls haben ihr viele religiöse Denker widersprochen. Denn Gott mit der Natur zu identifizieren bedeutet, daß er seine Persönlichkeit verliert. In den tausend Dingen des Kosmos nur Metamorphosen Gottes zu sehen, heißt nicht nur, ihn seiner Transzendenz zu berauben und seiner Würde zu schaden, sondern darüber hinaus in das Dilemma zu geraten, auch den Ursprung des Bösen auf Gott zurückführen zu müssen. Eine genauere Überlegung aber zeigt, daß ein pantheistisches Denken nicht notwendig diese Mängel besitzen muß – und ein theistisches Denken nicht notwendig frei davon ist. Auch wenn man Gott und die Substanz der Realität miteinander identifiziert und den Ursprung der Realität als geistig bestimmt, muß Gott nicht notwendig den Charakter der Persönlichkeit verlieren. Überdies sind auch für keine Spielart des Pantheismus die einzelnen Dinge unmittelbar Gott. In der Philosophie Spinozas sind die einzelnen Dinge verschiedene Aspekte, ›modi‹, Gottes. Andererseits kann auch der Theismus die Allmacht und die Allwissenheit Gottes nicht ohne weiteres mit der Existenz des Bösen in dieser Welt in Einklang bringen. In der Tat haben sich viele Denker des Mittelalters über dieses Problem den Kopf zerbrochen.

Abgesehen davon, daß die Idee von einem transzendenten Gott, der von außen die Welt regiert, unserer Vernunft widerspricht, glaube ich auch, daß eine Religion, die dieser Idee verpflichtet ist, keine tiefe Religion genannt werden kann. Was wir vom Willen Gottes wissen müssen, sind nur die Naturgesetze; daneben gibt es keinerlei Offenbarung. Selbstverständlich ist Gott unermeßlich, daher können wir nur einen Teil von ihm erkennen; auch wenn es daneben noch so etwas wie Offenbarung gäbe, wären wir außerstande, sie zu erfassen. Und wenn wir im Gegensatz dazu doch unterstellen, daß es eine Offenbarung gibt, kann sie nur einen Widerspruch Gottes bedeuten. Der Grund dafür, daß wir an die Göttlichkeit Christi glauben, liegt darin, daß sein Leben die tiefste Wahrheit des Menschenlebens in sich einschließt. Unser Gott ist die immanente vereinheitlichende Kraft des Universums und nach der Maßgabe jener Wahrheit teilt er Himmel und Erde ihren Ort zu, nährt er die zahllosen Dinge. Daneben gibt es nichts, das den Namen Gott verdiente. Wenn wir sagen, daß Gott eine Persönlichkeit besitzt, dann kann dies nur bedeuten, daß der Ursprung der Realität unmittelbar mit Persönlichkeit ausgestattet ist. Alle davon abweichende Rede vom Übernatürlichen gründet entweder in geschichtlichen Überlieferungen oder subjektiven Fiktionen. Gerade wenn wir in diesem Ursprung der Natur und des Selbst unmittelbar Gott anschauen, fühlen wir seine unendliche Wärme und können das wahre Wesen der Religion erfassen, das das *Leben in Gott* ist. Die wahre liebevolle Verehrung Gottes kann nur hieraus entspringen; Liebe bedeutet das Einswerden zweier Persönlichkeiten; Verehrung ist das Gefühl, das ein Teil der Persönlichkeit dem Ganzen der Persönlichkeit gegenüber empfindet. Liebe und Verehrung müssen auf der Einheit der Persönlichkeit gründen; daher finden sie sich nicht nur zwischen Menschen, sondern erscheinen auch im Inneren des Bewußtseins des Selbst. Weil die verschiedenen Bewußtseinszustände von gestern und heute ihre Einheit im Bewußtseinszentrum besitzen, eignen ihnen Selbstrespekt und Selbstliebe. Auf dieselbe Weise verehren und lieben wir Gott: weil wir denselben Ursprung mit ihm teilen und weil unser Geist ein Teil des Bewußtseins Gottes ist. Da Gott und Mensch dergestalt denselben geistigen Ursprung besitzen, darf ihr Verhältnis so wie das der Geister zweier Menschen gedacht werden, die zwar dasselbe denken aber unabhängig voneinander sind. – Aber dies ist vom Körper her gesehen, als könnte man den Geist räumlich und zeitlich aufteilen. Im Geist denselben Ursprung zu besitzen bedeutet, derselbe Geist zu sein. So wie unser Tag für Tag sich wandelndes Bewußtsein eine identische Einheit besitzt, und wir es daher als identischen Geist erachten müssen, so muß auch unser Geist mit Gott dieselbe Substanz besitzen. Die Rede vom *Leben in Gott* ist daher nicht nur metaphorisch zu verstehen, sondern kann eine schlichte Tatsache sein. (Bischof Westcott sagt in seinem Kommentar zu Johannes 17:21, daß die Einheit der Gläubigen nicht nur eine ›moral unity‹ sei, sondern eine ›vital unity‹.)

So kann sich die tiefste Religion auf der substanziellen Einheit von Gott und Mensch aufbauen, und die wahre Bedeutung der Religion liegt im Ergreifen dessen, was den Sinn einer *Verschmelzung von Gott und Mensch* hat. Mit anderen Worten: sie liegt darin, daß wir am Ursprung des Bewußtseins den majestätischen Geist des Universums, der an der Zerstörung des Bewußtseins des Selbst wirkt, in voller Gegenwart erleben. Den Glauben erlangt man nicht von außen, aus den Händen der Überlieferung oder der Theorie; Glaube muß aus dem Innern herausgeschliffen werden. Wie Jakob Böhme es sagte: die Ankunft bei Gott ist eine ›innerste Geburt‹. Durch eine innere Wiedergeburt sehen wir Gott unmittelbar ins Antlitz, glauben wir an ihn, entdecken wir das wahre Leben des Selbst und fühlen wir eine unendliche Kraft. Glaube ist nicht einfach Wissen. Glaube ist, im dargelegten Sinne, Intuition und lebendige Kraft. Im Grunde all unserer Geistestätigkeiten wirkt eine Kraft der Vereinheitlichung. Wir nennen sie *Selbst* oder *Persönlichkeit*. Man braucht nicht zu ergänzen, daß sie das Begehren umfaßt, aber auch über so objektive Dinge wie das Wissen ist die Farbe jener Kraft der Vereinheitlichung – und das bedeutet die Farbe jeder einzelnen Persönlichkeit ausgegossen. Wissen und Begehren treten aus dieser Kraft hervor. Der Glaube ist die Kraft der Vereinheitlichung, die das Wissen transzendiert. Nicht stützen Wissen und Wille den Glauben, sondern der Glaube stützt den Willen und das Wissen. Der Glauben ist insofern etwas Mystisches; aber nicht in einem dem Wissen widerstreitenden Sinne. Ein Glaube, der mit dem Wissen in Konflikt läge, könnte nicht Wurzel des Lebens sein. Wenn Wissen und Wollen erschöpft sind, steigt aus dem Innern ein Glaube empor, der uns zu glauben zwingt, auch wenn wir nicht glauben wollen.

Dritter Abschnitt
GOTT

Gott ist der Ursprung des Universums. Wie ich oben schon angedeutet habe, sehe ich in Gott keinen transzendenten Schöpfer außerhalb des Universums, sondern den unmittelbaren Grund dieser Realität. Die Beziehung zwischen Gott und Universum ist eine andere als die zwischen einem Künstler und seinem Werk, denn sie ist die Beziehung zwischen Noumenon und Phainomenon. Das Universum ist nicht das Werk Gottes, sondern es ist seine Manifestation. Alles, vom Lauf der Sonne, des Mondes und der Sterne bis zu den innersten Regungen der Menschenseele, ist Manifestation Gottes. Im Ursprung jedes einzelnen Dinges können wir das geistige Licht Gottes anbeten.

Newton und Kepler wurden beim Anblick des Umlaufs der Himmelskörper und ihrer Ordnung mit einem Gefühl der Verehrung erfüllt. Je mehr wir die Phänomene der Natur erforschen, desto mehr wissen wir von der vereinheitlichenden Kraft in ihrem Hintergrund, die sie regiert. Der Fortschritt der Wissenschaft bedeutet nichts anderes als diese zunehmende Vereinheitlichung des Wissens. Nicht nur außen, im Ursprung der Natur, sondern auch im Innern, in der Tiefe des menschlichen Geistes, müssen wir den Machteinfluß einer vereinheitlichenden Kraft erkennen. Der menschliche Geist scheint in tausend Fällen keinem festgeschriebenen Gesetz zu folgen; ein aufmerksamer Blick aber erkennt, daß alle Zeiten und Räume eine gewaltige vereinheitlichende Kraft durchherrscht. Ein nächster Schritt der Überlegung führt uns zu der Einsicht, daß sich Natur und Geist einander nicht fremd sind, sondern eine enge Beziehung unterhalten. Wir kommen nicht umhin, beide als eine Einheit zu denken. Nicht nur das. In ihrem Ursprung muß eine noch größere Einheit existieren. Sowohl die Philosophie als auch die Wissenschaft erkennen diese Einheit an. Diese Einheit ist Gott. Wenn man freilich, wie es die Materialisten und die meisten Naturwissenschaftler tun, den Gedanken aufrechthält, daß die Materie die einzige Realität ist und der ganze Kosmos den Gesetzen der materiellen Energie folgt, bleibt für Gott kein Raum mehr. Aber sollte die wahre Realität tatsächlich *so* beschaffen sein?

Wie ich oben schon – bei der Diskussion des Stichworts *Realität* – dargestellt habe, können wir keine von unseren Bewußtseinsphänomenen abgetrennte und selbständige Realität erkennen; das gilt auch für die Materie. Unter den uns gegebenen Tatsachen der unmittelbaren Erfahrung finden sich nur Bewußtseinsphänomene. Die Begriffe *Raum*, *Zeit*, *materielle Energie* dienen nur dem Zweck, diese Tatsachen mit einer einheitlichen Erklärung zu versehen. Die reine Materie, von der die Physiker sprechen, ist ein fern von den konkreten Tatsachen angesiedelter abstrakter Begriff, in dem all unser individuelles Wesen ausgelöscht ist. Je näher man den konkreten Tatsachen kommt, desto individueller werden sie; die konkretesten Tatsachen sind auch die individuellsten Tatsachen. Daher hatten die ursprünglichen mythischen Erklärungen alle die Form von Personifikationen. Mit dem Fortschritt des reinen Wissens wurden sie immer allgemeiner und abstrakter – bis man den Begriff der reinen Materie fand. So flach und oberflächlich Erklärungen solcher Art auch sein mögen, wir dürfen nicht vergessen, daß auch in ihrem Hintergrund unsere subjektive Einheit verborgen ist. Die fundamentalsten Erklärungen kommen notwendig auf das Selbst zurück. Der geheime Schlüssel zur Erklärung des Universums liegt im Selbst. Den Geist aus der Materie zu erklären heißt, Ursache und Wirkung zu verkehren.

Was Newton und Kepler gesehen haben, und worin sie die Ordnung der Naturphänomene zu erkennen glaubten, ist in Wirklichkeit nur die Ordnung unserer Bewußtseinsphänomene. Alles Bewußtsein entsteht aus der Einheit. Diese Einheit ist jedoch nicht die kleine Einheit, die unsere individuellen Bewußtseine Tag für Tag zusammenhält, sondern die große Bewußtseinseinheit des Universums, die die Bewußtseine aller Menschen verbindet. (Die Bewußtseinseinheit auf die individuelle Bewußtseinseinheit einzuschränken, wäre eine ungerechtfertigte Annahme, die sich nicht aus der Reinen Erfahrung ableiten läßt.) Die natürliche Welt ist ein aus dieser überindividuellen Einheit konstituiertes Bewußtseinssystem. Unsere individuelle Subjektivität vereinheitlicht die Erfahrung des eigenen Selbst, die überindividuelle Subjektivität vereinheitlicht die Erfahrungen aller Menschen, und die natürliche Welt entsteht als Gegenstand der überindividuellen Subjektivität. Auch Royce sagt, daß die Existenz der Welt verknüpft ist mit dem Glauben an die Existenz unserer Mitmenschen. (Josiah Royce, The World and the Individual, Second Series, 1901, Lecture IV.[21]) Die Einheit der Natur erweist sich somit als eine Art von Bewußtseinseinheit. Geist und Natur sind ursprünglich keine zwei Realitäten. Der Unterschied, den wir zwischen beiden machen, entspringt dem Unterschied unserer Sichtweisen derselben Realität. In den Tatsachen der Reinen Erfahrung gibt es weder den Gegensatz von Subjekt und Objekt noch den zwischen Geist und Materie. Materie ist Geist, und Geist ist Materie. Es gibt nur *eine*, *aktuelle* Realität. Nur von der Seite der Konflikte her, die in diesem System, das die Realität darstellt, entstehen, d. h. nur von *einer* Seite her gesehen, erscheint in seiner Entwicklung die Opposition von Subjekt und Objekt. In der Kontinuität der Wahrnehmung sind Subjekt und Objekt nicht gesondert, erst in der Reflexion erscheinen sie einander entgegengesetzt. Herrschen im System der Realität Konflikte, erscheint die Seite seiner Einheitsfunktion als *Geist* und die Seite, die diesem als Gegenstand auch widersteht, als *Natur*. Während die sogenannte objektive Natur nicht von der subjektiven Einheit losgelöst existieren kann, ist auch eine subjektive Einheit ohne einen Gegenstand bzw. einen Inhalt undenkbar. Beide Seiten bilden zusammen die *eine* Realität; der Unterschied liegt nur in der Form der Einheit. Jede der beiden kann ins Abstrakte umschlagen und zu einer unvollkommenen Realität werden. Nur als Vereinigung beider ist die Realität vollkommen und konkret. Die Einheit von Geist und Natur ist nicht die Einheit zweier Systeme; sie gehören ursprünglich derselben Einheit an.

Wenn es in der Realität den Unterschied von Geist und

21 »Our belief in the reality of Nature, when Nature is taken to mean the realm of physical phenomena known to common sense and to science, *is inseparably bound up with our belief in the existence of our fellow-men*. The one belief cannot be understood apart from the other.« (S. 165 f.)

Natur nicht gibt und folglich auch keine zwei verschiedenen Einheiten; und wenn alle Unterscheidung nur der Verschiedenheit des Hinblicks auf die Tatsache der *einen* unmittelbaren Erfahrung selbst entspringt, dann muß der Gott, den ich den Ursprung der Realität nannte, eine Tatsache der unmittelbaren Erfahrung, d. h. der Ursprung unserer Bewußtseinsphänomene sein. Aber die Gesamtheit der Bewußtseinsphänomene bildet ein System. Auch die sogenannten Naturphänomene, die dank einer überindividuellen Einheit entstehen, müssen diese Form aufweisen. Die ganze Realität folgt dem Schema der Selbstentfaltung eines einheitlichen Etwas. Gott ist der Einheitsstifter dieser Realität. Die Beziehung zwischen Universum und Gott ist die zwischen unseren Bewußtseinsphänomenen und ihrer Einheit. So wie auch unser Denken, unser Wollen und unsere Einbildungskraft ihre Einheit durch eine Zielvorstellung gewinnen, so daß sie alle als Manifestation dieser Zielvorstellung gedeutet werden können, so ist Gott das, was dem Universum seine Einheit verleiht: das Universum ist die Manifestation Gottes. Dies ist kein metaphorischer Vergleich, sondern eine reale Gleichsetzung. Gott ist der größte und ultimative Vereinheitlicher unseres Bewußtseins. Nein, unser Bewußtsein ist ein Teil des göttlichen Bewußtseins, seine Einheit stammt aus der Einheit Gottes. Von unseren kleinen alltäglichen Sorgen und Freuden bis zum Lauf der Gestirne gründet alles in dieser Einheit. Newton und Kepler waren gebannt von der gewaltigen Einheit dieses gewaltigen kosmischen Bewußtseins.

Was ist nun in diesem Sinne Gott als Einheitsstifter des Universums und Ursprung der Realität? Nur die Gesetze des Geistes können den Geist beherrschen. Materie ist, wie ich oben dargestellt habe, nur ein flacher, abstrakter Begriff, der nur zum Zweck der Erklärung erdacht wurde. Geistige Phänomene sind die Funktionen des Wissens, des Fühlens und des Wollens, und nur die Gesetze des Wissens, Fühlens und Wollens können sie beherrschen. Der Geist ist jedoch nicht nur eine Verbindung dieser Funktionen. In deren Hintergrund verbirgt sich eine vereinheitlichende Kraft, deren Ausdruck sie sind. Wenn wir dieser vereinheitlichenden Kraft den Namen *Persönlichkeit* geben, dann müssen wir Gott die dem Universum zugrunde liegende große Persönlichkeit nennen. Von den Phänomenen der Natur bis zu den geschichtlichen Entwicklungen der Menschheit muß alles die Form eines großen Gedankens, eines großen Willens annehmen. Das Universum ist die Manifestation der Persönlichkeit Gottes. Ich kann aber den Gedanken eines subjektiven Gottes nicht akzeptieren, eines Gottes, der jenseits des Universums existiert, an seinem Fortgang nicht teilnimmt, seine eigenen besonderen Gedanken denkt und seinen eigenen besonderen Willen hat. In Gott ist Wissen Handeln und Handeln Wissen. Die Realität ist unmittelbar das Denken und das Wollen Gottes. (vgl. Benedictus de Spinoza, Ethica (voll. 1675), I Pr. Schol.[22]) *Unser* subjektives Denken und Wollen sind unvollkommene Realitäten, die aus dem Konflikt verschiedener Systeme hervorgehen. Sie sind nicht unmittelbar mit dem Denken und dem Wollen Gottes zu vergleichen. Illingworth zählt in seinem Buch »The Personality of God and Man« drei für die Persönlichkeit konstitutive Elemente auf: Selbstbewußtsein, Willensfreiheit und Liebe. Aber bevor wir diese Elemente als Konstituenten der Persönlichkeit übernehmen, müssen wir

22 »Andere meinen, Gott sei deshalb freie Ursache, weil er, wie sie glauben, bewirken kann, daß das, wovon ich sage, daß es aus seiner Natur folgt, d. h. was in seiner Macht steht, nicht geschehe oder von ihm nicht hervorgebracht werde. Das aber wäre gerade so, als ob sie sagten, Gott könne machen, daß aus der Natur des Dreiecks nicht folge, daß dessen drei Winkel zwei rechten Winkeln gleich wären, oder daß aus einer gegebenen Ursache keine Wirkung folge, was widersinnig ist. (...) Ich glaube jedoch deutlich genug gezeigt zu haben (siehe Lehrsatz 16), daß aus der höchsten Macht Gottes oder seiner unendlichen Natur Unendliches auf unendliche Weisen, d. h. alles, mit Notwendigkeit folgte, wie aus der Natur des Dreiecks von Ewigkeit her und in alle Ewigkeit folgt, daß dessen drei Winkel zwei rechten Winkeln gleich sind. Daher ist die Allmacht Gottes von Ewigkeit her wirklich gewesen und wird in alle Ewigkeit in derselben Wirklichkeit verharren...« (Zitiert nach: Benedictus de Spinoza, Die Ethik, Lateinisch und deutsch, Revidierte Übersetzung von Jakob Stern, Stuttgart 1984, S. 49f.)

klären, welche Tatsachen diese Funktion in der Wirklichkeit bedeuten. Die Selbstwahrnehmung ist ein Phänomen, das auftritt, wenn Teilsysteme des Bewußtseins im Zentrum des Gesamtbewußtseins vereinheitlicht werden. Die Selbstwahrnehmung entsteht aus der Reflexion: die Reflexion des Selbst ist eine Funktion, die nach diesem Bewußtseinszentrum sucht. Außerhalb der Einheitsfunktion des Bewußtseins gibt es kein Selbst. Wenn diese Einheit sich modifiziert, modifiziert sich auch das Selbst. Die Idee von einem Noumenon des Selbst, die darüberhinausgeht, ist eine leere Vorstellung. Wir glauben, daß wir das Bewußtsein eines besonderen Selbst erlangen können, wenn wir uns auf unser Inneres zurückwenden. Dieses Selbst ist jedoch, wie die Psychologen sagen, nur ein Gefühl, das die Einheit des Bewußtseins begleitet. Die Einheit ist keine Folge des Bewußtseins, sondern das Bewußtsein ist eine Folge der Einheit. Die Einheit selbst kann nicht zu einem Gegenstand des Wissens werden. Wir können zu dieser Einheit werden und darin tätig sein, es bleibt uns aber versagt, sie zu erkennen. Echte Selbstwahrnehmung geschieht eher in der Willenstätigkeit als in der intellektuellen Reflexion. Wenn zur Persönlichkeit Gottes Selbstwahrnehmung gehört, dann sind alle einheitlichen Phänomene des Universums Selbstwahrnehmung. Die Tatsache zum Beispiel, daß die Summe der Winkel eines Dreiecks der zweier rechter Winkel gleich ist, gilt für alle Menschen aller Epochen. Auch dies ist eine Selbstwahrnehmung Gottes. Alle Gedanken der universalen Einheit, die unseren Geist regieren, sind Bewußtseinsakte der Identität Gottes. Alle Dinge entstehen aus der Einheit Gottes, und in Gott ist alles *Aktualität*. Gott ist immer tätig. In Gott gibt es keine Vergangenheit und keine Zukunft. Zeit und Raum gehen aus der universalen Bewußtseinseinheit hervor. In Gott ist alles Gegenwart. Es ist so, wie Augustinus gesagt hat: die Zeit ist von Gott geschaffen. Gott transzendiert die Zeit und waltet in einem ewigen Jetzt. Daher kennt Gott keine Reflexion, kein Gedächtnis und keine Hoffnung. Folglich besitzt er auch nicht das Bewußtsein eines besonderen

Selbst. Wie sollte er auch, denn *alles* ist sein Selbst und außerhalb seines Selbst ist nichts.

Der Begriff der Willensfreiheit hat zwar verschiedene Bedeutungen, aber wahre Freiheit kann nichts anderes bedeuten als notwendige Freiheit, die aus der inneren Beschaffenheit des Selbst wirkt. Ein Wille ohne jegliche Ursache ist nicht nur eine absurde Idee, sondern wird auch nicht als eine freie Handlung des Selbst empfunden, da er sich wie ein völlig zufälliges Ereignis einstellt. Da Gott die Ursache aller Existenzen ist, existiert nichts außerhalb seiner, und weil alle Dinge aus seiner inneren Beschaffenheit hervorgegangen sind, ist Gott frei. In diesem Sinne ist er wirklich absolut frei. Dies mag wie eine Einschränkung seiner Allmacht klingen, als sei Gott ein Sklave seiner eigenen Beschaffenheit; unterstellt man Gott aber, daß er gegen seine eigene Beschaffenheit wirkt, heißt das, daß diese unvollkommen oder voller Widersprüche ist. Die Vollkommenheit und Allwissenheit Gottes läßt sich, wie ich glaube, nicht mit einem unbestimmten freien Willen vereinbaren. Schon Augustinus bemerkte, daß Gottes Wille unwandelbar sei, daß er nicht einmal wolle und dann wieder nicht und daß er keine Entscheidung nachträglich zurücknehmen würde. (Conf. XII. 15[23]) Ein Wille, der auswählt, begleitet eher unsere unvollkommenen Bewußtseinszustände. Einen solchen Willen können wir Gott nicht zusprechen. Bei

23 »Wollt ihr sagen, das sei falsch, was mir die Wahrheit mit ihrer mächtigen Stimme ins Ohr meines Geistes spricht von des Schöpfers wahrer Ewigkeit: daß in seinem Wesen, während die Zeiten laufen, nichts und gar nichts sich verändert und sein Wille nicht als etwas anderes außer seinem Wesen ist? und daß er also nicht bald dies, bald jenes will, sondern alles, was er will, einmal und allzugleich und immer will, nicht von Mal zu Mal aufs neue ansetzt, jetzt zu dem und jetzt zu dem, nicht hinterher will, was er vorher nicht gewollt, oder etwas nun nicht mehr will, war er vordem gewollt hat [nec velle postea quod nolebat aut nolle quod volebat prius]: denn ein solcher Wille ist wandelbar, und alles, was wandelbar ist, ist nicht ewig – aber ›unser Gott ist ewig‹ (Ps 47, 15).« (Zitiert nach: Augustinus, Bekenntnisse, Zweisprachige Ausgabe, Aus dem Lateinischen von Joseph Bernhart, Frankfurt am Main 1987, S. 697 f.)

Dingen, die wir ausreichend beherrschen, spielt der *wählende* Wille keine Rolle; nur in Zweifelsfällen, bei Widersprüchen und Konflikten berufen wir uns auf ihn. Wie jeder weiß, ist im Wissen die Freiheit immer schon eingeschlossen; Wissen bedeutet Möglichkeit, Potenz. Aber Möglichkeit bedeutet nicht unbedingt unbestimmte Möglichkeit. Wissen meint nicht nur Reflexion, auch unmittelbare Wahrnehmung, Intuition ist Wissen. Intuition ist sogar das eigentliche Wissen. Je vollkommener das Wissen ist, desto bestimmter die Möglichkeit. Da es in Gott keinen unbestimmten Willen, d. h. keine Willkür gibt, ist auch die Liebe Gottes keine parteiische Liebe, die er dem einen schenkt, dem anderen aber versagt; er läßt nicht den einen gewinnen, den anderen aber untergehen. Gott ist der Ursprung aller Realität, also muß seine Liebe allgemein sein. Gottes Selbstentfaltung ist für uns unmittelbar unendliche Liebe. Außerhalb der Entwicklung der unzählbaren Dinge der Natur gibt es keine göttliche Liebe. Ursprünglich ist die Liebe ein Gefühl der Sehnsucht nach Einheit. Das Bedürfnis nach der Einheit des Selbst ist Selbstliebe, das Bedürfnis nach der Einheit des Selbst mit den Anderen ist Nächstenliebe. Da Gott nun unmittelbar die vereinheitlichende Funktion aller Dinge ist, läßt sich mit Eckhart sagen, daß die Nächstenliebe Gottes als solche Selbstliebe ist. Wie wir unsere Glieder lieben, liebt Gott alle Dinge. Eckhart behauptet auch, daß die Menschenliebe Gottes nicht willkürlich, sondern notwendig ist.

Von einer Persönlichkeit Gottes zu sprechen bedeutet also nicht, ihn unserem subjektiven Geist gleichzustellen. Eher vergleichen wir ihn dabei mit dem Zustand der Reinen Erfahrung, in der Subjekt und Objekt sich noch nicht voneinander entfernt haben und Ding und Ich noch nicht voneinander unterschieden sind. Dieser Status ist der Ausgang und das Ziel unseres Geistes; darüber hinaus der wahre Aspekt der Realität. Christus sagte, daß die, die reinen Herzens sind, Gott schauen und daß die, die wie die Kinder werden, in das Himmelreich eingehen: in solchen Momenten sind wir Gott am nächsten. Reine Erfahrung bezeichnet nicht nur das wahrnehmende Bewußtsein. Auch im Hintergrund des reflektierenden Bewußtseins gibt es eine Einheit, durch die dieses reflektierende Bewußtsein konstituiert wird, d. h. auch das reflektierende Bewußtsein ist eine Art Reiner Erfahrung. Im Ursprung unseres Bewußtseins verbirgt sich immer die Einheit der Reinen Erfahrung; es ist uns unmöglich, ihr zu entgehen (Vgl. Abschnitt I). Insofern ist es gerechtfertigt, in Gott die große intellektuelle Intuition im Ursprung des Universums zu sehen. Gott verleiht der Reinen Erfahrung, die das ganze Universum umfaßt, ihre Einheit. Dies meinte Augustinus, als er sagte, daß alle Dinge, in unmittelbarer Anschauung erblickt, in der Bewegung voller Ruhe und in der Ruhe voller Bewegung sind (Storz, Die Philosophie des heiligen Augustinus, § 20). Dies ist es auch, was Eckhart mit ›Gottheit‹ und Böhme mit der ›Stille ohne Wesen‹ meinte. Die Einheit des Bewußtseins transzendiert die Wandelbarkeit und befindet sich in tiefstem Stillstand, aus dem aber aller Wandel hervorgeht. Sie ist unbewegt-bewegt. Zum Objekt der Erkenntnis kann die Bewußtseinseinheit nicht werden, weil sie alle Kategorien übersteigt. Wir können ihr keine bestimmte Form verleihen, und doch gehen alle Dinge aus ihr hervor. Der Geist Gottes ist daher einerseits unerkennbar, andererseits aufs engste mit unserem Geist verbunden. Am Ursprung der Bewußtseinseinheit können wir Gott unmittelbar ins Antlitz schauen. Daher sagte Böhme auch, daß der Himmel überall ist. Wo du gehst und stehst ist der Himmel; im tiefsten inneren Leben triffst du auf Gott (Morgenröte).

Vielleicht wird jemand einwenden, daß Gott, wenn er mit dem Noumenon der Dinge identisch und überdies geistig ist, sich nicht mehr von der Vernunft und dem moralischen Gewissen unterscheiden läßt und somit seine lebendige und individuelle Persönlichkeit verliert. (Diese Argumente führte in der mittelalterlichen Philosophie Duns Scotus gegen Thomas ins Feld.) Einem solchen Gott gegenüber können wir keine religiösen Gefühle entwickeln. In der Religion bedeutet

Sünde nicht nur einen Gesetzesbruch, sondern ein Vergehen gegen die Persönlichkeit. Reue hat nicht nur einen moralischen Sinn, sondern ist ein Gefühl der Zerknirschung, weil man seine Eltern verletzt oder sich von einem Wohltäter abgewandt hat. Erskin de Linlathen hat gesagt, daß sich Religion und Moral darin unterscheiden, daß erstere im Hintergrund des Gewissens eine Persönlichkeit anerkennt, letztere aber nicht. Aber wahre Individualität existiert, wie Hegel sagt, nicht losgelöst vom Allgemeinen. Das Individuelle ist die ›bestimmte Allgemeinheit‹. Das Allgemeine ist der Geist des Konkreten. Ein zufälliges Gemisch verschiedener Eigenschaften, denen eine innere Einheit fehlt, kann nicht Persönlichkeit genannt werden. Die Freiheit des Willens, eines der Elemente einer individuellen Persönlichkeit, bedeutet nichts anderes als die Selbstbestimmung des Allgemeinen. So wie der Begriff eines Dreiecks auf zahlreiche Dreiecke angewandt werden kann, zeigt sich Freiheit darin, daß ein Allgemeines die in seinem Inneren eingeschlossenen verschiedenen Bestimmungsmöglichkeiten wahrnimmt. Aus einem völlig grundlosen absoluten freien Willen kann hingegen keine individuelle Selbstwahrnehmung erwachsen. Es gibt zwar das Diktum, daß die Individualität keinen Grund hat (ratio singularitas frustra quaeritur), aber eine solche Individualität wäre mit einem inhaltslosen Nichts identisch. Dieser Satz soll nur besagen, daß konkrete Individualität abstrakten Begriffen unzugänglich ist. Sie kann aber durch den Pinsel des Malers oder die Feder des Schriftstellers deutlich sichtbar gemacht werden.

Die Rede von Gott als der Einheit des Universums meint nicht einfach eine abstrakt-begriffliche Einheit. Denn Gott ist, wie unser individuelles Selbst, eine konkrete Einheit, d. h. lebendiger Geist. Man kann sagen, daß unser Geist in dem oben beschriebenen Sinne individuell ist. Das Gleiche kann von Gott behauptet werden. Vernunft und Gewissen sind ein Teil der vereinheitlichenden Funktion Gottes, sie sind aber nicht sein lebender Geist selbst. Die Existenz dieses göttlichen Geistes ist nur ein philosophisches Theorem, sie ist eine reale Tatsache der geistigen Erfahrung. Dieser Geist wirkt in der Tiefe eines jeden Bewußtseins (die Vernunft und das Gewissen sind seine Stimme). Nur wenn unser kleines Selbst sich uns in den Weg stellt, können wir ihn nicht erkennen. Der Dichter Tennyson machte zum Beispiel folgende Erfahrung: Als er seinen eigenen Namen intonierte, fühlte er, wie tief in seinem individuellen Bewußtsein sein individuelles Selbst sich auflöste und zu einer unendlichen Realität wurde; dabei war sein Bewußtsein überaus klar und deutlich. Der Tod erschien ihm in diesem Augenblick wie eine lachhafte Unmöglichkeit – vielmehr der Tod des Individuums als der Anfang des wahren Lebens. Er schreibt, daß er von Kindheit an in Zeiten der Einsamkeit immer wieder solche Erfahrung machte. Auch der Literat John Addington Symonds berichtet, wie das Alltagsbewußtsein immer schwächer und das ursprüngliche Bewußtsein immer stärker wird – und am Ende ein reines, absolutes und abstraktes Selbst zurückbleibt. Wir könnten hier noch eine Unzahl ähnlicher Erfahrungen, die die religiösen Mystiker gemacht haben, ergänzen. (James, The Varieties of Religious Experiences, Lect. XVI, XVII.) Man könnte diese Phänomene vielleicht für pathologisch halten; entscheidend dabei ist aber, ob diese Phänomene rational oder irrational sind. Wenn man aber, wie ich, davon ausgeht, daß die Realität geistig ist, und unser Geist nur einen kleinen Teil davon darstellt, dann besteht nicht der geringste Grund zu erschrecken, wenn wir unser kleines Bewußtsein durchbrochen haben und den Großen Geist wahrnehmen. – Eher ist es eine Verblendung, an dem eng umgrenzten Feld unseres kleinen Bewußtseins festzuhalten. Große Menschen machen tiefere geistige Erfahrungen der geschilderten Art als wir gewöhnlichen Menschen.

Vierter Abschnitt
GOTT UND WELT

Wenn die Tatsache der Reinen Erfahrung die einzige Realität ist und Gott deren Einheit, dann können wir die Beziehung zwischen den Eigenschaften Gottes und der Welt aus der Einheit unserer Reinen Erfahrung, d.h. aus den Eigenschaften der Bewußtseinseinheit und ihrer Beziehung zu ihrem Inhalt ableiten. Zunächst einmal können wir die Bewußtseinseinheit weder sehen noch hören. Es ist völlig unmöglich, sie zu einem Gegenstand der Erkenntnis zu machen. Da alles aus ihr hervorgeht, ist sie allem, was existiert, transzendent. Trifft der Geist auf die Farbe Schwarz, repräsentiert er zwar die Farbe schwarz, *ist* aber nicht schwarz; trifft er auf die Farbe Weiß, repräsentiert er auch diese – ohne sie zu *sein*. Im Mittelalter hat die von der Schule des Dionysius betriebene sogenannte Negative Theologie aus diesem Grunde versucht, Gott durch Negationen zu beschreiben. – Daß auch der Buddhismus sich dieser Methode bedient, bedarf kaum der Erwähnung. – Nicolaus Cusanus sagt, daß Gott sowohl das Sein als auch das Nichts transzendiert, daß er seiend und nichtseiend zugleich ist. Wenn wir uns auf das Innerste unseres Bewußtseins zurückwenden, erkennen wir die tiefe Bedeutung, die in Jakob Böhmes Worten von der ›Stille ohne Wesen‹, dem ›Ungrund‹ und dem ›Wille[n] ohne Gegenstand‹ verborgen liegt, und werden darüber hinaus von einem hohen Gefühl der Unergründbarkeit erfüllt. Auch die Ewigkeit, Allgegenwart, Allwissenheit und Allmacht Gottes müssen wir aus der Beschaffenheit der Bewußtseinseinheit ergründen. Da Zeit und Raum aus ihr hervorgehen, transzendiert Gott Raum und Zeit. Er ist ewig und unzerstörbar. Es gibt keinen Ort, an dem er nicht ist. Da alles aus der Bewußtseinseinheit hervorgeht, ist Gott auch allwissend und allmächtig. Es gibt nichts, was er nicht weiß. In Gott sind Wissen und Vermögen identisch.

In welchem Verhältnis steht ein solcher absoluter und unendlicher Gott aber zur Welt? Das vom Sein abgetrennte

Nichts ist nicht das wahre Nichts. Das von der Allheit abgetrennte Eine ist nicht das wahre Eine. Die vom Unterschied abgetrennte Gleichheit ist nicht die wahre Gleichheit. – So wie es keine Welt ohne Gott gibt, so gibt es keinen Gott ohne Welt. *Welt* meint hier natürlich nicht nur diese, unsere Welt. Da die ›Attribute‹ Gottes, wie Spinoza sagte, unendlich sind, schließt Gott eine Unendlichkeit von Welten in sich ein. Was als Welt in Erscheinung tritt, muß zum Wesen Gottes gehören und kann keinesfalls einer zufälligen Funktion entspringen. Gott hat nicht vordem einmal die Welt geschaffen, sondern er schafft sie ewig neu (Hegel). In einem Wort: das Verhältnis von Gott und Welt ist das Verhältnis der Bewußtseinseinheit zu ihrem Inhalt. Der Bewußtseinsinhalt kommt zwar aus der Einheit; außerhalb seiner kann es aber keine Einheit geben. Der Bewußtseinsinhalt und seine Einheit verhalten sich nicht zueinander wie ein Vereinheitlichtes zu einem Vereinheitlichenden, sondern wie zwei Seiten derselben Realität. Alle Bewußtseinsphänomene bilden im Status der Reinen Erfahrung nur *eine* Tätigkeit. Erst als Objekte der Erkenntnis und der Reflexion wird ihr Inhalt auf mannigfache Weise analysiert, zergliedert. Dies stellt sich im Prozeß der Entfaltung dergestalt dar, daß ein Ganzes als *eine* Tätigkeit triebhaft in Erscheinung tritt, dann in Widersprüchen und Konflikten ihren Inhalt reflektiert und differenziert. – An dieser Stelle drängt sich mir die Erinnerung an ein Wort Böhmes auf. Er sagt, daß Gott, bevor er ›Wille ohne Gegenstand‹ wurde, durch Selbstbetrachtung, d. h. indem er sich selbst zum Spiegel nahm, Subjekt und Objekt auseinander traten – und daraus Gott und Welt sich entwickelten.

Ursprünglich sind die Differentiation der Realität und ihre Einheit ein und dasselbe. Was einerseits Einheit bedeutet, bedeutet andererseits Differentiation. Bei einem Baum zum Beispiel drücken die Blätter in ihrem Blattsein und die Blüten in ihrem Blütesein das Wesen des Baumes aus. Unterscheidungen werden von unserem Denken getroffen, in der unmittelbaren Tatsache sucht man sie vergebens. Goethe sagte: »Natur hat weder Kern noch Schale, alles ist sie mit einemmale«. In der konkreten Realität, d.h. in der Tatsache der unmittelbaren Erfahrung sind Differentiation und Vereinheitlichung ein und dieselbe Aktivität. Bei einem Bild oder bei einem Musikstück drückt jeder einzelne Pinselstrich, drückt jede einzelne Note den Geist des Ganzen aus. Aus dem *einen* Gefühl eines Malers oder eines Musikers entsteht eine tausendgestaltige Landschaft oder eine höchst komplexe Komposition. In einem solchen Zustand ist Gott die Welt und die Welt Gott. Wie Goethe in seinem Gedicht auf die Diana von Ephesos geschrieben hat, war der Goldschmied, der voller Hingabe an der Statue der Diana arbeitete und sich nicht um die Lehre des Paulus kümmerte, in einem gewissen Sinne dem wahren Gott näher als die, in deren Hirn ein abstrakter Gott rumorte. Und Eckhart sagte, daß wir an dem Ort, an dem wir selbst Gott verloren haben, den wahren Gott sehen. In diesem Zustand sind Himmel und Erde vereint und der Kosmos und das Ich ein Körper. Im System der Realität muß sich aber, als Folge von Konflikten innerhalb dieses Systems und als notwendiges Moment im Prozeß seiner Entfaltung, eine Spaltung ereignen, und zwar in Form der sogenannten Reflexion. Durch sie wird das Reale ideell und das Konkrete abstrakt, wird das Eine zum Vielen. – Wenn die eine Seite Gott ist, dann die andere die Welt; wenn die eine Seite das Ich ist, dann die andere die Gegenstandswelt. Hier ist eines auf das andere bezogen und die Dinge widerstreiten einander. Die Geschichte, daß unsere Ureltern vom Baum der Erkenntnis gegessen haben und von Gott aus dem Paradies vertrieben worden sind, meint wohl nichts anderes. Der Sturz aus dem Paradies geschah nicht nur zu Zeiten Adams und Evas, er vollzieht sich in jedem Augenblick mitten in uns. Unter einem anderen Aspekt betrachtet, sind Spaltung und Reflexion jedoch keine eigenen Funktionen; sie repräsentieren Entwicklungsmomente nur einer Hälfte der Differentiationsfunktion der ursprünglichen Einheit. Im Hintergrund von Spaltung und Reflexion ist die Möglichkeit einer tieferen Einheit verborgen; die Reflexion bezeichnet den Weg zu einer tieferen Einheit. (Es gibt die Aussage [Shinrans], daß ein guter Mensch erlöst werden könne, also ein schlechter erst recht...) Um seine tiefste Einheit ausdrücken zu können, muß Gott erst zutiefst gespalten sein. Der Mensch ist, in einer Hinsicht, unmittelbar Gottes Selbstwahrnehmung. Mit den Worten der christlichen Überlieferung gesagt: gerade weil es den Sturz Adams gab, wurde Christus zum Erlöser und manifestierte damit die unendliche Liebe Gottes.

Wenn wir akzeptieren, daß das Verhältnis von Gott und Welt sich in der geschilderten Form denken läßt, wie müssen wir dann unsere Individualität erklären? Wenn der Kosmos ein Ausdruck Gottes, und Gott die einzig wahre Realität ist, bedeutet das, daß unsere Individualität nur eine Illusion ist, völlig bedeutungslos wie eine Schaumblase? – Natürlich gibt es keine von Gott abgetrennt und unabhängig existierende Individualität, aber deswegen müssen wir sie nicht als völlig illusorisch erachten. Im Gegenteil, wir können in ihr einen Teil der Entfaltung Gottes, d.h. eine seiner Einheitsfunktionen sehen. Alle Menschen wurden mit einer ihnen von Gott verliehenen Aufgabe geboren. Unsere Individualität differenziert sich aus dem Göttlichen. Die Entfaltung jedes Einzelnen vervollkommnet die Entfaltung Gottes. In diesem Sinne besitzt unsere Individualität ewiges Leben und durchläuft sie einen ewigen Prozeß (Vgl. dazu Royce' Lehre von der Unsterblichkeit der Seele.) Das Verhältnis zwischen Gott und unserem individuellen Bewußtsein ist das zwischen dem Ganzen des Bewußtseins und einem seiner Teile. In allen Geistesphänomenen steht jeder Teil unter der Einheit des Ganzen und ist zugleich ein unabhängiges Bewußtsein für sich. (Jeder Teil eines Geistesphänomens ist ein ›end in itself‹.) Die Aussage, daß alle Dinge des Kosmos ein Ausdruck Gottes sind, bedeutet nicht notwendig die Negation eines selbstwahrnehmenden, unabhängigen Einzelnen. Unsere einzelnen Bewußtseinsmomente zum Beispiel stehen unter einer individuellen Einheit und sind doch, insofern jedes als unabhängiges

Bewußtsein betrachtet werden kann, allgemein. Nach Illingworth (Personality human and divine) sucht jede Persönlichkeit nach einer anderen Persönlichkeit, da sie im anderen zum Genuß der Gesamtpersönlichkeit gelangt. Das bedeutet, daß die Liebe ein unverzichtbares Attribut der Persönlichkeit ist. Die Persönlichkeit eines anderen zu erkennen, bedeutet die eigene Persönlichkeit zu erkennen. Die Beziehung, in der wechselseitig einer die Persönlichkeit des anderen erkennt, ist die Liebe: das Einswerden zweier Persönlichkeiten. In der Liebe verschmelzen zwei Persönlichkeiten und bilden eine Persönlichkeit, ohne daß sie aufhören, sich wechselseitig anzuerkennen und unabhängig voneinander zu bleiben. Da Gott unendliche Liebe ist, können wir sagen, daß er alle Einzelpersönlichkeiten in sich einschließt und zugleich die Selbständigkeit all dieser Einzelpersönlichkeiten anerkennt.

Eine Kritik am pantheistischen Denken, für das alle Dinge des Kosmos ein Ausdruck Gottes sind, setzt bei der Frage an, wie es den Ursprung des Bösen erklären kann. Nach meiner Überzeugung gibt es ursprünglich kein absolut Böses. Alle Dinge sind in ihrem Ursprung gut. Die Realität als solche ist das Gute. Die Prediger werden zwar nicht müde, vor der Verderbtheit des Fleisches zu warnen, aber auch das fleischliche Begehren ist nicht absolut böse; böse kann es erst genannt werden, wenn es den geistigen Aufstieg behindert. Die Ethiker unter den Evolutionisten sagen, daß das, was heute Sünde heißt, in gewissen Epochen für moralisch galt. Es ist sozusagen ein Erbstück vergangener Moral, das zu einem Bösen degenerierte, weil es den heutigen Verhältnissen nicht mehr entspricht. So gibt es also kein ursprüngliches Böses-an-sich, sondern nur das Böse, das sich aus den Widersprüchen und Konflikten des Systems der Realität entwikkelt. – Aber woraus entsteht der Konflikt? – Der Konflikt gründet auf der Differentiationsfunktion der Realität und ist eine Voraussetzung für die Entwicklung der Realität. Denn die Realität entwickelt sich nur durch Widerspruch und Konflikt. Mephistopheles nennt sich selbst einen Teil der Kraft, die stets das Böse will und stets das Gute schafft. Das Böse ist eines der das Universum konstituierenden Elemente. Da das Böse ursprünglich keine Funktion des vereinheitlichenden Fortschritts des Universums ist, trägt es natürlich nichts in sich, das zu einem Zweck dienen könnte. Dennoch wäre eine ruhige unbedrohte Welt ohne Sünde und andere Makel stumpfsinnig und flach. Menschen, die die Sünde nicht kennen, können auch die wahre Liebe Gottes nicht wirklich kennen. Und zufriedene, sorglose Menschen können mit ihrer Seele nicht schmecken. Sünde, Mangel und Sorge sind notwendige Voraussetzungen für unseren geistigen Aufstieg. Wirklich religiöse Menschen sehen darin nichts mit Gott Unvereinbares, sondern fühlen gerade die grenzenlose Gnade Gottes. Die Welt ist, weil es Sünde, Mangel und Sorge gibt, nicht unvollkommen, sondern reich und tief. Würden sie aus der Welt verbannt, ginge mit ihnen nicht nur der Weg geistiger Vervollkommnung verloren, sondern auch zahlreiche schöne geistige Beschäftigungen würden mit ihnen verschwinden. Vom Standpunkt des Ganzen des Universums her gesehen und vorausgesetzt, daß das Universum einen geistigen Sinn in sich trägt, bedeutet deren Existenz keineswegs eine Unvollkommenheit, sondern erweist sich im Gegenteil als unverzichtbar und notwendig. Die Sünde ist verachtenswert. Aber nichts ist schöner als eine Sünde, die bereut wurde. Hier komme ich nicht umhin, an einen Abschnitt aus Oscar Wildes im Gefängnis entstandenes *De Profundis* zu erinnern: Gott liebt die Sünder, weil sie der menschlichen Vollkommenheit am nächsten sind. Es war nie sein Ziel, einen interessanten Dieb in einen ehrenwerten Menschen zu verwandeln. Mittels einer Methode, die er mit in die Welt brachte, verwandelte er indessen Sünde und Leid zu wundervollen und heiligen Dingen. Natürlich muß der Sünder bereuen. Die Reue vervollkommnet das, was er begangen hat. Die Griechen dachten, daß der Mensch seine Vergangenheit nicht zu verändern vermag, ja daß selbst die Götter es nicht vermöchten. Aber Christus zeigte, daß sogar der gewöhnliche Sünder dazu imstande ist. Wenn der verlorene Sohn niederkniet und weint, – so vermutet Wilde -, sagt Christus, daß er die Sünden und Leiden seiner Vergangenheit zu den schönsten und heiligsten Momenten seines Lebens verklärt hat. Wilde *war* ein Mann der Sünde; er wußte also, wovon er sprach.

Fünfter Abschnitt
WISSEN UND LIEBE

Wissen und Liebe werden gemeinhin für zwei grundlegend verschiedene geistige Funktionen gehalten. Ich aber glaube, daß sie sich in ihrer Art nicht unterscheiden, ja ursprünglich ein und dieselbe Geistesfunktion sind. Fragen wir nach ihrer Beschaffenheit, so muß die Antwort lauten: sie liegt in der Indifferenz von Subjekt und Objekt, der Funktion, die das Ich mit dem Ding vereinigt. Warum ist das Wissen die Einheit von Subjekt und Objekt? Das wahre Gesicht der Dinge zu erkennen bedeutet, alle Einbildungen und Vermutungen fahren zu lassen, alles sogenannte Subjektive auszulöschen und mit der Wahrheit der Dinge *eins geworden*, d. h. in *reiner Objektivität aufgegangen zu sein*. Zu glauben, daß die schwarzen Flecken auf dem Mond eigentlich ein Hase sind, der Reiskuchen bereitet, oder daß ein Erdbeben von den Bewegungen eines Riesenwelses unter der Erde herrührt, ist subjektive Einbildung. Nur wenn wir unter Verzicht auf alle subjektiven Phantasien astronomische und geologische Forschungen betreiben und dabei den rein objektiven Naturgesetzen folgen, können wir diese Naturphänomene wahrhaft erfassen. Je objektiver wir werden, desto näher sind wir der Wahrheit der Dinge. Die Jahrtausende alte Geschichte des wissenschaftlichen Fortschritts markiert den Weg, den die Menschheit weg von der Subjektivität und hin zur Objektivität verfolgt hat. – Warum ist auch die Liebe die Einheit von Subjekt und Objekt? – Zu lieben bedeutet, sein Selbst von sich geworfen zu haben und mit einem anderen eins geworden zu sein. Erst in der Einheit des

Selbst mit dem anderen, in der es auch nicht den geringsten Riß gibt, tritt die wahre Liebe in Erscheinung. Wenn wir eine Blume lieben, werden wir eins mit ihr. Wenn wir den Mond lieben, werden wir eins mit dem Mond. Liebe ist die Einheit des Kindes mit seinen Eltern und der Eltern mit dem Kind. In dieser Einheit werden der Schaden und der Nutzen des anderen zum eigenen Schaden oder Nutzen, die Freude und das Leid des anderen zur eigenen Freude und zum eigenen Leid. Die Liebe wächst in dem Maße, in dem wir das eigene Ich aufgeben und objektiv, d. h. *ichlos* werden. Von der Eltern- und Kinderliebe schreiten wir fort zur Gattenliebe, von der Gattenliebe zur Freundesliebe und von der Freundesliebe zur allgemeinen Menschenliebe. Die Liebe Buddhas galt selbst noch den Tieren und den Pflanzen.

Dergestalt sind Wissen und Liebe ein und dasselbe. Um ein Ding zu erkennen, müssen wir es lieben. Um ein Ding zu lieben, müssen wir es erkennen. Weil ein Mathematiker sein Ich vergißt und die mathematischen Prinzipien *liebt* und *eins* mit ihnen wird, erscheinen sie ihm klar und deutlich. Der Künstler liebt die Natur und wird eins mit ihr; indem sein Selbst in der Natur untergeht, erfaßt er sie erst ganz. – Andererseits *liebe* ich meinen Freund, weil ich ihn *erkenne*. Je mehr die Umstände, das Denken und der Geschmack sich angleichen, je tiefer wir einander *verstehen*, desto größer wird auch die Sympathie. Aber solange wir Liebe und Wissen voneinander trennen, die Liebe zu einer Folge des Wissens und das Wissen zu einem Resultat der Liebe machen, haben wir sie in Wahrheit noch nicht begriffen. Wissen ist Liebe und Liebe ist Wissen. Wenn wir etwa in eine Liebhaberei versunken sind, sind wir fast ohne Bewußtsein; das Selbst ist vergessen, aufgegangen in einer höheren, erhabenen und geheimnisvollen Kraft. In diesem Augenblick gibt es weder Subjekt noch Objekt, sondern nur die wahre Einheit beider. In diesem Augenblick gibt es nur *Liebe-qua-Wissen* und *Wissen-qua-Liebe*. Wenn unser Geist von der Subtilität eines mathematischen Prinzips ganz gebannt ist, wenn wir – Hunger und Müdigkeit vergessend – ihm völlig hingegeben sind, lieben und erkennen wir es in einem. – Wenn wir die Freuden und die Leiden eines anderen ganz so empfinden, als wären es unsere; wenn wir das, was ein anderer fühlt, unmittelbar selbst fühlen, wenn wir zusammen lachen und zusammen weinen, dann lieben *und* erkennen wir den anderen. Lieben bedeutet die Empfindungen des anderen unmittelbar wahrzunehmen. Wenn wir ein Kind, das in den Teich zu fallen droht, zu retten versuchen, bleibt für den Gedanken, daß es niedlich ist, kein Raum.

Man sagt gewöhnlich, daß die Liebe ein Gefühl sei und von dem reinen Wissen unterschieden werden müsse, aber in Wirklichkeit gibt es unter den Geistesphänomenen weder ein reines Wissen noch ein reines Gefühl. Diese abstrakte Unterscheidung dient nur der wissenschaftlichen Konvenienz der Psychologen. So wie theoretische Forschung immer von einer Art Gefühl gestützt werden muß, so muß die Liebe zu einem anderen auf einer Art Intuition gründen. Was gemeinhin Wissen genannt wird, bedeutet meines Erachtens Erkenntnis eines unpersönlichen Gegenstandes; eine Erkenntnis, die selbst einen Gegenstand, der eine Persönlichkeit besitzt, als etwas Unpersönliches ansieht. Liebe hingegen ist die Erkenntnis eines mit einer Persönlichkeit beseelten Gegenstandes; die Erkenntnis, die selbst in einem Gegenstand, der keine Persönlichkeit besitzt, eine Person sieht. Die Differenz zwischen beiden liegt nicht in der Geistesfunktion selbst, sondern eher in der Art ihrer Gegenstände. Wenn, wie viele Philosophen der Vergangenheit behauptet haben, das Noumenon der Realität des Universums mit einer Persönlichkeit ausgestattet ist, dann ist die Liebe die Kraft, die dieses Noumenon erfaßt; die tiefste Erkenntnis der Dinge. Das analytische Wissen bleibt auf der Oberfläche der Dinge und kann die Realität selbst nicht erfassen, dies können wir nur mittels der Liebe. Die Liebe ist der Gipfelpunkt des Wissens.

Wie zeigt sich das Verhältnis von Liebe und Wissen vom Standpunkt der Religion her betrachtet? Subjektivität bedeutet Vertrauen auf die eigene Kraft. Objektivität bedeutet Vertrauen auf fremde Kraft. Die Dinge zu erkennen und zu lieben bedeutet, das Vertrauen auf die eigene Kraft aufzugeben und sich dem Glauben an die Fremdkraft zu überlassen. Wenn die Arbeit eines Menschenlebens im Wissen und im Lieben besteht, wirken wir Tag für Tag im Bereich des Glaubens an die Fremdkraft. Die Wissenschaft und die Moral sind das Licht Buddhas. Die Religion ist die höchste Erfüllung dieser Funktionen. Die einzelnen Phänomene der Wissenschaft und der Moral sind alle in das Licht der Fremdkraft eingetaucht, aber die Religion rührt an den absoluten und unendlichen Buddha im Ganzen des Universums selbst. In Sätzen wie »Vater, laß diesen Kelch an mir vorübergehen. Aber nicht mein Wille, sondern dein Wille geschehe!« und »Ich weiß nicht, ob uns das Aussprechen des Buddha-Namens ins Paradies oder in die Hölle führt« verbirgt sich der tiefste Sinn der Religion. Den unendlichen und absoluten Buddha oder Gott zu erkennen ist nur durch Liebe möglich. Ihn zu lieben bedeutet, ihn zu erkennen. In den Lehren der Veden, im Neoplatonismus und im Buddhismus heißt es, daß wir Gott *erkennen*, im Christentum und im Jōdo-Glauben (dem Glauben an das ›Reine Land‹ des Amida-Buddha) aber, daß wir Gott *lieben* und von ihm abhängen. Trotz ihrer verschiedenartigen Ausformungen sind sie aber in ihrem Wesen identisch. Gott ist nicht analytisch zu erschließen. Das Wesen der Realität ist mit Persönlichkeit ausgestattet, daher ist Gott ganz und gar Person. Wir können ihn nur durch Intuition, Liebe und Glauben erkennen. Daher kennen wir, die wir behaupten, daß wir Gott nicht erkennen, sondern ihn nur lieben und an ihn glauben, ihn auch am besten.

JAPANISCHE BIBLIOTHEK
IM INSEL VERLAG

MORI ŌGAI · Im Umbau. Gesammelte Erzählungen. Ausgewählt, aus dem Japanischen übersetzt und mit einem Nachwort versehen von Wolfgang Schamoni

SHIMAZAKI TŌSON · Ausgestoßen. Roman. Aus dem Japanischen übersetzt und mit einem Nachwort versehen von Jürgen Berndt

NISHIDA KITARŌ · Über das Gute. Eine Philosophie der Reinen Erfahrung. Aus dem Japanischen übersetzt und eingeleitet von Peter Pörtner

MENSCH AUF DER BRÜCKE · Zeitgenössische Lyrik aus Japan. Herausgegeben von Eduard Klopfenstein und Cornelius Ouwehand